장두석 평전

겨레의 몸과 마음 살리며 통일춤 덩실덩실

장두석 평전

겨레의 몸과 마음 살리며 통일춤 덩실덩실

안오일 지음

전라도닷컴

펴내는 말

조국통일과 민중 건강에 바친 한생애를 기리며

해관 장두석 선생이 우리 곁을 떠나신 지 벌써 7년이 되었습니다.

해관 선생은 일본 제국주의가 한반도를 식민지로 삼아 전 세계를 지배하고자 전쟁을 벌이며 발악하던 때인 1938년 전남 화순의 적벽강 줄기 따라 자리한 이서면 장학리 학당마을에서 태어났습니다.

선생은 초등학교 2학년이란 어린 나이에 일제치하의 창씨개명과 강제공출을 반대한 학교 웅변사건으로 학교를 그만둔 뒤 평생을 꿋꿋하게 정의의 길을 걸으며 의지의 삶을 살아오셨습니다.

아들인 저는 '자갈밭에서 가라지가 피듯' 아버지의 그림자를 이어받았습니다. 아버지는 저에게 항상 '하늘은 땅을 위해 우로(雨露)를 아끼지 않고, 땅은 좋은 열매를 맺기 위해 자신을 아끼지 않듯, 이웃을 위해 인정을 아끼지 말라' 하시고, '생명은 자연이고 강산은 내 몸'이라고 말씀하셨습니다. 그런 말씀은 저에게 준엄한 가르침이었고, 제가 오늘까지 살아올 수 있는 크나큰 힘이 되었습니다.

선생은 천지인 사상에 바탕하여, 홍익인간, 재세이화의 큰 정신을 깨우치며 평생 조국의 자주와 통일을 위한 운동을 멈추지 않았고, 민중들이 올바른 식·의·주 생활을 통해 건강하게 사는 길을 열기 위해 (사)한민족생활문화연구회를 세워 자연을 따르는 생활건강운동, '아프지 않게 살고 아프면 스스로 낫는' 민족생활의학을 펼쳤습니다.

민족생활학교를 열어 환우들과 동고동락하고, 전통문화와 예술을 사랑하며 노들강변에서 진도아리랑을 부르고 도라지타령을 흥얼거렸습니다. 선생께서는 고향에 대한 남다른 애정으로 혼신을 다해 화순 이서 적벽 복원사업, 실학자 하백원 선생 기념사업, 동복향교 복원, 물염적벽 김삿갓 시비 건립 등 다양한 활동을 하셨습니다. 많은 분들의 뜻과 성금을 모아 무등산자락 맑은 터에 양현당(養賢堂, 민족생활교육원)을 짓고 환우들을 돌보며 후학들을 길러냈습니다.

농민, 노동자들의 곁을 떠난 적이 없이 가톨릭농민운동, 신협운동, 양서조합운동 등에 크나큰 기개로 생을 걸어 활동하였습니다.

선생의 뜻을 받드는 해관문화재단은 시민들을 위해 화순군 이서면 인계리 산자락에 해관쉼터를 열어 공원으로 가꾸고 있습니다. 260여 년생 소나무가 화순군 보호수로 지정되어 선생의 뜻을 청청하게 전하고 있습니다. 해관 선생의 뜻을 따라 시민들과 함께 민족의 자주와 평화통일, 문화예술운동을 쉬지 않고 해나가겠습니다.

평전이 나오기까지 갖은 애를 써주신 분들을 비롯, 집필을 맡은 안오일 작가님과 편집위원님들, 전라도닷컴 식구들께 깊이 감사드립니다.

단군기원 4355년 5월
무등산 자락에서
해관문화재단 이사장 **장영철**

추천의 말

생명을 보듬은 길 위의 행복한 인생

지금도 장두석 선생의 노랫가락 소리가 귓전에 울린다. "노~들 강변에 봄버~~들~~".

어려웠던 한 시대를 휘여휘여 흰 두루마기 자락 휘날리며 옹골지게 살아내신 해관 선생!

선생은 한때도 쉬지 않고 온 삶을 길 위에 두어 자연을 보듬고 생명을 어루만지며 서민들과 어울렸다.

'하늘과 땅과 사람이 하나로 어울려야 똑떨어진다'며 자연의 이치를 따르는 삶을 강조하였다. 강한 고집과 뚝심으로 뜻대로 살다 가신 선생은 진정 행복한 분이셨다.

개인적으로는 내 생명이 한 치 앞을 내다볼 수 없을 때 강한 믿음을 주며 나를 새 삶으로 이끌어낸 선생은 말 그대로 내 생명의 은인이다. 생각해본다. 목의 암을 떼어내고 말도 잘 못하고 고통받으며 신음하는 내 모습과 수십 년이 지난 지금도 건강한 내 모습을.

그렇듯 선생은 누구에게나 새 삶을 열어주셨다. 어언 4만여 명이 선생이 펼치신 민족생활학교를 다녀갔으니 선생의 공이 어찌 크다 하지 않을 수 있겠는가?

환우의 피고름을 입으로 빨아내며 "촛불 같은 생명력만 있어도 반드시 살아날 수 있어!"라며 용기와 희망을 불어 넣었고, "춥고 배고파 보지 않은 사람은 마을 이장도 못해!"라며 고통을 새로운 삶으로 돌이켜 살아갈 것을 깨치셨다.

"병은 잘못 살아온 나를 깨우치는 스승"이라며 조상의 슬기와 전통문화에 바탕해 삶을 새로 열어갈 것을 소리 높여 외치셨다.

올바른 식·의·주 생활로 자연을 따르며 '병 나지 않게 살고 병 나면 스스로 낫는' 생활건강의 길을 열어 보이셨다.

한편으로는 외세에 눌린 나라의 자주와 통일을 위한 발걸음을 평생 멈추지 않았고, 덩실덩실 어깨춤으로 영가무도(詠歌舞蹈)하며 살았으니 그 삶을 본받아 따르는 수많은 이들이 또 새 세상을 열어가리라 믿는다.

세월은 덧없어 선생이 가신 지 벌써 7년! 선생이 살아오신 길을 엮어낸 평전 속 기록을 통해 후학들이 힘을 내서 더 나은 세상, 한결 멋진 삶의 길을 열어갈 것을 기대한다.

단군기원 4355년 5월
(사)한민족생활문화연구회 전 운영위원장 **정현찬**

여는 시

남부군 소년병 장두석의 꿈

박몽구

대리전쟁으로 애문 피붙이끼리 총구를 겨누던 그 겨울
지리산 피아골 뱀사골을 넘나들며
모진 눈보라 속에서 소년병 장두석이 만난 것은
티 없이 새푸른 하늘이었다
끝내 봄이 오고야 말리라는 희망이었다
금 간 팔뼈 얼어드는 추위와 굶주림 속에서도
가슴에 품은 따뜻한 주먹밥 한 덩이
저보다 더 아픈 사람들, 더 배고픈 동지들에게
기꺼이 양보하는 사랑이었다

소년병 장두석은 그때 지리산에서 받은
남부군 형제들의 살신성인 사랑으로
죽음의 그림자 드리운 총상을 이겨내고
건진 불꽃 같은 목숨을
일생 힘없고 가난한 사람들을 건지는 것으로 갚았다
높은 은행 문턱에 막혀
파산 위기에 처한 가난한 이웃들을 모아
신용협동조합을 만들어 함께 찬비를 긋고

따뜻한 새벽 해를 떠올렸다
군부독재의 칼을 사탕발림으로 덮고 있는
헝클어진 세상 바로잡는 앎에 목말라 있으면서도
주머니가 빈 젊은 사람들과 함께
YWCA 한쪽에 양서협동조합을 열어
헝클어진 세상 바로 보는 책 돌려보면서
민초들이 주인 되는 세상을 함께 꿈꾸었다
그렇게 무지를 깨고 나온 젊은이들은
광주가 군대의 총칼 아래 위기에 처했을 때
두려움 없이 앞장서서 시민군이 되어
광주 해방구를 국민과 등 돌린 군대로부터 지켜냈다

연일 거짓말을 틀어대던 방송사
국민의 허리띠를 그렇게 졸라매면서도
제 살 길 도모하며 도피한 세무서를 불태우며
마침내 이룩한 광주 해방구를 활짝 열었다
그렇게 제 겨레붙이들에게 칼을 휘두르는 군대
수갑을 쩔렁대는 순사들 사라졌어도

서로 가진 것 나누며 이룩한 도둑 없는 해방구를
계엄군이 탱크로 짓밟으려 할 때
장두석은 두려움 없이 웃통을 벗고 탱크 앞에 누웠다
그는 그 대가로 투옥되어
혹독한 고문으로 시달렸지만
그가 필생 가야 할 길을 차가운 감옥에서 찾았다

병을 낫게 해준다는 사탕발림 광고 뒤에
죽음으로 몰고 가는 후유증과
돈벌이 속셈을 숨기고 있는
거대 제약회사들의 유혹을 뿌리치고
제 몸을 스스로 지키고 치유하는 자연건강법을
온 천지에 널리 나누었다
독이 든 약 아닌 맑은 물 맑은 공기로
스스로 병을 딛고 일어서는 비법으로
사고무친 동족상잔의 희생양 장기수들을 살리고
가난하고 힘없는 사람들이
높은 병원 문턱 앞에서 좌절하지 않고

스스로 병의 뿌리를 뽑고
세상에 처음 온 자리로 돌아가도록 했다

그렇게 가슴을 열어 어렵고 힘든 사람들을 구하던
장두석이 하늘의 부름을 받은 지 7년
이제 비록 그는 가고 없지만
그의 생명 우선의 정신 바르게 계승하여
남은 사람들이 이제껏 이웃에게 받은 것을
가난하고 힘없는 사람들에게 돌려야 한다
핍박받는 사람들 다 함께 일으켜
일하는 사람 누구나 넉넉하게 살아가는
따뜻한 대동세상 가는 길 열어야 한다
마침내 푸른 적벽, 우뚝 선 무등 저 너머
서슬 푸른 총칼이나 눈을 가린 주먹이
허물 수 없는 거대한 해방구를 이뤄야 한다

차례

펴내는 말
조국통일과 민중 건강에 바친 한생애를 기리며   6

추천의 말
생명을 보듬은 길 위의 행복한 인생   8

여는 시
남부군 소년병 장두석의 꿈   10

1장
생사의 기로에서 뿌리를 찾다   19

2장
정의를 위한 삶   53

3장
민중들을 위한 개척, 외길을 걷다   87

4장
민족에 대한 지독한 사랑꾼   113

5장
자연의 순리, 조화로운 삶을 위하여   153

6장
생명살림, 몸살림   201

7장
우리는 하나다!   237

8장
두루마기 자락 휘날리며   263

장두석의 건강 명언   305

장두석 연보   317

사진으로 보는 장두석의 발자취   329

1장

생사의 기로에서
뿌리를 찾다

백두역에 울린 아리랑

둥, 둥, 둥, 둥….

진도씻김굿 명인 박병천 선생의 북소리가 천지를 울리며 백두산 절경 속으로 퍼져나갔다. 천신만고 끝에 다시 지내는 천제다. 사람들은 현장에 있으면서도 믿기지 않는 표정이다. 복받친 듯 눈물을 흘리는 사람도 있다.

백두산은 민족의 영산이고 환웅이 신시를 연 곳이다. 그래서 우리 민족은 나라를 세우거나 무슨 큰일을 한다거나 할 때 이곳에서 천제를 지냈다. 하지만 일제강점기 이후 지내지 못하고 있었다. 이런 천제를 복원하는 일은 우리 영혼을 다시 불러일으키는 일이고 민족정기를 되살리는 일이다.

헌례가 진행되고 뒤이어 서울민족생활관장 이선재가 고천문을 낭독했다. 하늘에 아뢰는 이 글을 통해 모두의 마음을 모아 평화통일이 하루 빨리 이루어지길 간절히 기원했다. 단장(斷腸)의 선으로 분단된 우리 민족의 아픔이 절절절 끓어올랐다. 흘러가던 구름도 잠시 멈춰섰다.

낭독이 끝나자 서울대 교수 황상익과 경기대 국제대학원장 이원재 그리고 전 전교조 대변인 이경희가 앞으로 나와 차례대로 봉헌을 했다. 뒤에 선 사람들도 간절한 마음과 함께 몸가짐을 바르게 했다.

일차적인 의식이 끝나자 본격적인 축제 한마당이 펼쳐졌다. 박병천 선생의 구음과 징 그리고 진도군립문화원 이윤선의 장구 장단에 맞춰 기천문 사범들의 검무가 시작됐다. 백두산의 정기를 받은 절도 있고 화려한 칼춤은 사람들을 단숨에 매료시켰다. 이어 이희춘의 북춤 한판이 하늘과 구름과 산세를 배경으로 신명나게 펼쳐졌다. 춤사위는 한이 서렸다가도 희망적이면서 격정적이었다. 그의 몸에서 민족의 혼을 부르는 북소리가 났다.

"이게 가능할 거라고는 생각도 못했습니다."

검무와 북춤을 바라보고 있던 이선재는 옆에 있던 (사)한민족생활문화연구회(한민연) 이사장 장두석에게 말했다. 그러자 잔뜩 상기되어 있던 장두석은 부리한 눈에 더욱 힘을 주며 단호한 어조로 말했다.

"맘만 먹으믄 못할 것이 없제."

2003년 10월 3일 북한 단군릉에서 있을 개천절 민족공동행사에 남·북 대표단들이 참가하기로 했다. 남측에서는 단군학회, 남북문화교류협회, 민주평화통일자문회의, 민족화해협력범국민협의회, 전국자연보호중앙회 등 여러 단체들이 함께 한다. 남측 대표단 공동대회장을 맡은 장두석은 행사 일정에 백두산 관광이 잡힌 걸 알고는 무척 기뻤다.

'백두산을 가게 된다면 천제를 꼭 지내야 혀. 이건 기회야.'

그동안 백두산 천제 복원이 염원이던 장두석은 하늘이 준 기회라고 생각했다.

북한으로 출발하기 전에 장두석은 한민족생활문화연구회 회원들에게 천제 지낼 음식을 준비하게 했다. 익힌 음식은 가져갈 수 없으니 돗자리와 함께 생곡식과 생물 위주로 챙기라고 당부했다.
　"북측의 승인 없이 이렇게 준비해 가도 되는 건가요?"
　"쉽게 허락해 주겠습니까? 사전 협의되지 않은 건데…."
　"애써 가져갔는데 괜히 헛수고 하는 거 아닌가 모르겠습니다."
　회원들은 준비하면서도 걱정이 앞섰다.
　"이 사람들아, 내 어떡하든지 지내고 말 테니 걱정들 말고 어서들 준비나 제대로 혀."
　장두석은 백두산에 올라 천제 지낼 생각에 벌써부터 가슴이 먹먹했다. 비록 예정에 없는 일이기는 하나 꼭 성사시켜 통일을 염원하는 제를 올리겠다고 다짐했다.
　드디어 일행들은 북한으로 출발했다. 평소에는 갈 수 없는 북한 땅이고 보니 기대감으로 몹시 부풀었다.
　"그건 안 되오, 동무."
　평양에 도착해 백두산에서 천제를 올리겠다는 장두석의 말에 북한 측 간부는 완강하게 거절했다. 어느 정도 예견한 일이었지만 막상 틀어지려고 하니 함께 한 사람들은 맥이 풀렸다. 그때 장두석은 북측의 기에 눌리지 않고 쩌렁한 목소리로 말했다.
　"우리가 준비해 온 걸로 잠깐 지내는디 그게 무슨 문제가 되나."
　"글쎄, 미리 얘기 안 된 거라 할 수가 없소."
　"안 되는 이유를 말해보시오. 다 같이 잘 살아보자고 하는 건데 그 이유가 뭐냔 말이오."

"정말 이러면 곤란합네다."

"난 꼭 해야겠소. 민족통일 염원을 위한 거요. 우리가 다 알아서 할 테니 방해만 마시오."

천제를 못 지낸다는 건 아예 염두에 두지 않은 것처럼 장두석은 필사적으로 다그쳤다. 몸집이 크고 호락호락 할 것 같지 않은 인상에 상대방은 기가 조금 눌린 듯했다. 북측 간부는 몇 번 더 실랑이를 하다 무엇보다도 천제의 당위성에 어쩌지 못한 듯 겨우 허락을 했다. 대신 축문이 어떤 내용인지 보여 달라고 요청했다. 읽어보던 간부는 우리 고유의 민족정신과 통일염원을 담은 내용들이라 더 이상 트집 잡지 못했다. 결국 백두산에서 천제를 지내게 된 한민연 회원들과 장두석은 서로를 바라보며 기쁨으로 들떴다.

남측 대표단은 2일 아침 백두산 관광을 위한 거점 공항인 삼지연공항에 도착했다. 열차가 멈추는 작은 역사처럼 활주로 하나만 있는 조그마한 공항이다. 사람들은 비행기에서 내리는 순간 만감이 교차했다. 같은 한반도 땅인데 아무 때나 올 수가 없다. 차로 몇 시간이면 올 것을 북경을 경유해야 한다. 장두석은 일행들과 함께 이깔나무, 사스레나무, 가문비나무 등 낙엽송이 쫙 펼쳐진 길을 설레는 마음으로 한동안 바라봤다.

잠시 후 여섯 대의 버스에 나눠 탄 사람들은 백두산을 향해 달렸다. 차창 밖을 바라보던 일행들은 긴장하면서도 비장한 표정이다. 낙엽송 군락이 끝나자 넓은 땅이 나왔다. 천리 천 평 개마고원이다. 나무가 자랄 수 없는 땅엔 화산 폭발 당시 생성된 거무스레한 자갈들만 쌓여있다. 차가운 바람이 거세게 불어왔다. 어서 오라고 마구 환호하는 그

바람의 손길에 장두석은 얼굴을 내맡겼다.

"흐메 이 맛이여, 이 맛…."

장두석은 연신 숨을 들이마시며 중얼거렸다. 춥다며 문 좀 닫자는 옆사람의 말은 귓등으로 흘려보냈다.

두 시간 정도 달려 백두산 천지 턱밑인 백두역에 도착했다. 해발 2500m가 넘는 백두역은 땅과 구름이 맞닿는 곳이다. 계절은 가을이지만 날씨는 겨울이었다. 고산지형에다 비가 간간이 내려 말할 때마다 입김이 멈추질 않았다.

준비해간 것들로 제단을 차리려는데 저쪽에서 북한 안내원들이 말렸다. 시간이 조금 지나면 눈보라가 칠 것 같으니 서둘러 내려가라고 했다. 그 말에 거기 모인 사람들은 불안해 했다.

"선생님, 어떡해요? 천제 못 지내는 거예요?"

옆에 있던 제자 전해원이 말했다. 장두석은 북한에서도 하고 싶은 말은 다 했고, 누가 말릴 새도 없이 돌발적인 행동도 했다. 그러다 잡혀가면 큰일이기 때문에 야무진 전해원이 늘 옆에 따라다니며 챙겼다.

화가 난 장두석이 북한 안내원을 향해 소리쳤다.

"이놈들아! 우리는 할 일 다 하고 가야 한께 아무 말 마라!"

"선생님, 이러다 정말 눈사태라도 나면 어떡해요?"

"눈사태는 내가 멈추게 할 테니 걱정 말고 빨리 준비나 해."

장두석의 성격을 아는 회원들은 서둘러 제단을 차리기 시작했다. 북한 안내원들은 안되겠는지 책임자에게 연락을 했다. 책임자가 강제로 해산시키려고 행동대원들을 데리고 왔다. 그런데 장두석을 보더니 놀란 표정이다.

"죽염 영감이구만. 동무, 저 동무는 안 돼요. 그냥 놔두시오."

장두석은 북한에서 '죽염 영감'으로 통했다. 북한에 갈 때마다 죽염을 챙겨 나눠주니 그렇게 알려진 것이다.

우여곡절 끝에 결국 천제를 치르게 됐다.

검무와 북춤 한판이 끝난 뒤 집례를 맡은 장두석의 선창에 따라 참가자들은 발원문을 외쳤다.

"천지신명이시여! 6·15공동선언 실천으로 민족자주 조국통일 소원성취 발원이오!"

감격에 찬 절실한 소리가 울려 퍼지자 나뭇가지에 앉아 있던 새들도 허공을 가르는 희망찬 날갯짓을 하며 힘껏 날아올랐다.

천제 의식이 끝나자 사람들은 서로의 손을 붙잡고 금방 통일이라도 될 것 같은 기분을 만끽했다.

"준비해 오길 정말 잘한 것 같습니다. 선생님은 어떻게 이런 생각을 하셨습니까?"

이선재는 행사를 치르고도 믿기지 않은 듯 들뜬 목소리로 말했다.

"분단은 형제간도 우리 자신도 모두 병들게 하는 원흉이야. 우리는 무조건 통일이 돼야 혀. 그럴라믄 우리 민족성을 되찾는 게 우선이고. 그런 의미에서 백두산 천제는 꼭 치르고 싶었어."

"하여튼 선생님 밀어붙이는 거에는 누구도 못 당하겠습니다. 이쪽 사람들까지 설득시켜버릴 줄은…."

이선재는 말하다가 못 말리겠다는 표정을 지으며 웃었다. 그러자 장두석은 입가에 미소를 머금으며 백두산 정상 쪽을 바라보며 말했다.

"이 산은 단군시조의 정기가 서려 있는 산이 아닌감. 민족의 성산이

제. 단군제도 지내야 하지만 천제를 먼저 지내야지."

"분단 이후 처음 하는 거죠?"

"암만."

"앞으로도 계속 이어나가면 좋겠네요."

"그렇게 되도록 노력해야제."

그때 옆에서 북춤을 공연한 이희춘이 감격에 겨워 눈물을 글썽였다.

"이 천제에 함께 할 수 있어 정말 좋았습니다. 실은 오늘이 어머니 제삿날이거든요. 백두산 천제에서 어머니 넋을 기리게 될 줄은 꿈에도 몰랐습니다."

장두석은 이희춘의 손을 꽉 잡아주었다. 그러고는 찬바람에 벌게진 얼굴로 앞으로 나가 덩실덩실 춤을 추었다. 그러자 다른 사람들도 함께 춤을 추었다. 신명나는 춤사위가 백두역 가득 너울거렸다.

남측 행사요원들에게 한 명씩 따라붙은 북측 관계자들은 얼떨떨한 표정이다. 처음 보는 생경한 모습인 듯 아무 말 않고 구경만 했다.

"두령이네, 두령! 완전 똥고집에다 뭔 목소리는 그렇게나 큰지. 당신네들 장두령은 우리도 못 당하겠수다."

북측 관계자 한 명이 머리를 가로저으며 불쑥 말했다. 천제 진행을 함께 했던 한민연 회원들은 그 말에 웃음을 참지 못했다. 장두석의 성격이 어떠한지는 누구보다도 잘 알고 있었기 때문이다.

아~리 아리랑~~ 스~리 스리랑~~ 아라리~가 났~네~~

아~리랑 응응응 아라리가~ 났~네

노다가세~ 노~다나가~세~~

저~달이 떴다 지도록~ 노~다나가~세~~
아~리 아리랑~~ 스~리 스리랑~~ 아라리~가 났~네~~
아~리랑 응응응 아라리가~ 났~네

북과 장구 가락에 따라 사람들은 진도아리랑을 불렀다. 백두역에 부는 바람도 장단에 맞춰 함께 춤을 췄다.
"얼씨구 좋다! 지화자 좋네!"
장두석은 추임새를 넣으며 사람들과 함께 어깨동무를 하며 빙빙 돌았다. 돌고 도는 사이사이로 지난날의 아픔과 상처 그리고 비극의 순간들이 지나갔다. 서로의 눈빛들이 서로의 마음을 일으켜 주었다. 휘몰아치는 장단과 춤사위가 어우러져 신명나게 울려 퍼지는 북소리를 따라 사람들의 심장도 뛰었다.

쿵 쿵 쿵더쿵 쿵 더러러 쿵더쿵
쿵더쿵 쿵더쿵 쿵더러러 쿵더쿵
……

양현당 방에 누워 붉은 하늘을 바라보던 장두석은 천천히 눈을 감았다. 백두산에 울려 퍼지던 북소리의 여운이 길게 따라왔다. 복원되었던 2003년 백두산 천제가 그걸로 끝이 될 줄은 생각지도 못했다. 아련하고 아쉬운 마음이 크다. 그래서 원통하고 아프지만 벅찼던 그 순간만큼은 지금까지도 생생하다. 깊은 숨을 내쉬던 장두석은 다시 하늘을 바라봤다.

지독한 황홀함이다!

저물어가는 하늘은 불덩이의 잔상들을 붙들고 있다. 그 혼신의 힘으로 만들어낸 아름다운 풍경이다. 지는 모습이 아름다울 수 있는 몇 안 되는 풍경 중의 하나다.

"아버님."

막 도착한 영철이 방으로 들어서자 장두석은 뭔가 복잡한 눈빛으로 아들을 바라봤다. 영철은 태어나면서부터 백내장을 앓아 앞을 잘 보지 못하지만 희미한 윤곽과 숨소리만으로도 지금 아버지의 표정이 어떤지 알 수 있다. 자기만 보면 늘 쩌렁쩌렁한 목소리로 야단만 치던 아버지다. 그런데 이제는 자잘한 통박이라도 줄 힘조차 없다. 그런 모습을 보고 있노라니 코끝이 찡해 오면서 목이 콱 막혀 왔다.

"영철아…."

장두석은 아들을 나직이 불렀다.

"네… 아버님."

"노래 한 자락 불러봐라. 사람은 자고로 흥이 있어야제."

갑작스런 요청에 영철은 잠시 당황스러워 하다가 이내 두어 차례 목을 가다듬고는 '눈물 젖은 두만강'을 부르기 시작했다. 평소 장두석이 막걸리 한 사발 걸치면 즐겨 부르던 노래 중의 하나다.

두마아안강 푸른 물에 노 젓는 배엣사아아아공
흘러간 그 옛날에 내 님을 시이이잉고
떠나아아간 그으대는 어데로 가-앗-소
그리운 내 님이여~ 그리운 내에 님이이여~

언제나 오-려-어어나

　장두석은 아들의 노래를 들으며 아직 붉은 빛이 남아 있는 서쪽하늘로 다시 천천히 시선을 옮겼다. 파란만장한 한 생을 건너온 자신의 시간들이 노랫가락을 타고 파노라마처럼 펼쳐졌다. 뿌듯함과 아쉬움이 교차했다. 쓰라림이 몰려 왔다가 뜨거움이 솟구쳤다. 장두석은 뚜벅뚜벅 건너온 그 세월의 간이역들을 더듬기 시작했다. 지는 슬픔으로 군불을 지피던 하늘이 그림자가 되었다. 장두석의 눈가에도 촉촉하게 노을빛이 번져갔다.

　　두석

"아들이요, 아들!"
　1938년 음력 11월 8일 새벽 1시, 전남 화순군 이서면 장학리 학당마을에서 태어난 두석의 첫울음은 우렁찼다. 아버지 장기옥, 어머니 김순례 사이에서 6남매 중 넷째로 태어났다. 어찌나 울음소리가 크던지 장군감이 나왔다며 주위 사람들은 한마디씩 했다.
"허허, 고놈 참 목소리 한번 쩌렁쩌렁하구만."
"천하를 호령할 목소리네 그려."
　두석의 고향 이서면은 동쪽으로는 옹성산, 서쪽으로는 무등산, 남쪽으로는 모후산, 북쪽으로는 백아산 등의 이름난 산과 큰 물줄기의 옹위를 받는 천혜의 요새다. 그리고 '적벽동천(赤壁洞天)'이라는 명승지가 있어 하늘 아래 아름다운 풍경으로 어우러진 곳이다.

학당마을은 옹성산 자락에 위치했다. 전후좌우로 기암절벽과 영신천, 창랑천이 합수를 이루고 있는 비경 속에 창랑정, 모락재, 담관대, 옹산정사, 삼우당 등이 있어 풍광이 뛰어나다. 특히 마을 지척에는 적벽(赤壁, 전라남도기념물 제60호)이 있는데, 예로부터 시인묵객들이 감탄해 마지 않았던 곳이다. 적벽은 중국 양쯔강 중류의 적벽과 비슷하다고 하여 붙여진 이름이다.

중국 적벽이 소동파가 지은 '적벽부' 두 편으로 그 명성이 천하에 알려졌듯이, 화순 이서의 적벽도 기묘사화 때 동복으로 유배 왔던 신재 최산두 선생이 찾고, 임석천이 지은 이름과 하서 김인후의 시가 어우러져 남도의 명승지로 이름을 날렸다. 이런 곳에서 두석은 태어난 것이다.

두석은 어려서부터 성격이 매우 부잡했다. 초등학교 들어가기 전, 그때쯤의 사내아이라면 다들 그랬겠지만 두석은 유독 장난이 심했다. 하루라도 말썽을 안 부린 날이 없을 정도다. 어느 날은 남의 집 호박에 말뚝을 박고 도망가다 혼나기도 했다. 그렇게 동네를 쏘다니며 온갖 장난을 일삼는 개구쟁이였다.

"저거이 커서 뭐가 될라꼬 저런다냐이. 오늘은 밖으로 나댕기지 말고 집에서 꼼짝하지 마라이."

두석의 말썽만큼이나 어머니의 나무람도 끊이질 않았다. 그러면 두석은 듣는 척 하다가 어느새 사라져서는 동네 사람들을 긴장케 했다.

말썽 많은 두석은 고집도 셌다. 자기가 하고 싶은 일은 어떻게 해서

든지 해야 했다. 또 자기가 생각하기에 공평치 않은 일은 매를 맞더라도 따르지 않았다.

"얼릉 가서 사과하고 와라이. 근다고 코피 터지게 때려블믄 어쩐다냐."

"잘못은 갸가 먼저 했는디 왜 내가 사과해요? 나를 막 놀렸단 말이에요. 갸가 먼저 사과하믄 나도 그때 사과할라요."

어머니가 회초리로 다그쳐도 두석은 꿈쩍도 안했다. 그런 성격은 초등학교 2학년 반장이었을 때 제대로 터졌다.

그 당시는 유구한 우리 역사에서 가장 크고 아픈 상처를 입은 특수한 시기였다. 한국을 강제로 점령한 일본제국주의의 식민지정책이 이루어진 일제강점기였다. 민족말살정책과 수탈정책이 대대적으로 펼쳐졌다. 황국신민서사 제정, 조선어과목 교육 폐지, 금속류 강제공출, 조선인 징병제 실시, 미곡 강제공출제 실시, 여자정신대 근무령 공포 등의 만행이 줄줄이 이어졌다.

두석의 학교에서도 창씨개명과 신사참배를 시켰다. 학교에서 날마다 창씨개명을 닦달하자 두석은 어린 나이였지만 반감이 일었다. 왜 원래의 자기 이름을 놔두고 일본식 이름으로 바꿔야 하는지, 왜 남의 나라 왕(천황)에게 절을 해야 하는지 이해가 되지 않았다.

1945년 5월, 그러니까 일본 패망 몇 달 전이다. 반장이었던 두석은 학교발표회에 나가 주어진 주제로 말하지 않고 자기가 하고 싶은 말을 외쳤다.

"일본놈들이 우리 집 놋그릇을 몽땅 빼앗아 갔어요. 그걸로 총알 만들어 전쟁하려고 한다는 거 알아요. 또 식량도 다 가지고 가서 우리는 먹고 살기 힘듭니다. 그런데 왜 내 이름을 그런 일본놈들 이름으로 바꾸라는 겁니까? 나는 절대로 바꾸지 않을 겁니다!"

주변에 있던 선생님들이 말릴 틈도 없이 쉬지 않고 쏟아냈다. 할 말을 다 뱉은 두석은 두려움은커녕 속 시원하다는 표정이었다.

"도대체 어떤 녀석이야!"

상황을 전해 들은 교장은 노발대발했다. 교장실로 끌려간 두석은 교장의 감시 하에 창씨개명을 한 조선인 담임선생 기무라한테 매를 맞았다. 어린 학생이라고 봐주지 않았다. 너무 억울하고 아파서 눈물이 막 나왔지만 두석은 입술을 꽉 깨물고 소리 내지 않았다. 그러고도 학교 안 잠실(蠶室)로 또 끌려가 소사한테 걷지 못할 정도로 구타를 당했다.

친구들의 부축을 받아 겨우 집으로 돌아올 수 있었던 두석은 며칠간 학교를 나가지 못했다. 너무 분해 밥도 제대로 못 먹고 잠도 제대로 자지 못했다. 자기가 이렇게 맞아야 할 이유가 없었다. 그 다음 주에 겨우 몸을 추슬러 학교에 간 두석은 자신의 책보자기를 가져와 불태워버렸다.

'더러워서 일본놈 학교 안 다닐 거야!'

옳지 않은 일에는 어린 나이에도 절대로 순응하지 않았다.

훗날, 불의에는 끝까지 대항하고 옳다고 믿는 일은 될 때까지 밀고 나간 장두석의 모습은 이렇게 어릴 때부터 보였다. 화순 이서 소학교 2학년 중퇴, 식민지 아이로 태어난 두석의 학교생활 전부다.

두석은 어려서부터 유독 병치레를 자주 했다.

한번은 돌 지난 다음 해였다. 몸을 부르르 떨며 고열이 나더니 급기야 의식을 잃었다. 놀란 가족들은 열을 내리게 하려고 동분서주했지만 차도가 없었다. 그러다가 한동안 숨을 쉬지 않자 두석이 죽었다고 여겼다.

"아이고, 이 불쌍한 것…, 으흐흑."

망연자실한 두석 어머니는 축 늘어진 두석을 안고 깊은 울음을 토해냈다. 두석 아버지는 아무 말 없이 허공에 시선을 박은 채 그저 멍하니 있었다. 밤이 깊어가자 집안사람들이 두석에게 수의를 입히려 했다.

"잠깐만…, 아침까지만 둘게요. 날이 밝으면 입힙시다…."

어린 아들을 그대로 보내기엔 너무 서운했고 조금이라도 더 함께 있고 싶은 어머니의 간절한 마음이었다.

다음날 동틀 무렵 설핏 잠들었던 두석 어머니는 깜짝 놀라 고개를 들었다. 아이의 기침소리 같은 게 났기 때문이다. 얼른 두석을 싸놓은 보자기 꾸러미를 봤다. 보자기가 꿈지럭거렸다. 서둘러 남편을 흔들어 깨웠다.

"저…, 저기 좀 보세요."

정신을 차린 두석 아버지는 벌떡 일어나 꿈틀거리는 보자기를 펼쳤다. 두석이가 말똥말똥 눈을 뜬 채 바라봤다. 두 사람은 너무 놀라 잠시 할 말을 잃고 서로를 쳐다봤다.

그런 일이 있고 난 후 두석은 한동안 '도석'으로 불렸다. '도'는 '길'을 의미하는데 길바닥의 돌처럼 '천하게 살라'는 의미에서 그렇게 지어줬다. 이름을 천하게 지어주면 오래 산다는 말이 있었기 때문이다.

적벽 옹성사에 두석을 팔기도 했다. 부처님께 팔아야 오래 산다는 민간신앙을 따른 것이다. 판다는 것은 절에서 두석을 위해 빌어주게 하는 것이다. 그 후로 옹성사에서는 두석을 위해 정기적으로 빌어주었고 집에서는 시주를 정성껏 했다. 그러고도 두석의 부모는 혹시 몰라 병약한 두석을 3년 후에야 호적에 올렸다. 그 당시에는 아이들이 병치레를 하다가 많이 죽었던 것이다.

그렇게 잘 건너오나 싶던 두석은 소학교 2학년 중퇴 후 아홉 살 때 다시 경련을 일으키며 의식을 잃었다. 혹심한 경풍이 재발한 것이다. 이번에는 시력까지 급격히 떨어졌다. 평생 회복할 수 없었던 시력 저하가 그때부터 시작됐다.

"엄니, 글씨가 잘 안 보여요. 나 영영 안 보이면 어떡해요?"

두석은 아픈 것도 힘들었지만 앞이 안 보이게 될까봐 무서웠다.

"여보, 안 되겠어요. 할 수 있는 건 다 해봐야 되지 않겠어요?"

두석 어머니는 그 어떤 방법을 동원해서라도 두석을 낫게 하고 싶었다. 나을 수 있는 방법만 있다면 그 무엇도 다 하리라, 마음먹었다. 굿도 해보고 민간요법도 써보고 용하다는 여러 의원도 찾아가 보았다. 하지만 아무 소용이 없었다. 낙담이 컸다. 빌고 빌었던 모든 신들이 원망스러웠다. 그러던 차에 춘담 최병채 약방이 용하다는 소문을 들었다. 마지막 지푸라기라도 잡는 심정으로 두석을 그곳으로 데리고 갔다.

두석의 큰아버지 제자이기도 한 춘담 최병채의 한약방은 당시 승주군 주암면 운룡마을에 있었다.

"당분간 이곳에서 지내며 치료를 해 봅시다."

병세를 살피던 춘담 선생의 말에 두석 어머니는 주저할 겨를이 없었다. 치료를 해보자는 그 말 자체에서 희망을 보았다.

두석은 그곳에서 8개월간 지내며 점차 병이 호전되어 갔다. 약방에서 치료를 받는 동안 약초 써는 일 등을 하며 한방의학에 조금씩 눈도 떴다. 아픈 자기 몸이 치유되는 것을 느끼며 한방의학에 흥미를 느끼게 된 것이다. 시력 때문에 책을 제대로 볼 수 없으니 환자들을 치료할 때 옆에서 들으며 배우기도 했다. 나중에 본격적으로 파고들 민족생활의학의 씨앗의 시기가 되는 시점이기도 하다.

분단의 비극 한복판에서

해방을 맞이하였지만 그것은 반쪽 해방이었다. 우리의 자력으로 이룬 것이 아니라 강대국들의 탐욕스런 영역 싸움의 결과였던 것이다. 미국과 소련이라는 거대세력으로 인해 한반도는 결국 민족분단이라는 비극을 맞닥뜨렸다. 그리고 해방 이후 몇 년간 어둡고 어두웠던 그 공간은 또 하나의 민족비극인 6·25를 낳았.

6·25전쟁의 전초전으로 터진 것이 1948년 제주4·3사건과 여순사건이다. 완벽한 독립국가를 향한 바람과 이데올로기의 대립으로 인한 동족끼리의 죽임과 죽음이 전개된 끔찍한 사건이었다. 무장대와 토벌대 간의 무력충돌과 토벌대의 진압과정에서 수많은 민중들이 희생당했다.

그리고 일어난 6·25전쟁!

학교 중퇴 후 집에 있던 두석을 보며 어머니는 친척이 하고 있는 서당에라도 나가 공부하기를 원했다. 하지만 어디 매여 있는 걸 싫어하는 두석은 말을 듣지 않고 친구들과 여기저기 휩쓸려 다니며 놀기만 했다.

"네가 커서 뭐가 될라고 그라냐!"

"나가 커서 나가 될라고 그라제라."

어머니의 호통에 두석은 따박따박 말대꾸를 하며 아랑곳하지 않았다. 어린 나이에도 자존감이 강했다. 자기가 하고 싶은 일은 절대 포기하는 법이 없었다.

여름이면 시냇물에 뛰어들어 물장구 치고 겨울에는 썰매를 만들어 얼음판을 지치며 신나게 놀았다. 두석은 딱지치기나 제기차기를 별로 좋아하지 않았다. 눈이 잘 안 보여 친구들한테 만날 지기 때문이다. 지는 건 참을 수 없는 두석이다. 그럴 땐 우김질을 해 꼭 싸움판이 된다.

"이 녀석들이 하라는 공부는 안 하고 뭔 싸움박질이여!"

보다 못한 부모들이 등잔불 아래 잡아다 놓으면 아이들은 마지못해 공부를 했다. 끄덕끄덕 졸음 가득한 눈을 비벼가며 글을 읽었다. 그렇게 하는 글공부지만 두석은 일단 공부를 하기 시작하면 허투루 하지 않았다. 잠깐 하고 말더라도 하는 동안은 제대로 파고들었다. 무슨 일이든 집중력 하나는 탁월했다.

두석은 결국 서당을 다니게 되었다. 하지만 자주 수업을 빼먹고 마당에서 놀기 일쑤였다. 그런데 암기력이 뛰어나 안에서 가르치는 내용을 한번 들으면 달달 외웠다. 방에서 듣고 있던 훈장이 나와 두석을 불렀다.

"들어와서 제대로 공부해 보자."

"저는 밖에서 하면 더 잘 해요. 걱정 마세요."

두석의 말에 더 이상 할 말을 잃은 훈장님은 한숨을 내쉬며 바라보기만 했다. 공부에 재주가 분명 있는데 적극적으로 하지 않으니 내심 안타까웠던 것이다.

또, 두석은 하나를 들으면 둘을 아는 수재였다. 친구들이 맹자를 읽을 때 두석은 중국의 역사서 같은 좀 더 어려운 책들을 함께 읽었다.

"가르쳐놓으면 크게 될 녀석인데 말이여."

"말썽은 피우지만 머리 하나는 똑소리 나네 그려."

마을 사람들은 신동이 났다며 놀라워했다. 화순 초대 군수 배병대는 이런 두석을 대견해하며 명주 한 필을 주기도 했다. 이 일은 소학교 2학년 중퇴의 두석에게 큰 용기를 주었다.

'학교는 다니기 싫지만 그래도 이 서당만은 다닐 거야.'

두석은 꾀부리며 놀기를 좋아했지만 서당만큼은 다니려 했다. 일제가 민중을 수탈하는 잔학상을 보며 자라던 두석이다. 그런 와중에 세상의 이치를 바르게 보도록 가르쳐주고, 사람으로서 정의롭게 살아가는 방법을 일러주는 서당이 마음에 들었다.

두석은 글짓기도 잘해 칭찬을 자주 받았다. 한번은 훈장이 눈에 대한 짧은 글을 지어보라고 했다. 두석은 그때 눈의 결정이 육각형이라는 걸 처음 알고는 무척 신기해했다. 한참을 생각에 잠겨 있던 두석은 글을 써내려갔다.

하늘에서 내려오는 눈은 별을 닮았구나.
별은 반짝임으로, 눈은 하얀색으로 세상을 환하게 비추네.

"도대체 넌 속에 뭐가 들었냐. 도통 알 수가 없구나. 너에게서 이런 감성이 나오다니…. 고집 안 부리고 말썽만 안 피우면 딱 좋겠구만.

허허."

두석이 지은 글을 보던 훈장이 머리를 쓰다듬어주며 칭찬을 아끼지 않았다. 다른 아이들에게도 읽어주며 감상하게 했다.

두석은 그렇게 서당을 다니며 한자 공부를 열심히 했다. 서당에서 한자 공부를 제대로 한 덕에 나중에 한자로 된 동양의학 서적을 어렵지 않게 읽게 된다.

두석의 고향마을인 이서면 장학리 학당마을에도 해방공간이 낳은 비극의 불길들이 번져왔다. 여순사건의 여파가 밀려오면서 1949년 3월에 젊고 유능한 마을 청년 일곱 명이 총살을 당했다. 그 중에 두석의 집안 형도 있었다. 두석은 집안 형이 서북청년단에 의해 총살당하는 것을 목격하고는 공포와 슬픔으로 한동안 정신을 차리지 못했다. 분노가 끓어올랐다. 불운한 나라의 상황은 성장기의 두석에게 많은 의문과 생각을 불러일으켰다.

'다른 나라 사람들하고 전쟁을 하는 것도 아니잖아! 왜 같은 민족끼리 죽이는 거야? 그것도 아무 죄 없는 사람들을…!'

아무리 생각해도 이해가 되지 않았다. 이런 세상에서 자신이 앞으로 해야 될 일들은 무얼까, 고민됐다. 장난이 심하고 말도 잘 안 듣는 두석이었지만 사람이 어떻게 행동하며 살아가야 하는지에 대해서는 집안 교육을 통해서나 공부를 통해서나 알고 있었다. 자기가 보고 겪은 일들이 믿기지 않고 무척 혼란스러웠다. 두석은 자기를 챙겨주던 집안 형의 모습을 떠올렸다. 말썽 좀 그만 피우라며 타박을 주면서도 늘 챙겨주었다. 눈이 불편해 의기소침해 있을 때면 다가와 자신감을 불어넣어 주었다.

"넌 대신 듣기를 잘 하잖아. 기억력도 엄청 좋고. 부족한 거 생각하지 말고 더 뛰어난 걸 내세워야지."

그런 형이 자기 눈앞에서 총살당한 것이다.

'평화롭고 건강한 세상에서 사람들이 행복하게 살면 좋겠어. 한 민족끼리 서로 싸우고 죽이는 일은 정말 싫어. 다시는 이런 일이 일어나지 않도록 나도 내가 할 수 있는 일들을 해야겠어.'

두석은 다짐하고 또 다짐했다.

이렇게 들끓는 혼란의 시기에 있던 두석은 다시 한번 비통한 사건을 맞이했다. 1950년 6·25전쟁 발발 후 또 한 명의 집안 형이 보도연맹사건에 연루되어 저수지에 수장당한 것이다. 이 사건은 두석의 집안뿐만 아니라 마을 전체에 큰 충격을 주었다.

보도연맹원들을 향한 우익들의 반감과 증오에 대해 두석은 잘 몰랐다. 하지만 선량한 친족들과 이웃 주민들이 억울하게 죽임을 당하자 다시금 분노를 느꼈다. 어떤 이유로든 아무 죄 없는 사람들이 희생당하는 건 잘못된 일이라고 생각했다.

두석은 인민군이 밀고 내려온 7월, 이 마을에 조직된 '소년단'에 들어갔다. 소년단은 200~300m의 간격으로 줄을 서서 광주 무등산에서 화순 백아산까지 시시각각 일어나는 상황을 전달해 주는 일명 '인주(人柱)' 역할을 했다. 누군가 전홧줄을 다 잘라버리는 세상이었는지라 통신선을 연결하는 전봇대 기둥 역할을 하며 연락을 전담하는 심부름을 한 것이다. 소년단에서는 민족의 단합을 강조하는 노래를 주로 배웠으며, 여성동맹위원들이나 청년단원들이 소년단을 지도했다. 17세 이하로 조직된 소년단은 그 숫자가 20여 명 정도였다.

"누가 자진해서 단장을 해 볼 사람 있나?"

지도부에서 묻자 두석이 바로 손을 들었다.

"제가 하겠습니다."

두석은 다부진 표정과 큰 목소리로 말했다. 친구들과 놀 때도 앞장서서 진두지휘하고 자신의 생각을 밀고 나가는 두석이다. 결국 두석이 단장을 맡았다.

학당마을은 평화로운 농촌마을이었지만 일제강점기부터 사회주의 운동과 농민운동이 활발하게 전개되었다. 그래서 마을청년들 중에는 민족의식이 투철하고 선각자다운 면모를 갖춘 사람이 많았다. 그로 인해 해방 후 좌익과 우익의 대립과 갈등이 심한 곳이기도 했다. 어려서부터 민족의식이 높은 어른들의 심부름을 하면서 자란 두석은 이분들의 뜻을 자신도 모르는 사이에 조금씩 내면에 새기게 됐다. 그래서 옳지 못한 일을 보면 분노가 일었고 아닌 것에는 동참을 못 했다.

두석은 잠이 오지 않는 밤이면 밤하늘을 보며 고민했다. 불의에 저항하고 옳은 일을 위해 앞장서겠다고 다짐했지만, 그러기 위해선 자신이 어떤 힘을 길러야 할지 막막했다. 자신이 가진 재능도 모호했고 정확히 어디로 뛰어들어 무슨 일을 해야 하는 건지도 아직은 확신이 없었다.

답답함을 긴 한숨으로 뿜어내던 두석은 별들을 봤다.

'어둠을 찢고 나온 저 반짝이는 별들…. 나도 그럴 수 있을까?'

두석은 멀리 보이는 마을의 불빛들을 보았다. 저마다의 집에서 새어 나오는 불빛들은 하늘의 별처럼 아름답고 평화로워 보였다.

친구이자 동지이자 스승이었던 박현채

소년단에서 활동하던 두석은 틈틈이 사회주의와 우리 역사 그리고 우리말 교육을 받았다. 그런 와중에 평생의 동지며 친구이며 스승이 된 박현채를 만나게 된다. 두석보다 네 살 위인 박현채는 당시 17세였다. 훗날 민족경제학자가 된 그는 동복면 독상리 출생이다.

두석은 1950년 10월경 이서면 보월마을에서 박현채를 처음 봤다. 면당 위원장인 송태호 선생과 마을 선배 정성기의 여동생 주선으로 지도부 선생들과 두석을 포함한 소년단원 몇이 박현채를 만났다. 박현채는 당시 540지구대 사령부 연락병이었다.

"저 분 멋있지 않아?"

옆에 서 있던 단원 한 명이 두석을 툭 치며 말했다. 두석은 아무 말 없이 박현채를 뚫어져라 쳐다봤다. 풍채도 좋은데다 하얀 장갑에 권총을 차고 다니는 모습은 같은 남자가 보기에도 정말 멋졌다. 두석은 박현채의 첫인상에서 묘한 끌림을 느꼈다.

'왠지 나랑 잘 통할 것 같은 사람이야. 기회를 봐서 친하게 지내야지.'

두석은 박현채 주위를 맴돌았다. 그가 하는 말이나 행동들을 유심히 지켜보며 대장의 풍모를 엿보았다. 소년단에서 인기가 대단했던 박현채는 단원들에게 역사와 경제를 가르쳤다. 그리고 어른들을 대하는 예법과 봉홧불 피우는 법 같은 것도 가르쳤다. 그는 재미있게 잘 가르쳤고 단원들을 따뜻하게 보살폈다.

"나랑 광주 상황 알아보고 올 사람 있나?"

어느 날 광주 상황이 어찌 돼 가는지 궁금했던 박현채가 제안했다.

당연 제일 먼저 손을 든 사람은 두석이었다. 박현채와 함께 뭔가를 한다는 것 자체가 마음을 부풀게 했다. 감시가 삼엄해 위험할 수도 있었지만 그런 건 개의치 않았다.

두석은 소년단 여러 명과 함께 광주 시내를 살피러 박현채를 따랐다. 증심사 건너편 당산 터까지 나갔다. 이미 전쟁터처럼 돼버린 그곳은 경계가 삼엄했다. 좀 더 자세히 살펴보고 싶었지만 국군의 암호를 몰라 더 이상 들어가지 못했다. 아쉬움을 품은 채 다시 돌아와야 했다.

무등산 중턱 이서면 도원마을에서 하룻밤을 지새우는데 그때 두석은 박현채 옆에 누웠다. 마음이 설렜다. 자기가 좋아하는 이 사람과 뭔가 이야기를 나누고 싶었다. 그런데 호칭을 뭐라고 해야 할지 몰라 망설였다. 네 살 차이라 맘 같아서는 형이라고 부르고 싶었지만 아직은 그럴 수 없었다. 더군다나 동네 옆집 형이 아닌 조직에서 만난 사람이니 더욱 그랬다.

공부를 배우고 있으니 선생님이라고 부를까, 아님 한 조직이니 동지라고 부를까, 고민하던 두석은 입을 뗐다.

"대장님."

두석은 생각하던 호칭들을 두고 불쑥 대장이라 불렀다. 왠지 일단은 그렇게 부르고 싶었다. 박현채가 조금 의아한 표정으로 바라봤다. 두석은 자기를 바라보는 박현채의 시선에 잠시 당황했다. 박현채는 우물쭈물거리고만 있는 두석의 등을 가만히 두드려주며 말했다.

"너는 앞으로 무등산을 지키는 두목이 돼라."

생각지도 못한 말이었다. 순간 두석은 뜨거운 무언가가 가슴 밑바닥에서부터 치고 올라오는 느낌을 받았다. 자기를 믿어주고 그럴 만

한 인물로 봐준 것 같아 내심 기뻤다. 하지만 그와 동시에 큰 무게감도 느꼈다. 아직 자기는 아는 것도 별로 없고 많이 부족하다는 생각이 들었던 것이다.

'앞으로 열심히 하면 되잖아. 이렇게 나를 믿어주는데 못할 게 없지. 좋아, 해보지 뭐.'

두석은 대답 대신 눈에 힘을 주며 속으로 다짐했다.

얼마 후 무등산과 화순 백아산에서도 군경합동 토벌작전이 개시되면서 일곱 개 마을이 남김없이 불에 타고 주민들은 움막을 치고 살게 됐다. 사태가 여기에 이르자 백아산에서 활동하던 대원들 중 노약자와 어린 소년들한테 철수 명령이 떨어졌다. 그때 박현채와 이별을 앞둔 두석은 많이 아쉬웠다. 그에게서 배운 공부와 세상에 대해 들은 이야기들은 두석에게 많은 깨우침을 주고 정신적 성장을 하게 했다.

"어디로 갑니까? 다시 만날 수 있습니까?"

두석이 서운해 하며 말하자 박현채는 웃으며 말했다.

"같은 일을 하고 있으면 언제든 다시 만나지 않을까?"

두석은 박현채의 든든한 말에 마음이 한결 가벼워져 환하게 웃었다.

박현채와 헤어진 후 한 달 정도 되었을 때 군인들이 마을에 들이닥치면서 소개령을 내렸다. 이때 두석의 마을에서는 움직이기 힘든 노약자들만 남고 거의 대부분의 사람들이 피난을 떠났다. 마을 사람들은 북면 와천마을과 길성마을을 거쳐 학천마을로 퇴각하다 원리로 밀려났다. 화순군 북면 원리는 박현채의 할아버지 원고향이기도 하다.

거기서 두석은 박현채와 두 번째 만남을 가졌다.

"장군!"

두석은 반가워 한달음에 달려갔다.

"장군은 무슨…."

박현채는 장군이라는 호칭에 쑥스러워하며 손을 내저었다. 소년중대 문화부 중대장을 맡고 있던 박현채는 '문맹퇴치'라는 기치를 내걸고 그곳에서 사람들을 열심히 가르치고 있었다. 특히 소년들은 장차 나라를 이끌어가야 하기 때문에 공부를 더욱 열심히 해야 한다고 강조했다. 박현채는 다시 만난 두석에게 '장두령'이라 부르며 친근하게 대해 주었다. 둘 사이는 어느덧 매우 친밀하고 돈독해져 두석도 박현채에게 '박두령'이라 호칭하며 격의 없이 지냈다. 나중에는 형이라고 부르며 늘 같이 다녔다.

어느 날 박현채는 두석을 갈갱이마을로 데리고 갔다.

"이곳에 오지호 선생님과 최동재 선생님이 계신다. 그분들을 만나 얘기를 들으면 너에게 좋을 거야. 너 스스로 공부하게끔 만들어 줄 거다."

박현채는 말은 투박했지만 마음만은 따뜻했다. 두석이 잘 성장할 수 있도록 여러모로 신경 쓰며 챙겨주었다. 두석은 기대를 저버리지 않기 위해서라도 열심히 공부했다. 특히 좋아했던 한문공부를 깊이 파고들었다.

하지만 각자 해야 할 일 때문에 두 번째 만남도 오래 가진 못했다.

"나는 조국통일을 위해 전쟁터로 나가니 앞으로 너를 못 볼지도 몰라. 다음에 기회가 되면 멋진 장두령이 돼서 우리 다시 만나자."

박현채는 두석에게 그렇게 말하고는 떠났다.

헤어짐은 아쉬웠지만 함께 뭔가를 도모한다는 의미가 들어 있는 박현채의 '우리'라는 말은 두석을 들뜨게 했다. 두석은 속으로 다짐했다.

꼭 그렇게 하겠다고….

　소년단장으로 활동한 두석이 오래도록 잊지 못하고 간직했던 박현채의 말들이 있다.

　"소년들은 장차 나라를 이끌어가야 하기 때문에 공부를 더욱 열심히 해야 한다."

　"글을 모르고서는 자기의 신념을 세울 수가 없고, 자기의 뜻을 제대로 세우지 못한다."

　"우리 민족은 반드시 하나로 뭉쳐야 한다."

　"의로운 일을 보면 몸과 마음을 아끼지 말고 참여해야 하며, 불의에는 절대 가담하지 말아야 한다."

　이후 박현채와의 인연은 오랫동안 끊어지게 되었다. 형은 무얼 하고 있을까, 무사한 걸까, 혹시 무슨 일이 생긴 건 아닐까 하는 마음으로 두석은 오랫동안 박현채를 그리워했다. 십 수년이 지나 다시 만날 때까지….

낙화

　토벌작전으로 인해 백아산이 불길에 휩싸인 날 두석과 소년단원들은 마을들을 뒤로한 채 북면 검덕굴재를 지났다. 또 다시 곡성 목사동과 구례읍내를 비껴 지리산 피아골 남산마을을 거친 뒤 지리산 달궁에 도착했다.

지리산은 그래도 어느 정도 안심할 수 있는 곳이었다. 두석과 소년 단원들은 이곳에 아지트를 마련하고는 낮과 밤으로 나눠 활동을 전개했다. 식량을 조달하고 주변 군경의 동태를 파악하는 일을 주로 했다.

"단장님!"

밖에서 주변을 살피던 한 소년단원이 급히 뛰어들어 오며 두석을 불렀다. 두석과 옆에 있던 다른 단원들은 긴장된 표정으로 바라봤다.

"군경토벌대가 이쪽으로 오고 있어요!"

그 소리에 모두들 놀라 다급하게 소지품들을 챙겨 아지트 밖으로 나왔다. 하지만 안전하게 피신하기에는 역부족이었다. 들이닥친 토벌대들의 무차별 진압에 소년단원들은 꼼짝없이 당하고 말았다. 죽거나 도망친 단원들을 빼고 나머지는 결국 붙잡혀 광주로 이송됐다. 두석도 생포되어 철창에 갇히게 되지만 소년임을 감안해 9일 만에 풀려나 고향 학당마을로 간신히 돌아왔다.

"아이고, 두석아. 이 몰골이 뭐시다냐. 월매나 고생이 많았냐이."

피폐한 모습으로 돌아온 두석을 어머니가 맨발로 맞이하며 말했다.

"저는 괜찮아요. 어머니 아버지는 건강하시죠?"

천방지축 돌아다니며 말썽만 피우던 아들이 안부를 걱정하는 말을 하자 두석 어머니는 울컥 눈물을 쏟고 말았다.

"괜찮다니까요…."

두석이 안아주며 말하자 어머니는 이번엔 소리 내어 울었다.

"인자 어디 가지 말고 그냥 집에 있어라. 몸도 약한 거이 워째 그라고 돌아다니기만 한다냐."

두석은 괜찮다고는 했지만 몸이 말이 아니었다. 며칠 쉬고 나면 좀 나을 줄 알았는데 몸 상태는 점점 악화됐다. 돌아다니며 했던 소년단 생활과 잡혀 들어간 열악한 환경에서 병을 키운 것이다. 극심한 폐수종과 간질환으로 일어나지를 못했다. 두석의 부모는 다 죽어가는 막내아들을 보며 억장이 무너졌다.

"어렸을 때부터 골골 하더니 인자 이놈 어쩌지 못할 성싶네…."

아버지가 낙심한 표정으로 말했다. 그러자 남편의 말에 불끈한 두석 어머니는 나갈 채비를 하며 말했다.

"아니지라. 목숨이 붙어 있는디 이라고 포기하믄 안 되제라."

인력거에 태워진 두석은 광주로 실려 나와 다시 치료를 받았다. 하지만 병이 워낙 깊어 허사였다. 결국 집으로 돌아온 두석은 이대로 생이 끝난다고 생각하니 분하기도 하고 서럽기도 했다.

'살고 싶다… 정말 살고 싶다….'

살고 싶다는 간절함이 가슴 저 밑바닥에서부터 뭉텅뭉텅 끓어올랐다. 무등산을 지키는 두목이 돼라 했던 현채 형의 목소리가 다시금 들려왔다. 참았던 울음이 끄억끄억 소리를 내며 밖으로 나왔다. 그렇게 한참을 울던 두석은 오기가 났다.

'난 한번 한다 하면 하는 사람이잖어. 그래, 이번에도 해내면 돼.'

두석은 소매로 눈물을 훔쳐내고는 이를 앙당물었다. 이대로 끝낼 수는 없다고 생각했다. '현채 형하고 약속한 것도 지켜야 하잖아. 내가 할 수 있는 일들도 계획해 놨잖아.'

일련의 사건들을 지켜보면서 자기가 앞으로 할 일들을 계획했던 두석은 마음이 급해졌다. 하지만 지금 상황으로는 아무 것도 할 수가 없다. 두석은 답답한 마음으로 밖으로 나가 옹성산을 바라봤다. 한참을 바라보던 두석은 묘한 느낌을 받았다. 산이 자기를 부르는 것 같았다. 그러면서 옹성산에 살고 있는 서처사도 생각났다. 상투머리를 하고 옹성산에 살고 있는 서처사는 두석의 큰아버지와 친분이 있는 노인이다. 일 년에 한두 번씩 큰아버지를 만나러 내려올 때마다 두석은 봤었다.

'그래, 산으로 가자!'

두석은 옹성산에 들어가기로 마음먹었다.

"마지막이라 생각하고 산으로 가보겠습니다."

마음을 굳힌 듯 부모 앞에 꿇어앉은 두석은 단호하게 말했다.

"아무 것도 없는 그곳에서 어찌 살라고 그러냐."

"아무 것도 없으니 가보려구요."

대체 뭔 말인가 싶어 두석의 부모는 할 말을 잃었다.

"사람은 자연에서 왔다 했으니 자연으로 들어가 처음부터 다시 시작하는 마음으로 살아보겠습니다."

두석의 부모는 다른 방법이 없었기에 산으로 가겠다는 아들을 막지 못했다. 소금, 물병, 호미, 야전삽, 장도, 군용담요 두 장과 군복 두어 벌을 챙겨든 두석은 산에 올라 서처사를 찾아갔다.

"그냥 내려가라. 네가 있을 곳이 아니다."

서처사는 찾아온 두석을 내치려 했다.

"귀찮게 안 할게요. 제가 알아서 생활하겠습니다. 그냥 있게만 해주세요."

두석은 필사적으로 매달려 결국 그곳에서 살게 됐다. 집에서 가져온 음식이랑 산에서 채취한 것들을 먹으며 살았다. 챙겨가지고 온 책 《다산선생 민간요법》과 의약서인 《약성가》 그리고 《한선문신옥편》

을 닳고 닳도록 읽었다. 그리고 서처사랑 살면서 스스로 병을 이겨내는 법을 터득해 갔다.

틈만 나면 풍광이 제일이랄 수 있는 옹성산 적벽을 줄기차게 오르내렸다. 대자연은 마음을 편안하게 하고 몸 안의 질서를 잡아줬다. 답답하거나 거북한 것들을 없애줬고 눈을 맑게 했다.

두석은 그런 자연의 품에 그대로 안기면서 자신 속의 여러 가지 병균들을 몰아냈다. 혼탁한 정신이 우선 맑아졌고 몸의 기운이 조금씩 일어섰다. 그걸 직접 체험하면서 두석은 몸과 마음은 둘이 아니라 하나라는 것을 은연중 깨달았다. 주기적인 단식과 생식도 했다.

토굴 생활을 하던 어느 날이었다. 절에서 키우던 토끼 앞다리를 실수로 부러뜨렸다. 어떻게 치료할 방도가 없어 그냥 잘 먹게 해줬더니 점점 악화가 됐다. 그래서 이번에는 안 먹이고 며칠 그대로 두었더니 부러진 다리가 차츰차츰 나아져 갔다.

'먹으면 낫지 않고, 안 먹으면 낫는다.'

스스로 치유되는 '자연건강철학'을 두석은 이때 배웠다.

곧 죽을 것 같았던 두석은 산에서 생활하면서 차츰차츰 나아져갔다. 그렇게 일 년이 지났다.

두석은 토굴에서 내려온 뒤로 명상과 책읽기 그리고 산을 오르내리며 몸과 마음을 다져갔다. 저물녘에 나가 연한 달의 색깔이 아주 진해질 때까지 바라보는 걸 좋아했다.

그날도 어스름녘이 되자 두석은 어김없이 밖으로 나왔다. 산에 올라 달빛 속을 헤매고 있는데 어디선가 아련하게 꽹과리 소리가 들려왔다.

갱지 개갱지 갱지 개갱….

두석의 눈망울이 깊어졌다.

두석의 고향 화순 적벽에는 노루목, 보산, 창랑, 물염 네 개의 적벽이 있는데 그 중에서도 노루목 적벽이 으뜸이다. 백아산에서 발원한 동복천이 항아리 모양의 옹성산을 휘돌아 나오면서 이룬 절경이다.

깎아지른 암벽이 태고의 신비를 간직한 것처럼 장엄하다. 이곳 적벽에서 행해지는 낙화놀이는 조선 중기부터 시작된 민속행사다. 처음에는 불교적인 성격을 갖고 있었으나 점차 마을축제의 성격으로 바뀌었다. 일제강점기를 건너오면서 중단되었던 행사가 나라를 되찾은 후 부활된 것이다.

"워이~~~!"

마을 장정 한 사람이 절벽 위로 올라가 소리를 깊게 한번 내지른 뒤 짚덩이에 불을 붙인다. 불붙은 짚덩이를 강물 위로 던지면 사람들이 박수를 치고 꽹과리를 친다. 절벽에서는 새로운 세상을 밝혀줄 불꽃송이가 떨어지고 사람들은 물에 어리는 불꽃송이 모습을 보며 그 황홀함에 탄성을 내지르며 덩실거린다.

떨어지는 불꽃송이! 그 황홀한 장면을 사람들은 눈동자에 꽉 쓸어 담은 채 저마다의 소원을 빈다.

"뭐니 뭐니 혀도 건강이 제일인께 우리 식구들 모다 건강하게만 지켜주쇼잉."

"큰자식이 학교 무사히 들어갈 수만 있게 해주시믄 다른 건 암 것두 바랄 것이 없을 것이구만요."

"올해는 꼭 풍작 되게 해주쇼."

서로의 간절한 기도가 붉은 물 위로 번져갈 때 들썩들썩 어깨춤을 추던 꼬맹이 두석도 두 손을 모으고 다짐을 한다.

"멋진 사람이 될 겁니다. 제가 그런 사람이 될 수 있도록 해주세요."

강 한쪽에는 나룻배가 떠 있었다. 배가 물결에 흔들릴 때마다 어룽거리던 불빛이 퍼져나갔다.

갱지 개갱지 갱지 개갱….

다시금 달빛 언저리에서 꽹과리 소리가 들린다.

1945년 8월 암울했던 삼천리 강토에 해방이라는 광명천지가 찾아왔을 때 도시와 농촌 할 것 없이 터지던 환호성과 태극기의 물결도 일렁인다. 두석은 희미한 미소를 지어본다. 그러다 이내 얼굴이 굳어진다. 해방의 기쁨도 잠시, 연이은 흉년에 보릿고개를 넘기가 힘들었다. 쑥밥, 송피밥, 그야말로 초근목피로 끼니를 때우고 배를 채워야 했으니 그 얼마나 배고픈 세월이었던가. 그래도 제삿날이 오면 서로서로 감춰놓았던 나락을 내놓아 절구에 찧어 제상을 차렸다. 아이들이고 어른들이고 제상에 차려놓은 하얀 쌀밥에서 눈을 떼지 못하고 군침을 삼켰다.

개 갱 개 갱 갱 개 개 갱…갱 지 갱 지 갱 개 개 갱….

꽹과리 소리가 점점 더 크게 울려왔다. 달빛 속에서, 꽹과리 울림 속에서 마을 사람들이 북 치고 장구 치며 흥에 겨워 춤을 추는 광경이 펼쳐졌다. 두석은 그 속에서 아버지의 얼굴을 봤다. 환하게 웃고 있다.

그때 산 아래에서 누군가가 급히 올라오며 소리쳤다.

"두석아! 얼른 내려가자이. 느그 아부지가 돌아가셨어야!"

그 순간 두석이 보고 있던 달덩이가 벼랑에서 떨어지던 불꽃송이로 변했다.

2장

정의를 위한 삶

네꼬타이 숙명

"두석이는 또 나가고 읎냐?"

오늘은 집안일 거들 게 있다며 나가지 말라고 당부했다. 그런데도 사라지고 없는 막내아들 때문에 어머니는 속이 상했다. 두석은 형 둘과 누나 그리고 두 여동생 이렇게 육남매 중 넷째다. 어머니는 나머지 다섯 키우는 것보다 언제 어떻게 될지 모르는 두석이 하나를 키우는 게 더 벅찼다.

"이놈의 자식은 방바닥에 엉덩이 붙일 새가 없구만요."

두석에 대한 큰형 천석의 걱정이 크다. 아버지도 안 계시고 어머니 혼자 집안을 꾸려가야 했던 때라 맏이로서의 책임감이 무거웠다. 방랑벽도 문제지만 그보다 더 큰 걱정은 두석의 시력이었다.

"눈도 안 보인디 저거이 앞으로 뭐 하며 살지 그거이 젤 걱정이다."

어머니가 맏이에게 답답한 속내를 털어놓았다. 도대체 어찌할까 고민하던 천석은 일단 두석을 혼인시키기로 마음먹었다. 옆에서 살뜰히 챙겨줄 사람이 필요했고, 혼인을 해서 가정을 꾸리면 떠도는 생활도 잡힐 거라는 생각이 들었다.

하지만 맘만 먹는다고 되는 일은 아니었다. 여러 가지 조건이 열악한 사람에게 선뜻 시집올 처녀를 찾기란 쉽지 않았다.

두석의 명석한 머리와 보기 좋은 풍채는 어디다 내놔도 손색이 없었다. 그건 동네와 이웃마을 사람들까지 다 아는 사실이니 그걸 내세워 배필을 물색했다. 다른 건 다 놔두고 착한 성품이면 됐다.

그러던 중 큰형은 건너 건너 아는 사람을 통해 화순 북면 강례마을에 사는 처자를 소개받았다. 어떤 사람인지 알아보기 위해 그 마을로 찾아간 큰형은 저쪽에서 물동이를 이고 걸어오는 처자를 봤다. 순해 보이고 어찌나 참하게 생겼던지 첫눈에 맘에 들었다. 저런 사람이면 우리 동생 짝으로 딱 좋겠다, 하는 마음을 가졌는데 바로 그 처녀가 선을 보기로 한 당사자였다.

'무슨 일이 있어도 이 혼사를 성사시켜야지.'

처녀가 맘에 든 큰형은 집으로 돌아가 사주단자부터 만들었다. 여차하면 첫 만남 자리에서 성사시키려고 작정했다. 동생 눈이 안 좋으니 혹여 못 여의게 될까봐 우려가 컸다.

큰형은 선자리에 나온 처녀의 아버지와 몇 마디 말을 주고받은 후 사주단자를 건넸다. 결국 큰형의 적극적인 추진으로 혼인이 성사됐다. 두석은 1958년 강례마을 열여덟 살 김동례와 드디어 혼인식을 올렸.

홍조를 띠고 서 있는 신부의 모습은 마치 진흙 속에 핀 연꽃처럼 단아했다. 구경 나온 동네사람들의 신부에 대한 칭찬일색은 두석의 마음을 충분히 설레게 했다. 신부의 모습이 뚜렷하게 보이지는 않았지만 좋은 느낌이 전달되었다. 이제까지와는 다른 새로운 생활에 대한 기대감으로 살짝 들뜨기도 했다.

처가에서 하룻밤을 자고 난 다음 날 두석은 아내를 데리고 학당마을 집으로 왔다. 낯선 시댁으로 온 두석의 아내 김동례는 당황했다. 일꾼까지 해서 열두 명의 대식구가 살고 있었던 것이다. 친정에선 사 남매 중 두 오빠가 일찍 죽어 네 식구 밥을 해 먹고 살다가 열 명이 넘는 밥을 하려니 힘에 부쳤다. 먹고 치우고 나면 바로 다음 끼니를 위해 또 밥을 해야 했다.

"힘들쟈."

시집와준 것만 해도 고마운 시어머니는 힘들어 정신없어 하는 며느리가 안쓰러웠다. 김동례는 시어머니가 건넨 말 한마디에 따스한 위로를 받았다. 그러면서 앞으로 살아가야 할 자신의 삶을 떠올려봤다.

"그래, 이젠 여기가 내 집이다. 이 식구들이 지금부터 나와 함께할 사람들이다. 시어머니도 좋으시고… 한번 열심히 살아봐야지."

식구들 끼니는 막내며느리인 김동례가 맡아했다. 많은 양의 밥을 지어야 했다. 밥을 할 때는 먼저 보리쌀을 갈아 안치고 그 위에다 쌀을 얹었다. 쌀밥은 어른들과 아이들을 퍼주고 자신은 맨보리밥을 먹었다. 밥을 차리면 밥그릇 수를 세어 빠진 사람을 확인했다.

겨울에는 산밭에서 무를 캐와 솥단지 제일 밑에 깔고 밥을 해먹었다. 무밥은 많은 식구가 먹을 밥 양을 늘려주었다.

김동례는 신혼 초부터 외로움을 안고 살아야 했다. 신랑이 워낙 돌아다니며 활동하는 걸 좋아해 집에 붙어 있질 않았다. 아침에 나가면 밤 12시가 넘어야 들어왔다. 시집온 지 얼마 안 된 낯선 시댁에서 남편이라도 옆에서 다독여줬으면 했다. 하지만 그런 아내의 마음을 아는지 모르는지 두석의 생활은 변함이 없었다.

불만이 쌓인 김동례는 어느 날 밤늦게 들어온 남편이 미워 문을 열어주지 않았다. 두석은 앞이 잘 보이지 않고 술까지 잔뜩 취해 있어 문을 열어주지 않으면 힘들었다.

"어이, 문 좀 여소. 나 왔네."

김동례는 문 두드리는 소리를 듣지 않기 위해 이불을 머리끝까지 덮었다. 계속 듣다 보면 열어주고 말 거란 걸 스스로도 안 것이다. 착하고 여린 사람이 이렇게 모진 마음을 먹기까지는 그만큼 서운하고 힘들었으리라. 오죽했으면 막내 시누이에게까지 푸념을 했을까.

"너무하네요. 이럴라믄 혼인은 뭐덜라고 했을까요. 자유롭게 혼자 살지."

"나가 언니 마음을 알제라. 오빠가 저라고 돌아댕기기만 하니까 나도 속상한디 언니는 오죽할라구요."

두석은 막내 여동생을 참 예뻐했다. 잘 챙겨주고 뭐든 아낌없이 줬다. 옷이 없다 하면 없는 돈까지 털어주며 사라고 할 정도였다. 아프다 하면 달려와 치료해 주었다. 막내 동생 순덕에게는 두석이 더없이 다정다감한 오빠였다. 하지만 그런 오빠에 대한 흠을 늘어놓아도 오빠 편을 들 수가 없었다. 누가 봐도 너무했으니까.

두석은 아내가 아기를 낳을 때도 옆에 있어주지 못했다. 밖의 활동 때문이기도 했지만 내심 걱정이 됐다. 자신의 눈이 안 좋으니 아이를 낳으면 그것이 유전될까봐 두려웠다. 자신의 결점으로 인해 혹시 자식들까지 평생 그 짐을 얹고 살 수도 있다고 생각하니 괴로웠다.

자식을 낳지 말까, 잠깐 고민도 했지만 그럴 수는 없었다. 아내에게 미안한 마음도 컸다. 두석의 이런 복잡한 마음을 몰랐던 김동례는 서운하고 야속했다.

혹시나 하는 두려운 마음을 누르고 간절히 바랐지만 결국 첫 아들도, 다음에 낳은 딸도 시력이 안 좋았다. 두석은 심히 낙담해서 밖으로만 더 돌았다. 눈앞에서 차라리 안 보고 싶은 심정이 컸다. 부인 김동례도 가슴이 녹아내렸다. 자식들이 신체적 불편함을 안고 이 험한 세상을 어찌 살아갈까, 하는 걱정이 파도처럼 밀려왔다.

설상가상으로 다섯 살 된 딸아이는 심한 홍역을 앓았다. 김동례는 발을 동동 구르며 간호했다. 경풍이 일고 고열이 나는 상황이 여러 차례 반복되더니 딸아이는 얼마 못 가서 결국 죽고 말았다. 자식을 앞세워 보낸 김동례는 억장이 무너지는 아픔에 통곡을 했다. 세상의 빛이 일순간 다 사그라졌다.

반면 두석은 딸아이 죽음 앞에서 냉담했다. 그런 모습에 속마음을 잘 알지 못하는 사람들의 시선은 차가웠다. 자식에게 눈곱만큼도 관심 없는 몰인정한 아버지로 보인 것이다. 남편에 대한 김동례의 실망은 절망으로 치달았다.

'아무리 어쩐다 해도 자식인데…!'

더 이상 못 살겠다고 생각한 김동례는 헤어지기로 결심했다. 마음 약해지기 전에 간단하게 몇 가지만 챙겨 보따리를 싸는데 느낌이 싸했다. 고개를 돌린 김동례는 한쪽 구석에서 자신을 바라보고 있는 아들과 눈이 마주쳤다. 두려움과 불안함이 가득한 눈망울이었다. 순간 앞이 하얘지며 어지러워 그 자리에 털썩 주저앉고 말았다. 아무리 어미라도 자식에게서 아버지의 그늘을 함부로 걷어내는 건 못할 짓이라는 생각이 들었다.

한참을 우두커니 앉아 있던 김동례는 아들을 품에 안아주었다. 그러고는 쌌던 보따리를 다시 천천히 풀었다. 그때 문틈으로 햇살 한 줄기가 들어왔다. 김동례 볼에 흐르는 눈물이 햇살에 반짝였다.

네꼬타이 맨 사람한테 시집간다고 했던 내 말이 내 발목을 묶은 거네….

김동례는 시집오기 전 친구들과 모여 호롱불 밑에서 수다 떨던 때를 떠올리며 생각했다. 그때 어떤 사람에게 시집가고 싶냐는 얘기를 나눴었는데 두 친구들은 말했다. 그냥 성실하게 일하는 사람이면 좋겠다고. 함께 농사지으며 계속 시골에서 살고 싶다고. 하지만 김동례는 다르게 말했다.

"난 네꼬타이 맨 사람을 만나고 싶어."

김동례는 시골에서만 살아 도시적인 남자에 대한 로망이 있었다. 농사짓는 남자는 절대로 만나지 않겠다고 다짐했다. 깔끔한 셔츠에 넥타이 맨 남자의 모습을 상상하며 그런 사람을 만나리라 꿈꾸었다. 결국 말이 씨가 되어 돈 안 벌고 돌아다니기만 하는 사람을 만났다. 다만 양복 대신 풀 먹여 다린 한복만을 고집하는 장두석과 혼인한 것이다.

친구들과 수다 떨던 그 시절이 그리워서 김동례는 찬장 안에 숨겨두었던 술병을 꺼내 두어 잔 마셨다. 막힌 속으로 싸하니 작은 술길이 열렸다.

'그래, 살라고 하믄 어쩌코롬 살아지겠제.'

터질 건 터쳐야 한다

장두석은 집안 경제권을 아내에게 맡겼다. 말이 경제권이지 경제활동을 아내가 도맡아 했다. 밭일, 논일, 집안 살림은 물론 장에 나가 장사까지 하며 돈을 벌었다. 아침에 눈을 떠서 잠자리에 드는 밤까지 잠시라도 쉴 틈이 없었다. 밖으로만 돌던 두석은 그렇게 힘들게 생활하는 아내를 모른 척했다. 알면서도 어쩔 수 없는 일이라 생각했다. 이미 밑그려진 자신의 삶의 무늬를 지울 수 없었다.

장두석은 그렇게 힘든 집안 사정에도 남들이 돈이 없어 힘들어하는 건 못 봤다. 남들을 돕기 위해 아내에게 집 보증금까지 내놓으라고 할 정도였으니…. 그럴 땐 아내도 참지 못해 남편이고 뭐고 이판사판으로 싸웠다. 하지만 한번 해야겠다고 맘먹은 일은 끝까지 하고야 마는 남편을 이기지는 못했다.

"해도 해도 너무 하는 거 아니에요? 차라리 다 같이 죽어버립시다!"

너무 속상하고 화가 나 부들부들 떨면서 말하는 아내를 뒤로하고 두석은 끝내 보증금을 빼내 어려운 친구에게 건넸다.

남들에게 아낌없이 베푸는 장두석은 어디서든 환영을 받았다. 하지만 가족에게는 형편없는 가장이었다. 남들이 아프다 하면 알고 있는 자연건강에 대한 지식을 총동원해 알려주고 치료해줬다. 하지만 가족에겐 툭 던져주는 무뚝뚝한 몇 마디 말뿐이었다.

"죽염 먹고 단식해."

온 열정을 밖으로 다 쏟아내느라 집안 여기저기는 곪아갔다. 그런 남편과 살아야 했던 김동례는 몇 번 피고름을 짜내기도 했다.

김동례가 혼자 견디다 못해 할 수 없이 애들을 데리고 큰집으로 들어가 살 때다. 성격이 워낙 깔끔해 아무리 큰집이라도 신세지는 게 미안했다. 그래서 틈나는 대로 큰집 밭일을 거들었다. 그렇게 근근이 살아가던 어느 날 감자밭을 매던 김동례는 벌레에 다리를 물렸다. 처음엔 좀 아프다 말겠지, 했는데 점점 심해지더니 나중에는 아리다 못해 잘 걷지 못할 지경이 됐다.

"어이구 제수씨, 이라고 될 때까징 워떻게 참았소."

큰형 천석은 김동례의 다리를 보더니 안타까운 표정으로 말했다.

"이라다 낫겄지 했는디…."

김동례는 부어오른 자신의 다리를 만지다 울먹였다. 그 모습을 지켜보던 천석은 한숨을 내쉬었다. 집안 돌아가는 사정을 도통 모르는 동생에게 화가 났다. 천석은 동생의 행방을 수소문해 당장 제수씨와 병원으로 가라 했다. 그제야 장두석은 아내를 데리고 병원으로 갔다.

상처에서 고름이 펑펑 쏟아졌다. 김동례는 참을 수 없는 고통에 입술을 깨물었으나 터져나오는 비명을 막을 수는 없었다. 아픈 다리가 꼭 속 끓여 문드러진 자기 마음 같아서 급기야 설움 섞인 울음을 토해냈다. 점점 커져가던 응어리가 터진 것이다. 집안을 돌보지 않고 밖으로만 도는 장두석의 아내로 살면서 생긴 피눈물이 퍽퍽 터져 나왔다.

또 한번은 배가 아파도 참고 일했다.

"성님, 어디 아프요?"

같이 일하던 동네 동생이 배를 움켜잡고 있는 김동례를 보며 물었다.

"좀 있으믄 괜찮아질 거여."

"변소 가고 싶은 배는 아닌 것 같고 체한 것도 아닌 것 같은디."

"얼마 전부터 배 한쪽이 아프다 말다 아프다 말다 하드니 오늘은 더 오래 가그만."

김동례는 계속 되는 통증에 얼굴을 찌푸리며 말했다.

"병원 가야 되는 거 아녀요? 안색이 많이 안 좋은디…."

"좀 있다 보믄 괜찮아지겠제."

하지만 복통이 더 심해지면서 김동례는 배를 부여잡고 그대로 꼬꾸라졌다. 그때서야 병원으로 향했다. 병원으로 가는 도중 계속 방치해서 복막염이 된 맹장이 터지고 말았다.

"제발 병 좀 키우지 말고 아프면 병원부터 가란께요."

수술 후 겨우 정신이 든 김동례를 보며 동네 동생이 속상한 표정으로 말했다.

"고름 들믄 그때그때 터트려줘야 헌디 나는 그러고 못 살아서 이라고 병이 돼부렀는갑네."

김동례는 나직하게 한탄하며 눈시울을 붉혔다.

여차하면 죽을 뻔 했던 적도 있다.

광주로 이사 온 뒤 장두석의 활동 반경은 훨씬 넓어졌다. 그럴수록 아내 김동례의 삶은 더 고달파지고 팍팍했다. 시골에서야 품을 팔면 먹고 사는 데는 지장이 없었지만 도시에서는 일거리를 찾는 게 쉬운 일이 아니었다.

무등산 아래 지산동에서 살 때다. 집안일 하랴, 시도 때도 없이 남편이 데리고 오는 손님 치르랴, 이것저것 간섭 받으랴 지칠 대로 지친 김동례는 훌쩍 어디라도 가서 바람을 쐬고 싶었다. 하지만 두석은 아내에게 잠시라도 혼자만의 시간을 허락하지 않았다.

불만과 원망이 쌓일 대로 쌓인 김동례는 어느 날 남편과 대판 싸우고는 죽어버리자고 결심했다. 그 순간만큼은 아무 생각도 안 나고 그저 비참한 자신의 모습만 보였다.

김동례는 날이 어둑해지자 세탁실로 가서 락스 세제를 집어 들었다. 이거 한 통이면 정말 깨끗하게 정리가 될 것 같았다. 이것저것 생각하면 또 주저앉게 된다고 생각한 김동례는 곧바로 집에서 나왔다. 일단 답답한 마음을 부려놓고 싶어 무등산 전망대로 향했다. 인적이 드문 곳이기도 했지만 확 뚫린 곳으로 가고 싶었던 것이다.

높은 곳에서 바라본 광주시내는 딴 세상 같았다. 어스름이 깔린 도시의 실루엣이 아름답게 비쳤다. 분명 저 속에서 나왔는데도 다른 세상처럼 느껴졌다. 그러자 자신의 처지가 더욱 서글프게 다가왔다. 눈물이 핑 돌았다. 애면글면 살아온 날들이 눈앞에 펼쳐지면서 불쑥 울화가 치밀어 올랐다.

김동례는 옆에 둔 락스를 들고는 결심한 듯 힘주어 뚜껑을 돌렸다. 뚜껑은 쉽게 돌려지는가 싶더니 계속 헛바퀴만 돌았다. 아무리 돌리고 돌려도 뚜껑은 열리지 않았다. 죽지 못하도록 꼭 누군가 뚜껑에 마술을 부려놓은 것처럼.

김동례는 뚜껑 여는 걸 포기하고는 한참을 그대로 앉아 있었다. 그러다가 할 수 없다는 듯 한숨을 내쉬며 자리에서 일어나 집으로 향했다. 집 나온 지 한 시간만이었다.

집에서는 난리가 나 있었다. 장두석은 아내가 집 나간 걸 알고는 아들과 조카를 불러 서둘러 찾게 했다.

"너희들 얼릉 찾아봐라이. 나는 느그 어메 없으믄 못 산께."

장두석의 다급한 말에 아들 영철은 놀란 눈치였다. 평소엔 전혀 듣지 못한 말이었다. 이럴 거면 옆에 있을 때 좀 잘하시지, 영철은 속으로 생각하면서 서둘러 찾으러 나섰다. 하지만 결국 찾지 못하고 돌아오던 영철은 집 뒤꼍 상하방 앞에 놓여 있는 어머니 신발을 발견했다. 김동례는 큰소리 치고 나갔다가 다시 돌아온 것이 머쓱해서 뒤꼍 상하방에 슬며시 들어가 있었던 것이다.

김동례는 나중에 아들에게 듣고서야 알았다. 락스는 위험한 물질이라 뚜껑을 열려면 꾹 누른 다음 돌려야 했다는 것을.

"죽는 것도 내 맘대로 못하는갑다…."

허탈한 마음이 들면서도 한편으로는 가슴을 쓸어내렸다. 만약 뚜껑이 그냥 돌려 열리는 것이었다면 그 순간의 감정을 못 다스리고 바로 마셨을 것이다.

김동례는 하늘을 올려다봤다. 아직 덜 찬 달이 자신을 바라보고 있었다.

"며칠 후면 꽉 차오르겠네. 나도 그럴 날이 오긴 올란가?"

한숨을 내쉬며 중얼거리자 때마침 마당 구석에서 답이라도 하듯 쓰르라미 울음소리가 들려왔다. 온다는 것인지, 오지 않을 거라는지 알 수 없는.

그 일을 계기로 남편의 변화를 조금이나마 기대했던 김동례는 바로 그 마음을 접었다. 자신의 한나절 가출은 남편에게 잠깐의 걱정만 끼쳤을 뿐 별다른 변화는 없었다.

"언젠가 좋을 날이 있을 건게 살려뒀겄제."

죽지 못했을 때는 뭔가 이유가 있을 거란 생각이 들었다. 김동례는 다시 팔을 걷어붙였다. 하지만 삶은 그리 쉽게 달라지지 않았다. 이어달리기 하듯 힘든 일들이 꼬리에 꼬리를 물었다. 그 중에서도 큰 고역은 일 년이면 수십 번 지내야 하는 제사였다. 제사 음식 만들어야지, 오고 가는 사람들 맞이하고 배웅해야지, 술상 차리고 치워야지 정신이 하나도 없었다. 제사가 있는 날은 온종일 집안을 동동거리며 뛰어다녀야 했다. 늦은 밤 겨우 잠자리에 들면 온 몸이 욱신거려 제대로 잠에 들지 못했다.

거기에다 장두석은 늘 한복만 입고 다녔다. 한복은 한번씩 빨 때마다 풀 먹여 다림질해야 하고 동정도 달아야 했다. 색깔 별로 있는 두루마기는 그렇다 쳐도 저고리는 다 흰색이었다. 깨끗하게 못 입으면서도 자주 빨아야 하는 흰색만을 고집하는 장두석은 김동례의 속을 부글부글 끓게 했다.

"한복 좀 안 입으믄 안 되겄소?"
"뭔 소리여! 옷차림이 가지런혀야 맴도 행동도 가지런한 법이여."
장두석의 말에 김동례는 할 말을 잃고 냉가슴만 앓았다. 챙겨주는 옷을 입기만 하는 사람이 힘든 자신의 속을 어이 알까 싶었던 것이다.

신혼 때는 막차가 끊길 때까지 남편을 기다리기도 하고 걱정도 했지만 어느 정도 살다보니 여러 날 안 들어오는 게 차라리 맘 편했다. 한밤중에 손님을 데려와 술상 보라고 깨우지 않으면 김동례에겐 그때가 봄날이었다. 잠을 설칠 때면 일어나 앉아 노래 한 곡조 뽑기도 하는데,

　　연분홍 치마가 봄바람에 휘나알리더라~
　　오늘도 옷고름 씹어가며

산제비 넘나드는 성황당 길에

꽃이 피면 같이 웃고 꽃이 지면 같이 울던

알뜰한 그 맹세에 봄날은 온다~~

'봄날은 온다'고 고쳐 부르는 김동례의 눈빛에서 한 생의 파도가 붉게 출렁였다.

고슴도치 사랑

문틈으로 들어온 햇살이 구석에 웅크리고 있는 영철의 발등을 따스하게 덮어주었다. 아무리 잘못한 게 있어도 사람들 많은 데서 그렇게까지 호통 치는 아버지가 영철은 원망스럽다. 도대체 자기를 아들이라고 생각하는지조차 의심스럽다. 발등을 어루만져주는 햇살에 설움이 더욱 복받쳐 올랐다. 눈물방울이 볼을 타고 내려와 두 팔로 감싸 안은 무릎 위로 떨어졌다.

평소에도 무뚝뚝한 성격의 장두석은 자식 사랑에 인색했다. 따뜻한 말 한마디는커녕 조금만 눈에 거슬려도 사정없이 나무랐다. 자식교육도 엄해 유교식 교육법으로 어른들 공경하기를 비롯한 예절교육과 한자공부를 많이 시켰다. 대충 넘어가려 하면 호되게 야단치며 눈물을 쏙 빼게 했다. 영철은 그런 아버지한테 늘 주눅이 들어서 눈치만 봤다.

"네가 미워서 그런 거 아니다. 다 너 생각해서 그런다. 너의 아버지는 속정이 깊으신 분이야. 워낙 내색을 못해서 그렇지."

아버지의 지인이 방으로 들어와 영철의 어깨를 토닥였다. 전에도 보는 사람이 민망할 정도로 심하게 야단맞는 모습을 본 터라 안쓰러웠다.

영철은 속정은 있다느니 생각해서 그런다느니, 이런 말들이 와 닿지 않는다. 고생만 죽어라 하는 어머니에게 늘 타박만 하는 아버지를 보며 자랐다. 남들 눈엔 어찌 보일지 모르지만 영철에겐 그저 자기밖에 모르는 고집불통인 아버지일 뿐이다. 큰아버지도 아버지를 못마땅해 한다는 걸 영철은 안다.

장두석은 밖으로 나돌다가도 동네 유친계나 애경사는 꼭 참여했다. 35가구나 되는 동네에 일 년이면 그 횟수가 적지 않은데도 절대로 빠지는 법이 없다. 돈은 어디서 구해오는지 거침없이 뿌렸다.

"너 이놈의 자식, 그런 돈 있으믄 처자식한테나 쓸 일이지 남한테 그라고 돈을 퍼주는 거냐!"

뼛골 빠지게 고생하는 제수를 늘 안타깝게 생각하던 큰형님은 폭발했다. 밖에서 아무리 남들한테 인정받고 대우를 받는다 해도 집안을 돌보지 않는 무책임한 동생이 심하게 거슬렸다. 형과 동생의 갈등은 결국 몸싸움으로까지 번지고 어른들이 말리는 상황에까지 이르렀다. 장두석의 어머니는 자식들의 싸움에 마음 아파했고 그런 상황을 바라보는 영철도 무척 속상했다.

'다른 건 다 필요없으니 조금이라도 따뜻한 아버지였으면 좋겠다…'

자상한 친구 아버지들을 볼 때마다 자신도 아버지의 온기를 느끼고 싶다는 간절함이 뜨겁게 차올랐다.

하지만 어느 아버지가 자식 귀한 줄 모를까. 장두석은 영철이가 늘 눈에 밟혔다. 부족함을 안고 살아갈 앞으로의 날들에 대한 염려가 컸다. 하지만 그런 아들을 위해 자신이 해 줄 수 있는 건 혹독하게 키우는 것 말고는 없었다. 험한 세상을 무사히 헤쳐 나갈 수 있도록 독립심을 키워줘야 했고, 그러기 위해선 더 냉정해져야 했다.

아들 잘못이 아닌데도 자신의 안 좋은 시력을 닮아버린 자식이 한없이 못나게 생각됐다. 안쓰럽다가도 아들을 마주하면 속상한 마음이 일어서 고운 말이 안 나왔다. 아들이 훌쩍훌쩍 울기라도 하면 더욱 보기 싫어 큰소리가 나갔다.

서로의 몸에 박힌 가시로 가까이 다가갈 수 없었던 아버지와 아들.

그렇게 무섭고 엄한 아버지를 영철은 언젠가부터 달리 보기 시작했다.

박정희가 유신헌법을 제정해놓고 통일주체국민회의 대의원을 만들었다. 그 대의원 선거에 장두석이 적극 추천됐다. 사람을 많이 알고 있는 장두석이 대의원으로 적격하다고 생각한 것이다. 면장이고 조합장이고 지서장이고 장두석을 찾아와 출마해 달라고 간곡히 부탁했다.

"마을을 위하는 일이거니 생각하고 나가주게나."

"이런 일 할라믄 언변도 좋고 사람도 많이 아는 자네가 딱이네."

"모다들 자네 말이라믄 잘 따르잖는가."

"이서에 야물고 똑똑한 사람 하믄 자네제."

그럴 때마다 장두석은 박정희를 위한 선거에 나갈 수 없다고 단호하게 거절했다.

'내가 독재자를 위한 선거에 나갈 수는 없제.'

이런 장두석에게 이번에는 공직에 있던 큰형님이 설득하고 나섰다. 자기 뜻과 조금만 달라도 따지고 들고 불의를 보면 못 참는 성격인 동생을 위해서였다. 제도권이나 정치권에 넣어놔야 일을 벌이지 않고 사건사고 없이 무난히 지낼 거란 생각을 한 것이다. 하지만 장두석은 큰형님의 회유와 협박에도 불구하고 끝내 출마하지 않았다.

그때 영철은 사람들에게 대접받는 아버지의 다른 면을 보게 됐다. 자신에게 다정다감한 사람은 아니지만 어느 정도 지위에 있는 사람들조차 아버지의 능력을 인정하는 걸 보고는 조금 놀랐다. 그러면서 아버지에 대한 우쭐한 마음이 들었다. 자신이 알고 있는 아버지의 모습이 전부가 아니라는 생각이 들었다.

동네에서도 고집불통으로 알려진 아버지가 창피하기만 했는데 그 일로 다시 생각하게 된 것이다. 그러던 중 자기가 다니는 신농중학교 육성회장이 된 아버지가 구령대에 올라가 연설하는 걸 보면서 그 마음은 훨씬 커졌다.

앞을 잘 보지 못한다고 친구들에게 늘 놀림 당하던 영철이다. 그런데 그런 친구들 앞에서 아버지가 아주 멋지게 연설을 했고 많은 박수를 받았다. 그 후로 영철을 대하는 친구들의 태도가 달라졌다. 너무 뿌듯하고 기분이 좋아 어깨가 으쓱거려졌다.

이때부터 아버지를 향한 야속하고 서운했던 마음은 일단 접어두고 아버지가 하고자 하는 일에 대한 궁금증을 조금씩 갖게 됐다.

후에 광주로 이사 나와서도 아버지는 거의 밖에서 활동하느라 가게 책임은 늘 어머니 몫이었다. 집안 형편을 살피던 영철은 돈을 벌어야겠다고 생각했다. 한푼이라도 벌면 어머니에게 조금이라도 도움이 될까 싶은 마음이 컸다.

아르바이트로 공사장에서 일하는데 눈이 잘 안 보여 남들보다 속도가 더뎠다. 그래서 지적도 당하고 눈치를 보며 일해야 했다.

그럴 때마다 어머니에 대한 연민과 아버지에 대한 원망이 불쑥불쑥 솟구쳤다. 하지만 사회운동만 하는 아버지의 뒷모습에 어느덧 영철도 익숙해져 가고 있었다.

청년 당원 장두석

일제강점기라는 암울한 시대를 빠져나온 지 얼마 되지도 않아 분단을 맞닥뜨리게 된 장두석은 화가 치밀어 올랐다.

"얼마나 힘들게 다시 찾은 나란데, 그런 나라가 두 동강나버리다니!"

십대의 어린 나이지만 조상과 민족의 소중함을 깨우친 바 있는 장두석이다. 서당 공부와 어른들의 가르침을 통해 우리 민족의 정신과 정기에 남다른 애착을 갖고 있었다. 나중에 어떤 일을 하게 된다면 나라와 민족을 위한 일을 하겠다는 생각까지 했다.

"금방 다시 합쳐지겠지?"

씩씩거리는 장두석에게 옆에 있던 친구가 말했다.

"당연히 그래야지. 이게 말이 돼? 서로 오고 가지도 못하게."

단군사상에 관심이 많았던 장두석은 분단 상황이 쉽게 받아들여지지 않았다. 한 민족이 서로 갈라져서 싸우고 땅을 나눈다는 게 이해되지 않았다. 아니 용납되지 않았다. 나라를 이끄는 어른들이 무책임해 보였다.

장두석이 처음 세상 돌아가는 것에 눈을 뜨기 시작한 건 1948년쯤이다. 민주당 신파로 출마하여 당선된 화순의 조국현 후보의 면단위 사무실이 고향집에 차려졌다. 그때부터 오가는 정치 관계자들을 지켜보면서 돌아가는 판을 조금씩 알아간 것이다. 그러면서 자기도 직접 그 속으로 들어가 일을 해보고 싶다는 생각이 들었다. 그러던 중 장두석은 은근히 끌리던 죽산 조봉암의 진보당에 들어갔다. 조봉암은 노동자와 농민 등 일반 대중들의 삶에 깊은 관심을 갖고 있었으며 평화통일과 사회민주주의를 주창한 인물이었다. 그런 분 밑에서라면 무슨 일이든 할 수 있을 것 같았다.

장두석은 화순 너릿재를 넘어 다니며 광주도당 청년당원으로 활동했다. 하지만 1950년대는 이승만의 통치이데올로기인 반공주의가 서슬 퍼런 때라 활동하는 데 제약이 많이 따랐다. 그럴수록 장두석은 더욱 적극적으로 활동에 임했다.

"다 같이 잘 살아보자는 건데 왜 막아? 조봉암 선생님이라면 기필코 그런 세상을 만들 거야. 나도 당당히 내 몫을 해내겠어."

그러나 장두석이 몸을 담아 활동하던 진보당은 안타깝게도 오래 가지 못했다. 1959년 7월 31일 평화통일을 주장한 조봉암이 국가보안법 위반으로 형장의 이슬로 사라져버렸다. 이승만 정권 당시엔 북진통일 외엔 어떤 통일 논의도 용납되지 않았다.

이 일로 장두석은 큰 실의에 빠졌다. 썩을 대로 썩은 정치의 세계는 겨우 정체성을 찾아가던 그를 뒤흔들었다. 가슴 한복판에 커다란 구멍이 뻥 뚫렸고 매서운 바람이 사정없이 몰아쳤다. 신봉하던 조봉암의 죽음으로 한동안 방황하던 어느 날 강한 오기가 발동했다.

"못 살겠다, 갈아보자! 그래도 안 되면 죽지 뭐!"

장두석은 1960년 '3·15부정선거' 때 조직을 만들어 이승만 일당독재정권 타도와 부정선거 저지 투쟁에 나섰다. 부정선거를 사주하고 조작하는 이서면 지서에 들어가 난동을 부리다가 지실마을 큰누나 집으로 피신 갔다.

"어쩔라고 그라고 댕기냐. 그러다 잡히믄 큰일이다. 아무 일 없이 지나갔으믄 쓰겄는디…."

누나의 간절한 바람에도 불구하고 장두석은 결국 체포됐다. 고문을 받고 옥살이까지 하게 된 장두석은 풀려난 후에 민족자주통일중앙협의회(민자통)에 들어갔다.

민족자주통일중앙협의회는 1961년 2월 25일 '민주·자유·자주'에 입각한 통일운동을 표방하며 결성된 민간통일단체다. 서울 종로구 경운동 천도교 중앙대교당에 모인 천여 명의 대의원들이 그 구체적인 실천방안으로 '즉각적인 남북협상, 민족통일 전국최고위원회 구성, 외세 배격, 남북 대표자 회담'을 제시했다. 혁신계 정당 출신들과 양심적이고 진보적인 지식인들, 4·19혁명에 가담한 학생지도자들이 가담해서 민자통 활동을 적극적으로 펼쳤다.

"외세를 다 몰아내고 우리 스스로 평화통일을 이뤄내야제!"

하지만 시대가 아직 진보세력의 통일운동에 힘을 보태주지 않아 이들은 체포되거나 도피 혹은 잠행으로 나날을 보내게 되었다. 그러던 중 5·16 군사쿠데타가 터지자 장두석은 담양 소쇄원의 제월당으로 숨어들었다. 하지만 그곳도 안전하지 않아 여기저기 전국을 떠돌아다니며 도피생활을 했다. 한 곳에 있는 건 위험했기 때문이다. 추적하는 형사들 때문에 대체적으로 연고지가 없는 경상도, 강원도, 충청도 등으로 다녔다.

그런 와중에도 장두석은 틈틈이 책을 읽고 사람을 만났다.

"맘이 심란할 텐데 책이 잘 읽혀지나?"

도피 생활을 하는 사람답지 않게 느긋하게 책을 읽는 장두석을 보고 지인이 물었다. 그러자 장두석이 웃으면서 말했다.

"그거 아나? 우리 조상들 중 유명한 학자들이 언제 책을 제일 많이 읽고 썼는지."

"언젠데?"

"바로 유배지에서야. 유배 간 조상들이 많은 책을 읽고 썼듯이 나도 지금 그러고 있는 거라고."

장두석의 말에 지인은 못 말리겠다는 표정으로 웃었다. 고집은 세지만 대담하고 호탕한 성격을 가진 장두석의 면모는 어디에서나 보였다.

장두석의 민자통 활동은 끊이지 않고 계속 이어졌다. 그만큼 자주 평화통일에 대한 염원이 간절했다. 금방 될 것도 같은 통일은 쉽게 선을 넘어오지 못했다.

2006년 서울에서 민자통 활동을 해오던 윤종순이 광주로 내려와 장두석을 만났다. 고집이 세고 자기주장이 강해도 하는 말들이 옳고 행동으로 보여주는 사람이었다. 그래서 다른 사람들과 부딪힐 때도 윤종순은 장두석을 이해하고 받아들였다. 장두석의 통일을 위한 투명한 갈망을 누구보다도 잘 들여다본 것이다.

"그래도 성질을 좀 죽이면 안 돼요?"

사람을 떠나보내는 장두석이 안타까워 윤종순이 말했다.

"내 성질을 누굴 주겠어. 내가 데불고 살아야제."

멋쩍게 웃으며 대답하는 장두석의 말에 윤종순도 그냥 웃고 말았다.

모임이 한 달에 한 번에서 두 달에 한 번으로 바뀔 때까지도 장두석은 절대로 빠지지 않고 나갔다. 아파서 거동을 못하기 전까지는⋯.

계몽활동에 앞장서다

결혼을 하고 처가에 온 장두석은 머리를 흔들었다. 학교는 있어도 배우는 사람이 없었다. 그래서인지 그곳 사람들의 살아가는 모습엔 활기가 없었고 그저 일을 하며 하루하루를 살아가는 삶이었다.

조봉암 밑에서 공부한 장두석은 배워야 제대로 눈을 뜨고 세상을 바로 본다는 믿음이 있었다. 그래서 작은 공간이라도 마련해 문맹퇴치 교육을 해야겠다고 생각했다. 집안 동생과 지인 세 명과 함께 장두석은 처가 근처에 야학을 세웠다. 비록 허름하고 좁은 장소지만 몇 사람을 데리고 교육을 시작했다.

"이런다고 사람들이 뭐 얼마나 달라지겠어요?"

아내가 기대 없는 표정으로 말하자 장두석은 불끈 화를 냈다.

"사람은 배워야써. 그래야 안 당하고 내 거 안 뺏기는 거여."

모르면 잘못 됐다는 것조차 알지 못하고 당한다. 그러니 어떻게든 배워야 한다. 다른 나라에 휘둘리면서 넘어지고 깨지고 나뉘어져버린 나라를 제대로 세워야 한다. 그러려면 국민들이 깨어 있어야 한다. 무지해서 당하고 빼앗겼던 치욕의 역사를 생각할 때마다 부아가 치밀어 올랐던 장두석이다.

소식을 전해들은 마을 사람들이 더 모여들자 야학은 생기를 띠었다. 야학에서는 주로 한글과 민주정신을 가르쳤다. 장두석은 한문과 예절, 민간요법도 짬짬이 가르쳤다.

그러다가 그곳에서 우연히 박현채를 다시 만났다. 박현채는 야간학교를 하고 있는 장두석을 격려했고, 전철환과 당시 전남대학교에 재직중인 박형구(수학·국어), 장재석(영어·국사)씨 등을 소개시켜주었다. 그분들이 봉사할 대학생들을 보내 주어 박차를 가한 야간학교는 한동안 북적북적 활기를 띠었다.

그렇게 농촌계몽활동을 해나가던 장두석에게 제의가 들어왔다. 1965년 어느 날이다. 춘담 최병채가 화순 이서에 신농중학교를 세웠는데 학교를 위해 함께 일해보자고 했다. 생각지도 못한 일이라 장두석은 고민했다. 다른 일도 아니고 아이들을 위한 교육사업이다. 내가 잘 해낼 수 있을까? 만만치 않은 일이라 고민하던 장두석은 한때 춘담에게 도움 받은 일도 있고 해서 한번 해보기로 마음먹었다.

"해보겠습니다."

"그럼 일단 학교 운영위원장을 맡아주게."

장두석은 그렇게 신농중학교 운영위원장이 되어 학교 일에 나섰다. 제일 시급한 것은 학교 외관을 제대로 가꾸는 일이었다. 아직 시설이

나 환경이 미비한 데가 많아 서둘러야 했다. 장두석은 우선 학교 담장을 만들기로 했다. 그러자면 돌이 많이 필요한데, 학교 예산이 부족했는지라 돌을 살 여유가 없었다.

장두석은 학생들에게 말했다.

"우리 손으로 직접 만든 학교믄 월매나 좋겄어. 보람도 있고 공부도 잘 되고 학교를 더 사랑할 것이여."

"우리들이 뭔 일을 할 수 있는데요?"

"학교 담을 만들어야 하는데 돌이 많이 필요해. 너희들이 학교 올 때마다 돌들을 조금씩 들고 오믄 좋겄어."

시일이 좀 걸리더라도 날마다 학생들이 돌을 날라다 준다면 담 쌓는데 필요한 만큼의 돌은 확보되리라 생각했다. 학교를 위해 학생들도 적극 가담해야 한다며 두석은 학생들을 독려했다. 그러자 학생들은 등교할 때마다 한 손에는 가방을 또 한 손에는 돌을 들고 왔다. 교문 앞에다 돌을 던져놓고 교실로 들어가 공부를 했다. 그렇게 학교 담장이 학생들 힘으로 만들어졌다.

장두석은 또 화순군과 전남도에도 이야기를 해 학교가 좀 더 좋은 환경이 되도록 지원을 받아내는 등 학교 정비사업에 최선을 다했다. 이런 장두석을 지켜보던 최병채 이사장은 상을 주며 고마움을 표했다.

이 즈음 장두석은 삼총사라 불리는 시골친구들과 어울려 다녔다. 저녁마다 만나 여기저기 다니며 술을 마셨다. 가난해서 무밥, 서숙밥, 감자밥 등을 먹고 살던 때라 매일 술 먹기엔 돈이 부족했다.

"술값이 없는디 인자 어쩌냐."

"따라도 따라도 나오는 화수분 같은 술병 어디 없으까?"

친구들의 말에 장두석은 벌떡 일어서며 말했다.

"야, 각자 자기 집에서 나락이나 쌀 좀 퍼오자. 좀 있다 정미소 앞으로 모여."

그렇게 갹출된 곡식으로 술값을 마련할 정도로 술고래들이 따로 없었다.

"영철아, 느그 아부지 좀 찾아와라."

"네."

저녁에 나갔다 하면 술로 고주망태가 되고, 어쩔 때는 집도 못 찾아와 길에서 잠들어버리기도 했다. 밉지만 혹시라도 잘못 될까봐 김동례는 아들을 시켜 남편을 찾아오게 했다. 동네에 주막이 세 군데 있었는데 영철이 찾으러 가면 십중팔구 그 세 군데 중 하나에는 있었다.

그렇게 어울려 다니던 삼총사가 일 년 간격으로 광주로 떴다. 너무 가난했던 한 친구가 사고로 어머니를 보내고 도저히 살지 못해 먼저 떠났고, 그 다음으로 비단 장사를 하던 친구가 떴다. 그리고 마지막으로 고향에서 교육사업을 하던 장두석이 광주로 나왔다.

다 같이 잘 살아보자

1968년, 31세 나이로 화순 이서 농업협동조합장이 된 장두석은 열심히 뛰어다니며 일했다. 먹고 살기 어려운 사람들을 보며 어떻게 해서든지 함께 잘 살아보기 위해 애썼다. 당시 서민들은 대부분 경제적으로 힘든 시기였다. 장두석은 큰 욕심을 내지 않았다. 그저 서로 도우며 함께 먹고 살 수 있는 세상이면 되었다.

"그럴 돈 있음 집안부터 살피지, 쯧쯧."

남들을 위해서라면 얼마간의 있는 거라도 다 내놓는 장두석을 집안 어른들은 못마땅해 했다. 하지만 장두석은 그런 눈총쯤은 아랑곳하지 않았다. 안보다는 밖을 우선으로 생각한 장두석은 그 우선순위를 바꾸지 않았다.

그 즈음 신협이 한국에 들어왔다. 신협의 정신은 '일인은 만인을 위하여, 만인은 일인을 위하여'다. 십시일반으로 돈을 모아 우선 급하게 어려운 사람에게 출자를 해 창업을 할 수 있도록 만드는 것이다. 그런 신협을 장두석은 두말없이 받아들였다.

1960년 5월 1일 부산 메리놀병원에서 27명이 참석한 가운데 성가신용조합이 설립되었다. 이어 6월 26일에는 서울의 계성여자중학교 음악실에서 80명의 조합원이 모여 가톨릭 중앙신용조합 창립대회가 열렸다. 해방 이후 우리나라 신용협동조합운동의 시작이었다.

부산 성가신용조합을 만든 메리 가브리엘라 수녀와 서울 가톨릭 중앙신용조합의 산파 역인 장대익 신부는 서로 일면식도 없었지만, 1960년에 앞서거니 뒤서거니 신용조합을 출범시켰다. 이 둘은 한국 신협운동의 산파들이다. 이 둘은 또한 당시 개발도상국 인민들의 경제자립운동으로 주목받고 있던 캐나다의 안티고니시 운동을 공부한 것도 일치했다.

안티고니시 운동은 캐나다 노바스코샤 주의 읍 단위 마을인 안티고니시 지역에서 일어난 협동조합운동을 말한다.

메리 가브리엘라 수녀는 1957년 12월 프랜시스 세이비어 대학에서 2개월 동안 안티고니시 운동에 대해 공부하고 돌아왔다. 그리고는 1959년 2월 부산 메리놀수녀회에서 '한국에서의 협동조합 방법과 실천'이라는 주제로 워크숍을 개최했다.

농촌사목을 주로 하던 장대익 신부 또한 1957년 9월부터 1년 동안 프랜시스 세이비어 대학에 유학을 가 신용협동조합운동에 대해 배웠다. 귀국 후에는 서울교구의 후원으로 1959년 8월 소공동에 사무실을 열어 서울교구와 인천교구 신자들을 대상으로 협동조합 소개와 교육 활동을 계속했다. 이때 장 신부가 서울 지역 천주교 신자들이 스스로 조직한 협동경제연구회 사람들을 만난 것은 자연스러운 일이었다.

협동경제연구회는 평양교구 소속의 월남 신도들이 신용조합을 빈곤 타개의 대안으로 인식하고 연구·소개하기 위해 1959년 11월 20일 만든 모임이다.

이처럼 한국의 신협은 불특정 대중을 상대하는 금융기관이 아니라 서로 잘 알고 신뢰 관계가 형성되어 있는 가톨릭 신자들을 중심으로 '믿을 수 있는 사람들끼리 상호부조하는 조합'이라는 공동유대 정신 아래 출범했다.

한국전쟁 이후 1950~60년대 한국농촌의 극심한 생활난은 보릿고개와 고리채란 두 단어로 요약된다. 당시 보릿고개를 넘기 위해 농민들은 울며 겨자 먹기로 고리채를 얻어야 했다. 시골뿐만 아니라 도시까지 생활고에 시달려야 했던 당시의 상황에서 장두석은 진정한 빈곤 타개 대안이던 신협에 뛰어들 수밖에 없었다.

"그래, 바로 이거야!"

장두석은 주먹을 불끈 쥐었다. 신협 활동을 제대로만 하면 지금의 이 어려운 상황을 조금은 헤쳐 나갈 수 있을 것 같다.

"누가 도와주기만을 바라고 있는 건 옳지 않아. 우리 스스로 힘을 모아 살아갈 방도를 구해야지."

"이게 잘 될까요?"

사람들은 좋아하면서도 잘 될 수 있을지 걱정이 됐다.

"초심만 잃지 않으면 돼. 원래 뜻만 왜곡되게 만들지 않으면 되는 거여."

장두석은 설렜다. 잘만 하면 면이나 군에 아쉬운 소리 안 하고 잘 먹고 잘 살 수 있겠다는 생각이 들자 적극적으로 밀고나갔다. 먼저 신협 하나를 제대로 만들려면 회원들이 필요했고, 또 그 회원들을 위한 교육이 필요했다. 장두석은 뜻을 같이 하는 사람들과 함께 화순, 곡성, 담양, 순천, 나주 등 각 지역을 돌아다니며 탁월한 언변으로 사람들을 이해시켜 나갔고 동참하게 했다.

물론 모든 일들이 그렇듯이 순조롭지만은 않았다. 좋은 취지였지만 사람과 사람이 만나 하는 일들이라 당연히 충돌도 있었다. 그럴 때마다 고집이 센 장두석은 절대 타협하려 들지 않았다. 무슨 일이든 자신이 생각한 방향대로만 하려고 했다. 그로 인해 못 버티고 빠져버리는 사람도 더러 있었다.

하지만 장두석을 잘 아는 사람들은 좀 못마땅해도 이해하며 따라주려고 했다. 사람을 위하는 그의 순수한 심성을 알기 때문이다. 일 때문에 옹고집을 피울 때는 밉다가도 힘들어 하는 사람들을 챙기는 걸 보면 불편한 마음은 어느 새 누그러졌다.

한번은 한 회원이 모임에 나오지 않아 알아보니 아파서 누워 있었다.

"그 친구, 형편이 너무 어려워서 아파도 병원도 못 가고 누워 있기만 한가 봐요."

말을 전해 들은 장두석은 당장 찾아가 있는 돈을 다 털어주었다.

"자네도 없으면서 그라고 퍼주고 나믄 어쩔라고 그런가. 처자식도 생각해야제."

옆에서 지켜보던 지인이 한마디 하자 장두석은 껄껄껄 크게 웃으며 말했다.

"어려운 사람을 돕는 게 자연의 순리 아닌가. 서로 힘을 모아 더 어려운 사람을 돕다 보면 다 같이 잘 살게 되겠제."

장두석의 삶의 철학은 자연친화로 연결된다. 옹성산 토굴 생활을 할 때 자연과 더불어 생활하고 자연에서 나는 음식들을 먹으면서부터다. 약을 먹지 않았는데도 나아지는 자신의 몸을 느끼면서 치유의 근본이 자연 속에 있다는 믿음을 갖게 된 것이다.

'자연을 거슬렀을 때 탐욕이 생기고 병이 생기는 거지.'

장두석은 어릴 때부터 농사나 놀이를 할 때 모두가 마음을 하나로 모아 함께 하는 것을 보고 자랐다. 그런 문화에 대한 향수를 늘 품고 있던 장두석은 공동체와 품앗이 문화를 갈망했다. 그래서 그런 취지의 문화를 지닌 신협운동에 대한 열정이 식을 줄 몰랐다.

"아니 이게 누군가!"

활발하게 신협운동을 하던 중 과거 인연을 맺었던 정구선을 만났다. 정구선은 장두석의 손을 덥석 잡고 반가워했다.

"여기서 자네를 다시 보게 되다니 정말 반갑네 그려."

정구선과의 인연은 장두석이 1965년 화순에서 청소년들을 상대로 야학을 하고 있을 때 맺어졌다. 마을 4-H운동 담당이던 정구선을 그때 처음 만났다.

정구선은 대학 시절 농대생을 주축으로 한 봉사단체 '밀알' 회원이었다. '밀알'은 농촌봉사활동을 주로 하며 서로 협력하고 이해하며 조화롭게 잘 사는 사회 만들기를 목적으로 한 단체다. 나중에 광주 운동권의 주축이 된 사람들 중엔 바로 이 '밀알' 출신들이 많다.

정구선은 대학교수로 남으라는 권유를 뒤로하고 농촌지도소 공무원으로 가 화순에서 4-H운동을 담당했다. 하지만 그곳에서 뜻이 맞지 않아 사표를 쓰고 떠났다가 신협에서 장두석을 다시 만났다.

"우리 여기서 이러지 말고 막걸리나 한잔 하면서 얘기 하세."

장두석은 정구선의 손을 끌고 막걸리집으로 갔다. 막걸리는 좋은 사람과 함께 나눌 수 있는 최고의 술이었다.

"오늘 막걸리는 유독 맛나네."

장두석은 한 잔을 쭉 들이켜고 나서 손등으로 입을 닦으며 말했다. 오랜만에 만나 반갑기도 했지만 신협운동을 함께 한다고 생각하니 든든했다. 정구선의 인물됨과 심성을 익히 알고 있었다.

"나도 자네랑 마시는 막걸리가 제일 맛나. 자네랑 마시는 술에는 흥이 절로 나거든 허허."

정구선은 장두석과 술을 마시면 없던 흥도 생겨나던 지난날을 떠올리며 말했다. 그러자 기분이 좋아진 장두석은 막걸리 한 잔을 더 들이켜며 말했다.

"우리 한번 지대로 해보세. 오늘날 은행은 돈 놓고 돈 먹는 거고 이

윤을 내는 것이 목적 아닌가. 그러려면 사람을 속여야 허고. 이건 아니라고 보네. 돈은 노동으로 벌어야지 돈으로 돈을 벌믄 안 되제."

"맞어, 그런 곳에 무슨 신뢰가 있겄는가. 신뢰가 깨진 인간관계는 이 사회를 병들게 하는데 말여."

"우리 신협의 '신'자가 그래서 믿을 신(信) 아닌가. 허허."

"우리 신협운동으로 농협을 다시 변화시켜 보세."

"그러자고 우리가 이렇게 모이는 거 아닌가. 우리끼리 돈을 모아 옳게 써보세. 힘들고 필요한 사람이 먼저 쓸 수 있게 말이여. 그게 신협운동의 취지 아닌가. 우리가 제대로 하면 농협도 변화되지 않겠는가."

농민 역량을 무시하고 기만하면서 농협은 비민주적 조직으로 변질되어 가고 있었다.

'기둥을 치면 대들보가 울린다'는 속담처럼 신협의 활성화가 농협의 변화를 가져올 것이라는 믿음을 가진 것이다.

"자네가 있어 좋네."

장두석은 흡족한 얼굴로 정구선을 바라봤다.

장두석과 정구선은 어려운 일이 있을 때마다 서로를 찾아 의논하며 술을 마셨다. 만남에 술이 없으면 반칙이라며 장두석은 늘 술자리로 시작해 술자리로 끝냈다. 술값은 언제나 정구선이 냈다.

"돈이 더 많은 사람이 술값을 내는 것도 순리 아니겠는가? 허허."

장두석의 말에 정구선도 웃으며 고개를 끄덕였다.

"나 만날 땐 걱정 말고 마시게. 자네하고의 술자리 계산은 항상 내가 할 테니."

정구선은 돈이 없어도 기죽지 않는 장두석이 좋았다.

장두석은 사회운동을 하면서 어렵게 살아가는 후배들을 신협 조합원으로 가입시켰다. 그러고는 그들에게 할 수 있는 한 최대한의 대출을 해주었다. 삶의 길을 열고 나갈 수 있도록 기회를 만들어 주었다.

후배들은 안다. 장두석이 어렵고 까다로운 선배지만 속정이 넉넉한 사람이라는 걸.

뭔가 일을 추진해 나갈 때는 오금이 저릴 정도로 엄하고 무서운 모습을 보이다가도, 힘들게 살아가는 후배들이나 지인들을 대할 때는 살뜰하게 챙겨줬다.

1979년 가을이었다. 남민전 준비위원으로 있던 이강이 계림동에 있던 장두석의 단칸방에서 하룻밤을 지낼 때다. 라디오에서 남민전 사건이 방송됐다. 그걸 들은 장두석은 자고 있는 이강을 흔들어 깨웠다.

"빨리 일어나! 일이 터졌어!"

다급한 목소리에 이강은 눈을 비비며 벌떡 일어났다.

"선생님, 왜 그러세요?" 이강은 어리둥절한 표정으로 바라봤다. 장두석은 주머니를 털어 있는 돈 2만3천원을 꺼내 쥐어주며 말했다.

"남민전 관련된 사람들은 다 잡아들일 거여. 최대한 멀리 피신해 있게."

놀란 이강은 잠시 먹먹해 하다가 장두석이 내민 돈을 받아 그 길로 피신했다.

평소 독단적이고 저돌적인 그의 행동에 사람들은 못마땅해 하고 불만을 토로했다. 하지만 이런 따뜻한 속내를 경험한 사람은 그를 이해하고 좋아하며 따랐다.

신용협동조합평의회 임원이 된 장두석은 1990년대까지 활동을 계속 하는데 그 사이 광주에서는 밀알신협, YMCA신협, YWCA신협이 만들어졌다. 그리고 1973년에는 광주 금남로 우성빌딩 안에 삼애신협을 만들어 초대 이사장에 취임했다.

민주화의 산실, 그 바탕을 이루었던 재야세력들에는 바로 이 초기 신협 운동가들이 많았다.

3장

민중들을 위한 개척 외길을 걷다

분단병과 문명병

장두석은 사회운동을 하면서 다치거나 아픈 사람이 나올 때마다 치료를 위해 나섰다. 병의 근본 치료는 자연에 있다고 확신했기에 장두석은 자연치료법의 중요성을 알려야 했다. 그리고 무엇보다도 정신건강을 위한 교육이 절실했다. 병을 살피고 제대로 된 치료를 하기 위해서는 먼저 환자들의 정신건강이 우선이었던 것이다.

'정신이 건강하지 않으면 어떤 치료를 한다 해도 낫지를 않제. 글고 자연치료법에 대해서도 제대로 알면 좋을 거고, 그러려면 집중적으로 교육할 수 있는 장소가 필요한데….'

적당한 장소를 고민하던 장두석은 이리저리 알아본 끝에 드디어 광주시 북동천주교회 안에 교육장을 만들었다. 틀을 갖춘 건강교육은 그렇게 시작됐다. 짧게는 2일부터 길게는 5일간 집중적으로 교육했다. 눈에 띄게 자연치료법의 효과를 보자 사람들은 많은 관심을 보였다. 그러면서 기수가 생겼고 회원들이 늘어났다. 소문을 듣고 전국 각지에서 강연 요청이 들어오자 장두석은 지역을 찾아다니며 교육 활동을 해나갔다.

'자연건강대학'이 교육 강좌의 이름이었다. 원래는 '민족건강대학'이라고 붙이고 싶었으나 당시 이데올로기의 핍박이 심각해 '민족'이라는 말을 제대로 쓰질 못했다. 1970년대 중반부터 1988년까지 그렇게 전국을 돌며 건강교육을 펼쳤다.

"선생님, 자연치료법에 대한 확신을 어떻게 갖게 되었습니까?"

교육이 끝나자 한 교육생이 물었다. 그러자 장두석은 지난날을 회상하며 말했다.

"십대 때 병 치료를 위해 옹성산에 가 있을 때였제. 풍욕을 하는데 많은 독소가 배출되는 게 몸으로 느껴졌어. 거기는 산소가 풍부했기 때문에 그럴 수 있었던 거여. 그리고 약초들을 캐 먹으면서 생식을 했는데 그때 깨달았어. 생식하는 모든 것에는 염기가 있고 발효될 수 있는 효소가 있다는 걸. 풍욕이나 발효는 다 자연에서 나오는 것이잖어. 약으로 다스릴 수 없었던 내 병이 햇빛과 바람 그리고 생식을 통해 치유되는 것을 보고 난 확신했제. 병의 근본 치유는 자연에 의해 된다는 걸 말이여."

"그러니까 자연을 제대로 이용하면 좋은 약이 된다는 말씀인가요?"

"그러제. 원래 '약(藥)'자를 보면 풀 초(艸)자 밑에 있잖여. 그러니까 햇빛이랄지 바람이랄지 나무랄지 꽃이랄지 자연 자체가 우리를 정화해 주고 치료해 주는 것이제. 헌데 요즘 현대 약은 몸속에 있어야 할 필요한 균까지 모두 죽여버려. 아픈 부분만 보니까 그래. 자연처럼 전체를 보지 못하고 말여."

장두석에게 자연은 하나의 신앙이었다. 그가 하는 의료 활동에 관계된 모든 것은 자연에 중심을 둔다. 사람의 힘을 더하지 않은 저절로 된 그대로의 현상 속에서 치유의 길을 내려고 한다.

장두석은 교육이 끝나면 교육생들과 함께 막걸리로 축하자리를 가졌다.

"치료 끝나자마자 이렇게 술 마셔도 되나요?"

교육생들이 마시기를 주저하며 말하면 장두석은 웃으며 말했다.

"기쁜 마음으로 한잔 하는 건 괜찮어. 모든 병과 치유는 마음에서부터 출발하는 거 몰러? 자, 축배!"

잔을 부딪치면서 장두석이 먼저 들이켜자 그제야 교육생들도 시원하게 마시며 남은 긴장을 털어냈다.

"병은 크게 두 가지여."

얼큰하게 취한 장두석이 대뜸 말했다. 교육생들은 궁금한 표정으로 다음 말을 기다렸다.

"하나는 '분단병'인디, 난 모든 병은 분단에서부터 왔다고 생각혀."

여기서 말하는 '분단'은 좌우논리나 정치적, 경제적 대치를 포함하면서도 근원을 전쟁 이후 민족분단에 두고 있다. 이별과 상처만 남긴 민족분단으로 인한 스트레스가 병의 근원이 됐다고 믿었다. 그래서 통일이 되지 않는 한, 우리는 병으로부터 자유로워질 수 없다는 게 장두석의 생각이다.

"몸의 병은 정신의 피폐함에서부터 시작되는 거지. 그 근원을 해결하지 않는 이상 치료는 힘들어지게 돼 있어. 우리는 무조건 통일이 되어야 혀. 분단은 형제간을 찢고 우리 자신을 찢는 행위니까."

장두석은 해방공간과 전쟁을 겪으면서 병을 얻었다. 민족이 두 동강나는 현장에서 보고 듣고 겪은 일련의 사건들을 통해 몸이 만신창이가 됐다. 그의 분단병에 대한 생각은 여기에서부터 시작된 것이다.

"산다는 게 뭐여, 흥이 난다는 거 아녀? 흥이 없으믄 살아있어도 산 목숨이 아니제. 흥이 뭐여. 그게 신명인디 그 신명도 건강해야 나는 거제. 분단으로 아프면 신명이 나겄어? 분단이란 놈은 신명을 다 빼앗아 가버리고 결국 병나게 하는 거여."

한번 속엣말이 터지자 굴비 엮어져 나오듯 줄줄 나왔다. 장두석에게 민족분단은 가슴 한쪽에 박혀 있는 대못 같은 가시다. 그 가시의 떨림은 때와 장소를 가리지 않고 예고 없이 찾아왔다. 그에 따른 통증은 정점을 찍으며 지독한 슬픔으로 고였다.

교육생들은 어느 정도 이해하는 표정으로 고개를 끄덕이며 들었다. 장두석은 막걸리 한잔을 다시 들이켜며 말했다.

"또 하나는 '문명병'이여. 양약은 인공적으로 만든 것인디 몸을 상하게 하는 균뿐만 아니라 몸 안에 있어야 할 균까지 죽여 버리는 경향이 있어. 그로 인해 생겨나는 병들이 참으로 많아."

"그럼 분단병은 통일을 통해서, 문명병은 자연치료를 통해서 치료해야 하는 거네요?"

듣고 있던 교육생이 웃으면서 말하자 장두석은 무릎을 치며 말했다.

"그렇지! 이제 우리는 스스로 만든 병의 굴레에서 벗어나야 혀. 모든 병의 근원은 마음에서 오지. 마음에서 병이 오고 마음에서 깨달음을 얻고 마음이 분단을 만들어. 거 우리 고민 많으믄 오줌이 노랗잖여."

"몸 따로 맘 따로가 아니란 말씀이시죠?"

교육생의 말이 맘에 들었는지 장두석은 껄껄 웃었다.

"그라제. 몸과 맘은 서로 소통해야 하는 것이제."

"그럼 약에만 의존하지 말고 스스로 노력해야 하는 부분도 꽤 중요할 것 같네요."

"어찌 보면 그 부분이 더 크다고 할 수 있제. 우리 조상들은 병이 들면 우선 하늘을 바라보고 산과 강을 돌아봤어. 혹시 하늘의 뜻이나 자연을 거스른 적은 없었나 스스로를 살피면서 말여. 병든 걸 잘못된 생활을 반성하는 기회로 삼은 것이제. 병이란 약이나 의사가 고쳐주는 것이 아니여. 자기 자신이 자연과 더불어 고쳐나가는 것이제."

민족이 하나로 잘 뭉쳐야 강건한 나라가 되고 풍요로운 삶이 되고 튼튼한 몸을 유지할 수 있다는 게 장두석의 지론이다. 다툼은 스트레스를 유발시키고 그러면 몸도 아프게 된다. 그래서 분단이 된 민족은 병에 걸릴 수밖에 없으니 우리는 하루 빨리 통일이 되어야 한다.

"다툼이 없어야 한다면서 선생님은 맨날 싸우시잖아."

"고집이 세서 그렇지 뭐. 뭐든 당신 뜻대로 안 되면 안 되잖아."

"독설도 원인 중 하나지."

다툼이 스트레스를 유발시키고 병을 일으킨다고 말하면 듣고 있던 후배들은 속닥거리며 웃었다. 장두석이 하고자 하는 일들에 적극적인 지지를 하면서도 그가 지닌 불편한 점들에 대해 안타까워하고 있던 참이다.

장두석은 자연치료를 하기 위해 학교를 만들 때도 '민족'이라는 말을 강조해서 '민족생활학교'라고 했다. 철저한 민족주의 사상에 뿌리를 두고 사는 장두석은 그래서 늘 한복 차림에 고무신을 신고 다녔다. 민족주의자로서의 의식도 크지만 그가 가진 풍모에서도 지극히 민족주의자라는 것을 알 수 있다.

"우리 것이 좋은 것이여. 아무리 한이 많은 우리라도 우리 것이 좋은 것이여. 우리 노래, 우리 춤, 우리 옷, 우리 문화, 우리 음식…. 아이고, 좋은 것들이 겁나게 많아부네. 자 한잔들 하고 노래 불러봐. 춤도 추고."

지인들과 함께 술자리를 하다 흥이 나면 장두석은 자리에서 일어나 도포자락 휘날리며 덩실덩실 춤을 췄다. 장두석에게 흥은 없는 것도 있게 만들고, 아픈 것도 잊게 만들었다. 흥을 낼 수 있는 우리 것들은 그래서 참으로 귀하다.

언젠가는 회원 한 명이 인스턴트 제품을 먹는 걸 보고는 단번에 호통을 쳤다.

"사람을 살리는 밥을 먹어야지 사람을 죽이는 밥을 먹냐!"

안경 너머로 눈을 치켜뜨고 어찌나 무섭게 통박을 주던지 주위에 있던 사람들도 기가 죽을 정도였다.

"민초들에게 밥은 하늘이여. 하늘이 언제 속임수 쓰고 독을 뿜는 거 봤냐? 약이 되고 건강한 밥을 먹어야제. 제 철, 제 고장에서 나는 먹거리를 먹어야 그 환경에서 살고 있는 우리 몸도 건강해지는 거여."

치유하기 위해 찾아온 교육생들에게 장두석은 그동안 반민족적으로 살아온 생활을 돌이켜보게 했다. 강연할 때 주로 야단치고 고함지르는 방식에 부담스러워하는 학생들도 많았으나 진정으로 원하고 말하고자 하는 의미를 알기에 묵묵히 듣고 수행했다.

장두석은 이렇게 한국인들의 병을 분단병과 문명병으로 봤다. 죽기 직전까지 갔던 시절, 썩었던 살이 소독약도 없이 저절로 아물었다. 그걸 경험한 장두석은 자연치료법에 확신을 가졌고, 생활의학(자연치료)에 대한 연구를 꾸준히 했다. 그리고 터득한 방법으로 많은 사람들이 치유될 수 있도록 함께 하고자 했다.

스테파노씨

1976년 장두석이 계림신협 이사와 가톨릭농민회 활동을 하고 있던 때였다.
"저기 저 몸집 크고 기인 같은 사람이 누군가."
계림동성당 조비오 신부가 옆에 있던 신자에게 물었다.
"누구…를 말씀하시는지…."
신자는 주위를 살폈다.
"아, 저기 저 사람 말일세. 입교한 신자는 아닌 것 같은데 수시로 성당에 나와 이리 저리 사람들 만나고 다니는."
가리키는 쪽을 보고는 그제야 누군지 알겠는지 신자는 고개를 끄덕이며 말했다.
"아, 저 사람은 장두석이라는 사람입니다. 신협과 가농에서 많은 활동을 하고 있어요. 글고 생활의학도 하고 있구요."
"몸짓이나 생김새는 시골 민초인데 사람을 대하고 이끄는 말투나 분위기는 범상치 않아 보이네. 쉽게 호락호락하지 않을 상이야."
"맞습니다. 누구 말을 잘 듣지 않아요. 자기 뜻을 밀고 나가는 고집이 아주 센 사람입니다."

"얼굴에 그런다고 딱 써져 있구만."

"그래도 사람을 좋아하고 어려운 사람을 그냥 지나치지 못하는 따뜻한 심성이 있는 분이에요."

"허허, 그런가?"

그 후로 조비오 신부는 장두석에게 관심을 갖고 지켜보았다. 그러면서 그의 심성과 그가 하는 일들의 진정성을 엿보았다.

농민운동에 대한 장두석의 열정은 식을 줄 몰랐다. 특히 농민의 자주적 모임을 통해 공동체사회의 발전을 지향하는 가농에서는 장두석의 할 일이 많았다. 사람들을 만나서 설득하고 교육하는 데 노력했고, 시정하고 해결해야 할 일들은 그 독보적인 추진력을 가지고 앞장섰다.

조비오 신부는 그런 장두석이 신앙생활도 함께 하기를 원했다.

"이왕 가농에 들어와 활동하고 있으니 이참에 입교해서 신앙생활도 하시면 좋을 듯한데요."

어느 날 조비오 신부는 장두석에게 입교를 권했다. 그 말에 장두석은 손사래를 쳤다.

"아이고, 나는 그라고 믿음 있는 사람이 아닙니다."

"입교를 하면 믿음이 더 깊어지기도 합니다."

"좌우지간 전 아닙니다."

장두석은 극구 사양했다. 조비오 신부는 그 후로도 장두석을 만날 때마다 계속 권유했다. 그때마다 장두석은 도리질을 쳤다. 그러던 어느 날 이번에는 단단히 마음먹었는지 조비오 신부는 장두석을 앉혀놓고 진지하게 말했다.

"장 선생은 농민운동과 사회운동을 하는 궁극적인 이유가 뭔가요?

힘없고 어려운 사람들이 서로 힘을 보태 함께 잘 살아보자는 거 아닌가요? 우리 가농도 마찬가집니다. 그래서 선생이 여기에도 들어와 활동하는 거구요. 그런 취지가 더욱 힘을 얻도록 뒤에서 단단히 지켜주시는 분이 바로 그리스도입니다. 다른 생각 마시고 원하는 일이 더욱 잘 이루어지길 바라는 마음 하나만으로 신앙생활을 시작해보는 게 어떨는지요."

장두석은 다른 때하고는 달리 진중한 표정으로 자기에게 입교를 권하는 조비오 신부의 얼굴을 바라봤다. 장두석도 알고 있다. 조비오 신부는 천주교 성직자지만 농민들과 함께 비민주적 행정에 맞서 앞장서서 투쟁하고 정의를 위한 대중 투쟁에도 기꺼이 함께 한다는 것을. 그런 활동을 할 수 있는 조비오 신부가 있는 천주교회라면 입교해 보는 것도 좋은 일이라고 생각했다.

한번 해보겠다고 생각하면 결단력도 빠른 장두석은 무릎을 탁 치며 말했다.

"좋습니다. 한번 해보지요."

어수선한 시대의 흐름 속에서 장두석은 그렇게 가톨릭 신자가 됐다. 종교를 통한 현실도피가 아닌 현실참여의 입장에서 신자가 됐다. 역사의 격랑 속에서 자신이 해야 할 일들을 이루어낼 수만 있다면 그 어떤 것이라도 받아들일 자세를 가졌다.

장두석은 거의 일 년 가까이 교리학습을 받았다. 그리고는 드디어 1979년 8월 14일 영세를 받고 입교했다.

"세례명을 스테파노로 합시다. 성 스테파노는 기독교 역사상 최초의 부제이자 순교자입니다. 낮고 약하고 어려운 이들을 위해 의롭게 살다간 분이지요."

성 스테파노는 '밀알 하나가 땅에 떨어져 썩지 않으면 한 알 그대로 남아 있고, 죽으면 많은 열매를 맺는다'(요한복음 12장 24절)는 말씀을 스스로 실천한 성자다.

조비오 신부와 수녀님들 그리고 많은 신자들은 장두석의 영세입교를 진심으로 축하하며 기뻐했다.

"전 아직도 어색해 죽겠네요. 그래도 하고 본께 좋기는 합니다. 허허."

장두석은 스테파노라는 세례명이 맘에 들었다.

"스테파노씨! 스테파노씨!"

조비오 신부는 그 후로 장두석을 스테파노씨라고 부르며 더욱 친밀하게 지냈다.

서로를 알아봤제

긴급조치 시대였던 1974년에 '자유실천문인협의회'가 결성되었다. 광주에서는 문병란, 김준태, 문순태, 한승원 등의 문인이 가담했다. 민족이란 말만 해도 빨갱이란 소리를 듣던 때라 조직 활동이 자유스럽지 못했다.

이런 시대적 상황 속에서도 자유실천문인협의회는 문학을 통한 민주운동을 꾸준히 펼쳐나갔다.

어느 날 문학 행사에 참석하게 된 장두석은 문인들과 교류를 하게 됐고 종종 만남의 기회를 가졌다. 특히 회원들 중 시를 쓰는 김준태를 유독 좋아했다.

"자네는 꼭 내 혈족 같아. 나처럼 술도 잘 하고 몸집도 크고 힘도 세고, 허허."

장두석이 정말 혈연관계의 사람을 만난 듯 김준태를 보며 말했다. 그러자 김준태도 말했다.

"저도 장 선생님 보면 혈족 같은데요? 저처럼 시골 아저씨 같고 오지랖 넓고 시원시원하고 누구한테든 쩔쩔매지 않고."

웃으면서 받아치는 김준태가 더욱 맘에 드는지 장두석은 껄껄껄 크게 웃었다.

장두석이 김준태를 좋아한 특별한 이유가 있다. 바로 한복이다. 언제 어디서나 한복을 즐겨 입을 정도로 장두석은 한복을 좋아했다. 그런데 김준태도 자기처럼 한복을 입고 다녔다. 학교 다닐 때부터 입고 다녔다는 말을 듣고는 더 친밀감이 들었다.

"자네는 왜 한복을 입는가?"

자신도 한복을 입지만 그가 늘 한복을 입는 이유가 궁금해 장두석이 물었다.

"한복을 입으면 마음이 차분하고 넉넉해져요. 글고 우리 민족은 원래 백의민족이잖아요. 옛날에 옥양목 같은 베를 마을 앞에 쫙 펼쳐놓으면 죽여줬죠. 그 눈부심은 이루 말할 수 없었다니까요."

"캬~ 이러니 내가 자네를 안 좋아할 수가 없지. 그래, 우리가 아무리 술을 마셔도 한복을 입고 있으면 흐트러지지 않지. 일반 옷은 아무 데 서고 주저앉게 되지만 한복은 그렇지 않아. 매사에 조심하잖여. 더구나 흰색 한복은 말이여."

"맞습니다. 사람은 옷매무새가 중요해요. 어떤 옷을 입느냐에 따라 마음가짐 행동가짐이 달라지니까요. 한복이 그렇죠. 정성이 가득 들어가니…."

"그게 인품이지. 그래서 옷은 '입성'이야. 옷이 날개라는 뜻이지."

장두석에게 한복은 추위와 더위를 막아주는 것이 아니라 자신을 갖추어 주는 의미로서의 옷인 것이다.

"옷은 사람을 갖추게 해줘. 품격도 만들어 주고. 그 대표적인 게 한복이고 말여."

두 사람은 서로 한복 예찬론을 늘어놓으며 술잔을 기울였다. 워낙 술을 좋아하고 잘 마시는 두 사람인지라 경쟁하듯 주거니 받거니 했다. 술이 어느 정도 얼큰하니 취했을 때 김준태가 말했다.

"전 장 선생님을 보면 우리 할아버지가 생각나요."

"할아버지?"

"네, 할아버지요. 전에 제가 어렸을 때 비가 오고 나면 논에 물이 찰랑찰랑 거리거든요. 그럴 때면 하얀 한복을 입은 할아버지가 논 한가운데로 걸어가셔요. 그때 저는 정말 기가 막힌 장면을 보게 되죠. 하얀 한복을 입은 할아버지의 그림자가 논물에 비치는데 그게 그렇게 환상적일 수가 없었어요."

"말만 들어도 눈앞에 생생하게 펼쳐지는구만. 근데 나는 왜?"

"장 선생님을 보면 할아버지의 그 모습이 떠올라요. 비슷하거든요."

"허허허, 그런가? 역시 한복의 자태는 품성의 윤곽이 되기도 혀. 암튼 기분 좋으네. 자 한잔 하세."

한복을 입고 술을 좋아했던 두 사람은 그렇게 서로가 서로를 좋아했다.

장두석은 문인들 모임에 나가면 빳빳하게 풀 먹인 한복의 옷날처럼 날카롭게 의견을 내세웠다. 대학교수나 병원장 앞에서도 꿀리지 않고 자기 생각을 말했다. 잘 안 받아들여지면 고성을 내며 싸울 듯한 기세로 덤벼들었다. 그런 그를 무식하다고 말하며 피해버리는 사람들도 있었다.

어느 날 이런 장두석에 대한 불만을 누군가 내비쳤다. 그러자 김준태가 나섰다.

"시나 소설에서 진짜 기교는 무기교를 넘어갔을 때를 말해. 장 선생님의 무식함도 마찬가지야. 유식함을 뛰어넘는 무식함이지. 장 선생님하고 얘기해보면 많이 알아. 잡스럽게 많이 안다는 게 아니라 하나를 알아도 정확하게 알아. 거 시골 옛 어르신들이 낫 놓고 기역자도 모르면서 인생에 대해서는 정확하게 알고 있는 것처럼 말이야."

김준태는 안타까웠다. 이렇게 대변을 해도 사람들의 마음을 누그러뜨릴 수 없다는 것을 알기 때문이다. 장 선생님이 조금만 맞춰준다면 좋겠는데 그럴 성격도 아니고. 그렇지만 말이라도 한번 해야겠다싶어 둘만의 술자리에서 조심히 말을 꺼냈다.

"다른 사람들 말이 마땅치 않아도 좀 들어주고 맞춰주시면 안 돼요? 꼭 그렇게 틀어질 때까지 끝장을 보셔야겠어요?"

"나도 나를 알아. 하지만 내 성격을 남들에게 맞추다보면 내가 흐트러져. 그러니 그냥 무대뽀로 갈 수밖에. 그리고 사실에 대해 알고 있는 것과 삶의 실천 방식을 아는 것은 달라. 제대로 운동하고 실천하려면 농민, 노동자들의 삶을 알아야 하제. 진짜 스승은 그들이여."

이런 장두석이기에 교수들 중에 말만 앞세우는 이들을 만나면 늘 싸웠다. 그러고는 그들을 '괴수'라고 불렀다.

광주의 사랑방, 양서조합

1977년 장두석은 어렸을 때부터 믿고 따르던 박현채를 만나 광화문 대폿집에서 술을 마셨다.

"앞으로 이 나라가 어찌 될라고 그란가 모르겠네요."

유신독재 타도와 민주화운동 그리고 통일운동에 대한 얘기를 나누던 장두석은 한탄 섞인 목소리로 말했다. 그러더니 답답한지 막걸리 몇 잔을 연거푸 들이켰.

"지금은 미래가 보이지 않아 절망스럽지만 그런다고 여기서 털푸덕 주저앉을 순 없지. 온 힘을 다해 한 걸음씩 나아가야 되지 않겠는가."

"뭔가 트이나 싶다가도 다시 막히고 정말 앞이 깜깜해서 안 그럽니까."

"자 우리 집으로 가서 한잔 더 하면서 마저 얘기하세."

박현채는 장두석을 다독여 마포구 상수동에 있는 자신의 집으로 데리고 갔다. 둘은 밤을 지새우며 앞으로 풀어야 할 문제와 나아갈 방향에 대해서 이야기를 나누었다.

"이 싸움은 단기간에 끝날 게 아니야. 어쩌면 계속 이어져야 할 거야. 그러려면 지금의 청년학도들에게 좋은 책들을 많이 읽혀야 하네.

책을 읽고 많이 알아야만 무엇이 잘된 일이고 잘못된 일인가 알지 않겠는가."

"그라제라. 양서를 많이 읽는 것은 민주화의 뿌리를 튼실하게 하는 것과 같제라."

장두석은 박현채의 말에 적극 동의했다.

장두석은 늘 생각했다. 우리는 무지하기 때문에 부당한 일을 당하고, 무지하기 때문에 병들고 가난하고 더 빨리 죽는다고. 그 '무지'를 깨뜨릴 수 있는 도구가 양서(良書)라고 믿은 장두석은 평소에도 엄청난 독서를 했다. 시력이 좋지 않아 돋보기를 걸치고 닥치는 대로 읽었다. 거기에다 동양 의학서를 정독하기도 하고 일서(日書)나 한서(漢書)를 번역하기도 했다.

자신의 눈 건강 상태에 비해 독서량이 많아 종종 눈이 시리고 따끔거려 힘들었다. 그럴 때마다 장두석은 가까이 있는 지인들에게 부탁했다.

"자네 목이 따분하지 않는가? 나 이 책 좀 읽어주게. 그람 목이 부들해져 술도 잘 넘어갈 걸세. 허허."

"부탁하는 방법도 장두석답네."

지인들은 어이없어 하면서도 기꺼이 읽어줬다. 배움의 길을 게을리 하지 않는 모습에 어떤 토도 달지 못했다.

유신독재정권의 폭압이 극에 달한 1978년 3월, 장두석은 서경원, 최성호와 함께 무안 삼향읍에 있는 한산촌으로 내려가고 있었다. 수배가 내린 농민회 교육국장인 이강을 도피시키기 위해서다. 그런데 가는 도중 교통사고를 당하고 말았다. 다친 세 사람은 김명철 내과병원에 입원하게 되었고 소식을 들은 황일봉, 문병란이 병문안을 왔다.

두 사람을 보자 장두석은 너무 반가워 활짝 웃었다.

양서와 관련된 모임 하나를 만들려고 하던 참이었다. 이와 관련해 만나 의논하려고 한 두 사람이 마침 들어선 것이다.

"우리 원주, 서울, 대구 등과 함께 협력해서 양서조합을 만들어 봅시다."

장두석은 두 사람에게 덥석 제안을 했다. 무슨 말인가 어리둥절하던 두 사람은 취지를 듣더니 이 시대에 필요한 일이라며 동의했다.

일 추진력에 있어서 불도저 급인 장두석은 병원에서 나오자마자 사람들을 만났다. 양서를 구해 널리 보급하고 청년들을 깨우자는 모임 취지에 많은 사람들이 공감했다. 그렇게 해서 드디어 1978년 광주시 대의동 YWCA 건물 2층 한켠에 양서협동조합을 만들었다.

전남대학교에서 '우리의 교육지표' 사건으로 해직당한 안진오 교수가 이사장, 이일행(법률사무소 재직)씨가 부이사장, 정기완 신부가 이사, 장두석이 이사 겸 집행위원장, 이성학 장로(당시 기독교인권위원회 위원장)가 감사를 맡았다. 이외 문병란, 권광식, 한모길, 박석무, 임추섭, 윤영규, 김준태, 조명제, 박행삼, 송문재, 황일봉, 김현주씨 등이 참여해 활동했고 많은 회원들이 가입했다.

회원들 중에는 학교에 재직중인 교사들도 있었는데, 그들은 이미 이와 비슷한 성격인 '삼봉조합'이라는 모임을 했었다. 유신시대 대부분의 조직들이 그렇듯 대놓고 출범식을 하지 못하고 비밀리에 교육민주화운동을 했다. 그래서 들키지 않도록 화투놀이의 하나인 '삼봉'이라는 이름을 쓴 것이다. 그걸 안 사람들은 삼봉조합이 양서조합의 전신이라고 생각했다.

양서조합은 시국을 토론할 수 있는 만남의 광장이었고, 역량 있는 운동세력을 만들어 배출시키는 곳이었다. 양서조합은 광주의 사랑방이자 '민주화의 요람'이었다.

"저희들도 같이 하겠습니다."

"모르는 것도 병이 됩디다. 우리도 같이 할라요."

"도울 수 있는 부분은 저희도 돕겠습니다."

고등학생, 대학생, 교사, 교수, 회사원, 노동자, 농민, 일반 시민 등이 조합원으로 가입하면서, 양서조합은 각계각층의 사람들에게 민주화운동에 대한 여러 가지 의견들을 풀어나갈 수 있는 회합의 자리가 되었다. 광주엠네스티(국제사면위원회)와 광주기독교인권위원회(KNCC)도 같은 공간을 쓰면서 민주주의와 인권의 개선을 위해 많은 노력을 하였다.

유신을 반대하는 것이 곧 죽음을 의미했던 시대에 여러 민주화세력을 모으고 연결시키면서 시민을 대상으로 하는 시국강연회와 구속인사들을 위한 기도회를 열고 구두닦이와 넝마주이를 교육시켰다. 특히 고등학생들과 양서를 통한 교류는 훗날 5·18민주화운동에 많은 고등학생들이 참여하는 계기가 되기도 했다.

유신정권에게 양서조합은 눈엣가시였다. 때문에 문을 연 이후 감시와 탄압에서 한시도 자유로운 적이 없었다. 그럴수록 양서조합은 시민들에게 시국을 토론할 수 있도록 장을 열어주었고, 학생운동, 민주화운동세력, 노동조합, 농민운동 단체들의 회의장이 되었으며, 유신독재를 타도하는 견인차 역할을 해나갔다.

"조선대 학보가 발행금지 됐다네요."

사무실로 들어서던 학생이 걱정스런 표정으로 말하자 회원들은 바로 회의에 들어갔다.

"우리가 안 해주면 어디서 해주겠어요."

"그래 우리가 도와주자. 지들이 막아 봤자지."

양서조합은 박철웅 측근들의 방해로 만들지 못한 학보 발행을 도와주었고, 김재규의 최후진술 등 수많은 유인물도 양서조합을 통해 배포했다. 또 박석무의 《유배지에서 보낸 편지》 출판기념회와 문병란의 저서 《벼들의 속삭임》, 《호롱불의 역사》 등을 군사독재정권의 탄압 속에서도 발간, 배포하였다.

군사정권의 출판탄압이 극심해지자 사회과학서적을 주로 출판하던 신생 출판사 광민사는 전국적인 판매망 구축에 애를 먹었다. 일반 도매상에서 광민사의 책들을 꺼려하며 거부한 것이다. 그러자 양서조합이 나섰다. 장두석을 비롯한 회원들은 여기저기 돌아다니며 적극적으로 판매에 나섰다.

"알아야 당당하게 살 수 있고, 알아야 건강하게 살 수 있고, 알아야 바른 길을 갈 수 있제. 그랄라믄 이런 양서들을 읽어야제."

위험하고 두려운 일들이지만 민주화를 위한 지렛대의 역할을 하며 양서조합은 한 걸음 한 걸음 성장해나갔다.

중점적인 역할을 했던 지도부와 회원들은 자주 만남의 시간을 가졌다. 장두석이 함께 한 자리는 여지없이 술자리가 만들어졌다. 막걸리 두 병에 두부, 고추, 묵은지 등의 안주면 푸짐했다. YWCA 건물 앞 골목에 있는 '구수향'이라는 식당을 자주 갔다.

"크하, 저렴한 가격에 이렇게 좋은 안주와 술을 마실 수 있는 곳은 여그밖에 없을 거여."

눈이 오는 겨울날 시금치와 떡국을 넣고 끓인 토끼탕을 앞에 두고 술을 마시면서 장두석이 말했다.

"눈까지 오니 술맛이 제대로 나는데요."

함께 마시던 회원이 밖을 내다보며 말했다. 술 한잔 마시며 이런저런 이야기를 하다가 취기가 오르면 일어나 노래도 부르고 춤도 춘다. 워낙 다양한 사람들이 모이고 각자 생각하는 바가 다르니까 그 과정에서 논쟁도 붙는다. 특히 장두석은 자기 주장이 강했다. 그렇게 싸우고 틀어져 헤어졌다가도 중요한 일이 생기면 다시 만났다. 진짜로 싸워야 할 대상은 따로 있으니.

장두석은 읽어야 할 양서들을 구비하는 데 온 힘을 다했다. 양서는 한길사, 광민사, 돌베개, 한마당, 청사, 일월서각 등의 출판사에서 발행한 사회과학서적이 주종을 이루었다. 대부분 판매가 금지된 책들이었다. 출판사를 직접 방문해 보기도 했으나 구하기가 쉽지 않았다. 《유한계급론》, 《알제리 혁명사》, 《한국노동문제의 구조》, 《들어라 양키들아》 등은 특히 구하기 힘들었다. 그럴 때마다 장두석은 박현채를 찾아갔다.

"제대로 공부하려면 이 책들이 있어야겠는데 구하기가 쉽지 않으요. 좀 구해주쇼."

그러면 박현채는 두 말 않고 나서주었다.

"필요하면 구해야제. 읽을 건 읽자고 만든 모임이 아닌가."

박현채는 직접 출판사 대표를 만나 담판을 짓고 창고 문을 열게 해서 책을 구해줬다. 또 아는 관계자들을 만나 필요한 책은 어떻게 해서

든 구해왔다. 박현채는 광주양서조합이 성장하는 데 보이지 않는 곳에서 많은 힘을 써주었다. 이런 박현채에게 장두석은 고마운 마음이 컸다. 박현채는 많은 의지가 되었다.

"역시 현채 형은 대단혀. 내 첫 느낌이 틀리지 않았당께."

장두석은 처음 박현채를 봤을 때 느낀 첫인상 그대로라고 생각했다. 대장의 풍모를 가졌고, 해야 할 일에 대해서는 확실히 제대로 하는 사람.

광주에는 이미 1977년부터 김상윤이 운영하고 있는 '녹두서점'이 전남대 중심의 민주화운동 세력의 사랑방 역할을 하고 있었다. 장두석은 지인들과 술 먹다가 통금시간이 넘으면 녹두서점으로 갔다. 다시 술판을 벌여 시국에 대한 토론을 날이 새도록 했다. 불편해 하는 주변 사람들의 눈치는 아랑곳하지 않았다.

"제발 좀 통금되기 전에 파장 합시다. 날이 오늘만 있는 것도 아니고 이 좁은 방에서 이라고 자면 아내도 힘들어하고…."

김상윤이 다음부턴 좀 배려해 달라는 부탁을 하면 알았다고 하지만 그때뿐이다.

장두석은 양서조합의 핵심 일꾼으로 활발하게 활동하면서 특히 학생들에게 적극적으로 책읽기를 권했다. 거의 강권이었다.

"야! 너 이 책 읽어봐. 정말 좋은 책이여."

보통은 조심스럽게 다가가 책을 권유하는데 장두석은 그러지 않았다. 보다 못해 옆에 있던 이태복이 말했다.

"선생님, 그렇게 판매하시면 강매 아닙니까?"

그러자 장두석은 대뜸 말했다.

"아, 마음의 양식을 권하는디 뭐가 문제겄소."

장두석은 강매를 하더라도 좋은 책을 읽게 하면 된다는 생각이다.

장두석은 필요한 서적을 구하고 읽히는 데도 애썼지만, 민주화운동을 위해 학생들과 시민들이 알아야 할 내용들은 직접 책으로 만들기도 했다. 하지만 인쇄하기가 쉽지 않았다. 불온서적으로 취급 받는 그런 내용들은 일반 인쇄소에서 꺼려했다. 잘못 걸렸다간 경찰서에 붙잡혀 들어가 곤욕을 치러야 하기 때문이다. 그래서 장두석은 가톨릭농민회 일을 할 때 알게 된 인쇄업자 이병식 대표를 찾아갔다.

"자네밖에 없네. 미안하지만 좀 만들어주게나. 다른 데서는 불안해서 못하겠다고 하니."

"걱정 마세요. 제가 할 일이라고 생각하고 있습니다."

장두석은 너무 고마워 이병식의 손을 꽉 잡았다. 해야 될 일이지만 통제가 심해 자칫 잘못하면 해를 입을 수도 있는 일이었다. 그렇기에 더욱 고마운 마음이 들었다.

평소 장두석을 잘 따르고 좋아하던 이병식은 기꺼이 그 일들을 도맡아 했다. 그러던 어느 날 경찰들이 불시에 들이닥쳐 불법서적에 대한 검사를 했다. 결국 이병식은 경찰서에 끌려갔고 연락을 받은 장두석은 바로 찾아갔다.

"도대체 이 책들이 뭐가 문제란 말이오. 민주주의에 대해 공부하자고 만든 책이 왜 불법서적인지 도대체 이해가 되지 않소."

장두석은 경찰서에서도 절대 주눅 들지 않고 당당하게 말했다.

"나라에서 금하고 불법이라 하니 우리도 어쩔 수 없소."

"그러니까 함께 잘 살아가자는 내용이 왜 불법이냔 말이오! 당신들이 아무나 이유 없이 붙잡아가는 것이 불법이제!"

경찰관들은 장두석의 크고 우렁찬 목소리에 기가 좀 눌린 듯 잠시 아무 말도 못했다.

"아무튼 이 사람은 아무 잘못이 없소. 다 내가 부탁한 것이니 나하고 얘기합시다."

장두석은 이병식을 기어코 집으로 돌려보내고 남아서 해결을 봤다. 그러나 매번 그렇게 끝나지는 않았다. 결국 얼마간의 옥고를 치르는 이병식을 볼 때마다 장두석은 속상해했다.

"선생님 혼자서 할 수는 없지요. 이 일은 누군가는 나서서 함께 해야 하는 일이잖아요. 민주화를 위해 제가 할 수 있는 일이 있다는 게 저는 좋습니다."

이병식은 개의치 않고 오히려 장두석의 마음을 달래줬다.

"그래도 내가 원망스러울 게야."

"아뇨, 절대 그렇지 않습니다. 이건 제 몫입니다."

"그래, 이렇게 한 걸음 한 걸음 다 같이 나아가면 언젠가는 건강한 나라가 될 것이여."

장두석은 어렵게 구하고 만들어낸 양서조합의 서적들을 전국에 있는 감옥의 양심수들에게 기증했다. 감시 하에서 순조로울 수 없는 일들이다. 마치 외줄을 타고 건너는 듯 긴장된 순간순간의 연속이었다.

양서조합 사무실로 경찰들이 들이닥치면 장두석은 온 몸으로 막아서며 대항했다.

"이곳에 한발짝도 들어오지 마라!"

큰 몸집으로 무섭게 호통 치면 경찰관들이 그냥 으름장만 놓고 돌아가기도 했다. 그렇게 아슬아슬 이끌어가던 양서조합은 오래 유지되지 못했다.

1980년 5월 17일 양서협동조합 주최로 광주여자기독교청년회에서 '한국경제의 오늘과 내일'이라는 주제로 박현채의 강연회를 개최하였다. 강연장은 시민, 학생들로 꽉 들어찼다. 그만큼 광주시민들의 민주화 열기가 높았다. 특히 학교측의 방해공작에도 불구하고 고등학생들도 많이 모였다.

강연회를 무사히 마치고 식당으로 가 뒤풀이를 하는데, 라디오 방송에서 '전국에 비상계엄령 확대 실시'라는 말이 흘러나왔다. 이 말을 들은 사람들은 뭔가 심상치 않음을 직감했다.

"느낌이 아주 안 좋은디요."

장두석의 말에 박현채는 어두운 얼굴로 사람들에게 말했다.

"낌새가 이상해. 무슨 일이 곧 터질 것 같으니 앞으로 서로 연락하지 말고 뿔뿔이 흩어져 지냅시다."

그 길로 사람들은 흩어졌고, 바로 5·18이 터졌다. 상황이 악화되자 양서조합 중심부에서는 실무를 맡고 있던 김현주 집으로 회원명부 및 주요장부들을 옮겼다. 양서조합 명단은 바로 광주 민주인사들의 명부라 할 수 있어 들통나면 안 되었다.

양서협동조합 사무실은 YWCA 건물에 있고 도청과 지척에 있는 지리적인 위치로 항쟁 내내 투사회보 등 시민대책위원회의 선전물을 만드는 장소로 사용되었다. 그러다가 많은 책과 자료들이 계엄군들에게 빼앗겨 불살라지는 비극을 맞이하면서 그 역사적 소명을 마치게 되었다. 이후 광주양서협동조합은 강제로 폐쇄되어버렸다.

얼마간 빼낸 책들은 트럭에 실어 날라 계림동성당과 장두석 집에 보관했다. 농성장에 가지고 가 나눠주려 했지만 경찰과 군인들 감시를 뚫고 배포하는 일이 쉬운 일은 아니었다. 어쩔 수 없이 소각할 수밖에 없었다.

타닥, 탁 탁 타다닥!

의식을 성장시키고 마음을 트고 행동하는 양심을 일깨워주었던 사랑방의 이야기들이 날름거리는 붉은 혀에 의해 새까맣게 타들어갔다.

그렇게 양서조합은 1980년 격동의 시대를 만나면서 그 틈바구니 속으로 휩쓸려 들어갔다.

4장

민족에 대한
지독한 사랑꾼

함께라면 안 될 것이 없제

"돌아가는 세상 꼴이 아주 개판이야."

상황이 점점 안 좋아지자 속이 상한 장두석은 점심 대신 막걸리를 마셨다.

미국의 잉여농산물이 무상에서 유상으로 바뀌면서 확대 수입되어 국내 농산물 가격이 형편없이 떨어졌다. 일부 작물은 아예 없어지기도 했다. 1960년대 후반에서 1970년대 초반 농민들의 삶은 몹시 힘들었다.

쉽게 화가 가라앉지 않자 장두석은 막걸리 주전자만 연거푸 비웠다. 함께 자리한 가톨릭농민회의 다른 회원들도 한마디씩 했다.

"미국 농산물이 이라고 확 들어와블믄 우리 것은 완전 똥값인디 우리보고 워찌 살라고."

"면이나 밀은 아예 없어질 판이구만."

"해방도 되고 나라가 인자 지대로 간가 했는디 나아지기는커녕 더 힘들어지는구만."

한국전쟁 이후, 남북분단과 반공체제, 세계적 규모의 냉전질서 그리고 5·16군사쿠데타와 유신독재정권의 등장으로 민주주의의 기본정신은 부정되고 왜곡되었다. 노동자들의 단결권은 억눌리고 각종 사회단체의 활동은 정부에서 허용하는 이들에게만 가능했다.

농민들의 생산단체인 농업협동조합도 철저히 관제화되어 협동조합의 대표를 관에서 임명하는 것은 물론 모든 사업은 정부의 지침에 따라야 했다. 웃고 울고 뒹굴며 한평생 살아온 삶의 터전이었던 땅이 농민들을 수탈하고 억압하는 장이 되어버린 것이다.

탁, 장두석은 술상을 치며 말했다.

"아는 것도 중요하지만 이제는 참지 말고 제대로 싸워봅시다."

1970년대는 자주적 영농권마저 빼앗기고 유신체제로 농민의 권리가 극도로 억압당하는 상황이었다. 그런 가운데 가톨릭농민회를 중심으로 깨우친 농민들이 이런 사회현상에 대해 체계적으로 의식하고 비판하고 판단하게 되었다. 그들과 함께 한 장두석은 이제는 단순한 투쟁을 넘어 부당한 피해를 막고 정당한 농민의 권리를 위해 제대로 된 운동을 하고자 했다.

가톨릭농민회의 주 활동은 농협정관에 대한 공부와 토론, 부실공사로 인한 자갈논 문제제기, 농민교육 등이었다. 그러나 이제는 행동으로 나서는 본격적인 활동으로 변화해갔다. 부실한 경지정리로 인한 농민들의 고통이 커지자 이대로 있어서는 안 되겠다고 생각한 것이다. 해결해주기만을 기다리다간 다 굶어죽을 판이었다.

장두석은 가톨릭농민회 회원들과 여러 분회를 돌아다니며 좀 더 체계적이고 적극적인 활동을 위해 논의했다.

"우리 농민들도 알 건 다 알고 있다는 걸 보여줍시다."

"그러게 말이여. 우리를 무슨 무지랭이로만 아나."

"피해를 온통 우리한테만 씌우면 우린 어떻코롬 살라구."

농민들이 한숨을 내쉬며 불만을 토로하자 장두석이 나서서 말했다.

"우리 생존권은 우리가 지킵시다. 앞으로도 땅을 밟고 살라믄 우리가 나서야제. 안 그런가?"

사람들은 고개를 끄덕이며 주먹을 쥐었다. 장두석은 마을 주민들과 함께 해당업체와 관을 찾아다니며 투쟁했다. 처음엔 기다리란 말만 하더니 지속적으로 따지며 항의하자 결국 뜻을 받아주었다. 농민들은 보상금을 받아 쥐는 성과를 올리자 기쁨을 감추지 못했다.

"우리가 해냈네 그려."

"역시 사람은 배워야 한단께."

"맞어. 배운 걸 또 이렇게 써먹어 우리 몫을 찾아오니 기분이 참말로 좋구만."

장두석은 상기된 사람들을 보며 기분이 좋아 막걸리 잔치를 벌였다. 각자 집에서 두부며 된장이며 김치를 퍼와 자리를 펴고 앉아 걸판지게 마시며 축배를 들었다.

"자, 축배!"

장두석이 먼저 선창을 하자 나머지 사람들도 함께 외쳤다.

"축배!"

막걸리 향이 사람들 웃음 속으로 퍼졌다. 그야말로 파안의 한마당이 되었다.

이렇게 적극적으로 나서서 보상을 받아내자 다른 지역에서도 힘입어 그 후 여러 분회가 결성되었다. 그렇게 피해 농민들을 위한 투쟁은 계속되었다.

장두석은 자신의 교육이 필요한 곳은 어디든지 찾아다녔다. 함께 교육하고 싸우고 문제를 찾아 해결해 나가면서 서로가 서로에게 의지가 되고 힘이 됨을 느꼈다. 하늘이 푸르고 바람이 살랑거리고 곡식이 무르익어가는 모습이었다.

지쳐하고 힘들어하는 회원들을 볼 때마다 장두석은 막걸리 한잔 따라주며 말했다.

"다들 힘들겠지만 그냥 얻어지는 것은 없어. 해야 한께 참고 다들 하는 거여."

말투는 투박해도 그 안에는 진심으로 위하는 마음이 들어 있다. 때론 큰 소리로 야단치며 나무라기도 했지만 그건 사람들을 위하는 또 다른 표현방식임을 알 사람은 안다.

1970년대에는 많은 농민운동이 있었다. 장두석은 회원들과 함께 몸을 사리지 않고 투쟁에 참여했다. 대표적인 성공 사례 두 가지를 꼽자면 '함평고구마사건'과 '오원춘사건'이다. 분노와 절망과 열정으로 끝까지 서로의 손을 놓지 않은 투쟁을 벌였다.

'함평고구마사건'은 나라의 관리감독 하에 운영되고 있던 농협이 수매약속을 어기고 수십억 원을 유용함에 따라 생긴 일이다.

1976년, 고구마 주산지인 함평은 예년보다 5천여 톤 많은 2만5천여 톤의 고구마를 생산했다. 농협은 시중가격보다 높은 가격으로 전량 수매를 약속했다. 그런데 가끔 와서 소량만 수매해 가고 마는 것이다. 수매를 기다리던 농민들은 애써 키운 고구마가 썩어들어가는 것을 지켜보며 분노했다.

"오늘내일 한 게 언제여! 도대체 하는 거여 마는 거여!"

"이게 어찌된 일인지 알아봐야 하지 않겠소?"

농협의 약속만 믿고 기다리던 농민들은 반발하여 피해보상을 요구하는 산발적 투쟁을 했다. 하지만 농협은 어떠한 대책도 내놓지 못했다. 그런 상황으로 그 해가 넘어가자 안 되겠는지 가톨릭농민회가 나섰다. 회원들과 지도부들은 열띤 논의를 했다. 그 자리에서 장두석이 말했다.

"안되겠습니다. 우리 가농을 중심으로 계획을 짜서 확실하게 해봅시다."

다른 회원들도 동의하며 말했다.

"그럽시다. 제대로 밀고 나가지 않으면 저들은 꿈쩍도 안 할 거요."

"끝까지 파헤치면 저들의 민낯이 나오지 않겠소?"

조직적인 피해보상운동을 벌이기로 한 회원들은 준비에 들어갔다. 대책위원회를 구성해 각 농가별 피해상황을 조사하고 농협군조합을 찾아가 보상투쟁을 주도할 것을 결의했다. 임정택이 위원장, 김양혁이 조사집계원, 노금노가 교육조직을 맡고, 서경원이 도단위와 전국단위의 대외교섭을 맡아 활동에 나섰다.

1977년 4월 장두석과 회원들은 광주 계림동성당에 모여 먼저 '고구마 피해보상을 위한 기도회'를 가졌다. 그리고는 각 지역에서 모여든 회원 600여 명과 진상을 알리고자 하는 연좌농성에 들어갔다. 일제에 일침을 가하고 토착지주들을 두려움에 떨게 한 1920년대 암태도 소작쟁의 이후 농민운동의 새 장을 연 '함평고구마사건'은 이렇게 시작됐다. 하지만 울분을 터트리고 거친 항의를 하며 연 연좌농성은 바로 투입된 진압대에 의해 강제해산 당하고 말았다.

"우리가 이대로 끝낼 순 없죠."

"우리 생존권이 달린 문젭니다. 계속 싸웁시다."

울분을 삭이지 못한 사람들이 말하자 장두석도 말했다.

"이 나쁜 놈들, 우리가 뭔 속내인지 끝까지 다 파냅시다. 막는다고 물러설 우리가 아니제."

1978년 4월 24일 북동성당에서 '농민을 위한 기도회'를 다시 열었다. 이번에는 700여 명의 회원들이 참석해 가두진출하며 경찰들과 대치했다.

"고구마 피해 보상하라!"

"농민운동 탄압 중단하라!"

"구속회원 석방하라!"

거리의 교통은 완전 마비되었고 장대를 든 농민들과 곤봉과 방패를 든 전투경찰들의 몸싸움이 시작됐다. 하지만 숫자로 우세한 경찰들이 완전봉쇄로 진압하자 농민들은 이번에는 무기한 단식투쟁에 들어갔다.

"이래 죽으나 저래 죽으나 매 한가지 아녀? 그렇담 해 볼 수 있는 건 다 해 봐야제."

처절한 농민운동을 지켜보던 광주시민들은 뜨거운 정을 담아 용기를 북돋워 주는 물건들을 보냈다. 그리고 각계 인사들이 찾아와서 위로와 격려를 해주었다. 투쟁하는 동안 다치거나 병든 사람이 나오면 장두석은 팔을 걷어붙이고 나섰다. 알고 있는 자연건강 식의 모든 치료법을 동원해 그들을 보살폈다.

단식 5일째 되던 날이다. 도지사로부터 결국 농협의 '피해보상금 지

불중'과 현금을 받아냈다. 그렇게 함평고구마사건은 일단락되는 듯했다. 하지만 단식 중 연행된 두 사람이 석방되지 않았고 사건 진상도 제대로 파악되지 않았다. 그래서 사람들은 하던 단식을 계속 하고 특별기도회도 다시 가졌다.

"이건 보상금으로 끝날 일이 아니여."

"맞어, 우리를 등쳐먹은 놈들을 다 찾아내야 혀."

농민들은 사건 전말이 완전히 밝혀질 때까지는 물러서지 않겠다고 다짐했다.

그 결과 모두 석방되고 그간의 비리가 감사원에 의해 낱낱이 밝혀졌다. 지역 일부 농협이 주정회사나 중간상인들과 결탁하여 2년 동안 고구마를 농민들에게 수매한 것처럼 위장하고 조작했다. 그렇게 해서 약 80억 원을 유용한 사실이 드러난 것이다.

"농민운동 만세!"

"함평농민 만세!"

"가톨릭농민회 만세!"

관련된 농협 직원들은 모두 징계되었고 그 사실을 알게 된 농민들은 분노하면서도 끝끝내 진상을 파헤쳐냈다는 뿌듯함에 서로를 붙잡고 울었다.

"땅은 속임수가 없어. 그런 땅을 평생 일구며 살아온 농민들의 피와 땀이 헛되이 사라지는 것은 안 될 일이제. 농민들을 속이는 건 땅을 속이는 거나 마찬가지여."

장두석은 회원들의 등을 두드러주며 말했다.

또 하나 '오원춘사건'은 1978년 경북 영양군과 농협이 불량 씨감자를 유통해 농민들이 많은 피해를 입게 되면서 촉발된 사건이다.

농민들은 '청기감자피해보상대책위원회'를 구성해 군수와 조합장에게 피해보상을 요구했다. 하지만 당국은 무대응으로 일관했다.

"싹도 트지 않는 씨앗을 유통시킨 정부는 진상을 규명하고 피해를 보상하라!"

1979년 1월 23일 천주교 안동교구 사제들이 피해현장을 방문했고, 사제단들의 지원을 받아 농민들은 피해보상투쟁에 적극 나섰다. 일이 커지자 정부에서는 할 수 없이 피해액 전액을 보상해 주었다.

하지만 그 후 정부는 피해보상 활동에 앞장섰던 안동 가톨릭농민회 청기분회장 오원춘을 잡아다가 강제로 약물을 투여하고 협박해 허위자백을 받아냈다.

죄목은 '가톨릭 신부들의 비리'와 '정부전복 기도'였다.

말도 안 되는 죄목으로 오원춘을 잡아다가 허위자백을 받아낸 사건은 다시금 농민들과 종교계가 들고 일어나게 만들었다. 불의를 보고 가만있지 못하는 장두석은 회원들과 함께 현지로 향했다.

"반정부 투쟁을 차단하기 위해 우리 농민회를 없애려고 하는 조작이오!"

"그리고 이건 엄연한 종교탄압이오!"

안동교구는 8월 6일 목성동 본당성당에서 김수환 추기경과 전국 사제단 신부, 가톨릭농민회 회원, 평신도 등 900여 명이 참가한 가운데 오원춘사건 전국기도회를 개최했다. 밤 11시부터는 성당에서 안동시청 분수대까지 가두시위도 했다.

"구속자 석방!"

"농민운동 탄압 중지!"

"긴급조치, 유신헌법 철폐!"

"종교탄압 중지!"

시위대는 피켓을 들고 외치며 안동경찰서 앞까지 갔다. 그들의 외침은 밤하늘의 별들로 박혔다. 아프지만 부당함을 당당히 고하는 그들의 외침은 어둠 속에서 밝게 빛났다.

무슨 일이 있을 때마다 집회를 열어 투쟁으로 맞서니 유신체제는 그때마다 대처하고 수습하는 게 골치 아팠다. 그래서 이번 기회에 눈엣가시인 가톨릭농민회를 없애고 그 뒤에서 방패막이가 되어주는 종교계의 발목까지 잡으려고 한 것이다.

결국 오랜 투쟁 끝에 12월 8일 오원춘사건 관련자들 모두 선고유예로 석방되었고 같은 날 오원춘도 긴급조치 해제에 따른 구속자 석방 조치에 따라 석방됐다.

"광주지역에도 분회가 있다면 활동하기 좋겠는디…."

여러 지역을 다니며 활동하던 장두석은 광주에 농민회 분회를 만들고 싶었다. 일이 있을 때마다 회원들이 분회 있는 곳으로 다니는 걸 보면서 든 생각이다. 그때 전라남도 가농 교육부장 최성호가 광주로 왔다.

"광주분회를 하나 만듭시다."

장두석은 기회다 싶어 불쑥 제안했다. 광주 상황에 대한 이런저런 이야기를 듣고 나누던 최성호는 긍정적인 반응을 보였다.

최성호는 1973년도부터 농민회 활동을 했다. 그러면서 여러 지역에 가농 분회를 조직해 교육담당을 맡아 하고 있었다. 농촌현실에 문제가 생기면 가서 정리도 하고 성명서도 발표하고 싸움도 해서 농민들의 권리를 찾는 데 힘을 보탰다. 그러던 차에 광주로 와 장두석을 만난 것이다.

"좋습니다. 광주에도 하나 만들면 교육하고 활동하는 데 편할 것 같습니다."

"그럼 제대로 굴러갈 때까지는 함께 해 줘야 하네."

한국가톨릭농민회 전남연합회 광주분회는 그렇게 1980년 8월 25일 창립되었다. 농민의 권익을 옹호하고 인간적 발전을 도모하며 사회정의 실현을 통해 농민문제의 해결을 위한 운동에 동참, 지원하며 인류 공동체 발전에 기여함을 목적으로 두었다. 다양한 분야의 청장년들이 회원으로 들어와 활동했다.

장두석은 금지된 책들을 가져와 회원들에게 읽게 했다.

"농사만 짓는다고 다 되는 건 아니여. 내가 한 농사 제값 받아내고, 불이익을 당할 땐 따져서 바로 돌려 받아야제. 그랄라믄 책을 읽고 깨어야 하제."

회원들에게 책을 읽혀 실무 일을 할 수 있게 만들고 지도자로 키워 나가면서 분회도 차츰 조직적으로 성장해 갔다. 토론회도 자주 가졌다. 대화만큼 좋은 소통은 없었고, 농민들에게 전달하기 위한 사항들에 대해선 효과적인 방법들을 논의해야 했기 때문이다.

어느 날 최성호가 사례발표와 교육 문제로 광주에 왔다. 일을 마치고 너무 피곤해 바로 돌아가질 못하자 장두석이 말했다.

"오늘 많이 피곤한 것 같은데 우리 집에서 자고 내일 가거나."

장두석은 최성호를 만날 때마다 성실함과 진정성을 느꼈다. 농민들을 위해 이처럼 발 벗고 나선다는 게 쉽지 않은 일이다. 일이 있을 때마다 먼 길 마다하지 않고 달려왔다. 장두석은 그런 최성호이기에 비록 비좁은 셋방이지만 데려가기를 주저하지 않았다.

처음엔 망설이다 마땅히 갈 데가 없던 최성호는 장두석의 집으로 갔다. 잠자리에 나란히 누운 두 사람은 밤이 새도록 농민운동과 민주화를 위한 이야기를 주고받았다. 그러면서 최성호는 평소 보아온 장두석에 대한 편견을 지울 수 있었다. 농민운동에 대한 열정은 알고 있으나 거친 말투에다 자기주장도 세다는 인상을 갖고 있던 터였다. 그런데 차분하게 시간을 갖고 이야기하다 보니 달리 보였다. 고민하는 눈빛에는 세상과 사람에 대한 애정이 가득 담겨 있었다.

누워 있던 최성호는 불쑥 일어나 장두석을 바라보며 말했다.

"저, 이제부터 형님으로 부르면 안 되겠습니까?"

"허허허, 형님 좋지. 난 형제라는 말 참 좋아. 하나로 힘을 합쳐 더불어 가는 세상에 형제만큼 좋은 말은 없는 것 같아."

최성호는 장두석을 그저 뜻을 나눈 같은 회원으로만 여겼는데 고민들을 나누면서 형제애를 느꼈다. 장두석은 기꺼이 허락했고 둘은 자주 이야기를 나누는 돈독한 사이가 됐다.

그 후로 장두석은 종종 최성호가 사는 구례 산동을 찾아갔다. 그때마다 최성호는 하던 일을 중단하고 맞이했다.

"이런 공기 좋은 데서 술 마시믄 참말로 좋겠네. 허허."

주변 자연풍광에 흡족해 하던 장두석은 단골 술집부터 물었다. 둘은 그간 있었던 일과 해야 될 일들에 대해 이야기를 나누고 술을 마시며 회포를 풀었다. 술자리는 최성호의 집으로까지 이어지기 일쑤였다. 최성호는 깐깐하고 돌발적인 장두석의 성격을 잘 맞춰주었다.

기회가 될 때마다 최성호는 자연의학에 관한 강연을 부탁했고, 장두석은 그럴 때마다 열 일 제쳐두고 갔다. 밀 사업을 하고 있는 최성호를 위해 강의 때마다 우리 밀의 중요성을 강조하며 잘 되기를 응원했다. 우리 음식을 소중하게 여기는 장두석은 그만큼 최성호의 밀 사업을 아주 좋아했다.

"우리 몸에는 우리 음식을 먹어야 하는 거여. 자네한테는 진정성이 있으니 앞으로 아주 잘 될 걸세."

장두석의 말은 최성호의 어깨를 툭 쳐주며 앞으로 걸어갈 길을 한 걸음 더 나아가게 해주었다.

계림동 단칸방에서 어렵사리 생활을 영위하면서 장두석은 그렇게 공동체 운명을 위한 운동을 펴나갔다. 의로운 일을 위해서 나서는 학생들과 청년들, 박봉에 시달리면서도 사람다운 삶을 원하는 도시의 노동자들, 올바른 교육을 꿈꾸면서 신용협동조합운동을 하는 동지들, 제도권의 보장이 전혀 없는 농민들을 위한 일이라면 언제든 두루마기 자락 휘날리며 함께 하기를 원했다.

5·18의 한복판으로

1980년대는 군사독재 시절로 대학가에서는 민주화운동이 거세게 일어나고 농촌의 각 기초단위 분회에서는 농민운동이 불타오르기 시작했다.

 광주 북동천주교회에서는 1980년 5월 19일 10만 명의 대규모 농민집회를 하기로 결정하고 준비에 들어갔다. 장두석은 음식 준비 기금 마련과 광주시민 참여를 위해 분주히 뛰어다녔다.

 "있는 대로 조금씩 내! 사람들이 많이 모이는 만큼 음식 준비도 만만치 않으니 우리가 십시일반 해야제. 그라고 주변 사람들한테도 적극적으로 알리고 말여."

 장두석은 평소와는 다르게 좀 경직된 목소리로 회원들을 독려했다. 어수선하고 불안한 분위기 속에서 큰 행사를 치르려니 긴장이 됐다.

 그러던 중 5월 17일 자정을 기하여 공수부대와 계엄군들이 전국에 있는 대학교와 방송국을 점령했다. 광주에도 전남대, 조선대, 광주교대 등 6개 대학과 KBS, MBC, 전일방송국 등에 계엄군이 진입하여 학교에서 밤새워 공부하고 있던 학생들을 체포하였다. 가톨릭센터 5층 농민회 사무실에서 농민대회 준비를 하고 있던 회원들은 소식을 듣고 충격에 빠졌다.

 5월 18일 오후 3시경에는 급기야 광주 금남로와 충장로에 공수부대가 투입됐다. 공수부대 군인들은 길거리를 지나가는 젊은 사람들을 잡아 구타하고 급기야 시내버스를 세워 청년을 끌어내려 폭행을 가하였다. 심지어 청년들의 옷을 벗기고 무릎을 꿇린 채 도로에 세워놓는가 하면 나이든 어른과 여자들까지 구타하는 등 삽시간에 광주를 공포의 도시로 만들어 버렸다.

 "선생님! 우리 회원들이 공수부대한테 잡혀 갔어요!"

 "큰일 났어요. 다른 지역 회원들이 여기 소식을 듣지 못하고 내려오다가 잡혔대요."

"아무나 닥치는 대로 때리고 끌고 가고 있어요."

장두석은 이글거리는 분노로 주먹을 꽉 쥐었다. 준비하고 있던 10만 명 농민대회는 결국 준비 과정에서 중단되고 말았다.

행사 당일인 19일, 준비 책임을 맡고 있던 가농 부회장 최성호는 텅 빈 행사장을 뜨지 못했다. 수배령이 떨어진 장두석은 오지 못했고 행사 중지 명령을 알지 못한 농민들은 전국 각지에서 몰려들고 있었기 때문이다. 농약통 기계를 메고 올라오던 농민들은 터미널에서, 행사장 들어가는 길목에서 달려드는 공수부대에 붙잡혀 두들겨 맞았다.

하늘도 땅도 막지 못한 5·18의 끔찍한 만행이 서서히 확산되어 갔다.

1980년 광주의 5월은 광주 시민 모두가 최전선에 섰다. 피의 값으로 진정한 삶을 찾기 위해서다.

"이놈의 세상이 미쳐도 단단히 미쳤구만."

군인들에게 맞고 끌려가는 학생들과 일반 시민들을 목격한 장두석은 피가 거꾸로 솟았다. 장두석은 팔을 걷어붙이고 5월의 뜨거운 한복판으로 뛰어들었다. 시위하는 곳마다 찾아다니며 몸을 사리지 않고 덤벼들었다.

5월 20일은 공수부대의 폭력과 살육에 수많은 광주시민들이 시내로 뛰쳐나와 치열하게 저항한 날이다. 그날 장두석은 시내 여기저기를 다니며 시민들에게 시위를 독려했다. 장두석은 산수동 굴다리 옆 목재상 앞에서 각목을 구하여 시민들에게 나눠주며 외쳤다.

"자, 하나씩 받아 드시오. 이런 잔학무도한 놈들에게는 우리의 단결된 힘을 보여줘야 합니다."

더 이상 방관하면 안 되겠다고 생각하며 합심하여 투쟁하자며 속속 도청과 금남로로 모여 들던 시민들이 각목을 받아들며 한마디씩 했다.

"그럽시다. 우리가 이유도 없이 그냥 맞고 죽을 순 없잖습니까."

"공수부대 계엄군들이 우리 형제자매들을 무자비하게 때려죽이고 있습니다. 우리도 당하고만 있을 수는 없습니다. 다 같이 함께 싸웁시다."

그날 밤, 18일부터 시작된 공수부대 계엄군의 잔혹한 폭행에 대해 하나도 보도하지 않는 TV와 방송에 분노한 시민들이 MBC, KBS 방송국에 화염병을 던져 불태웠다.

각목을 나누어 준 장두석은 시민들과 함께 도청으로 향했다. 그때 도청 쪽으로 가던 인파 속에서 박몽구를 만났다.

박몽구는 몇 년 전 북동성당에서 '함평고구마사건' 단식농성을 같이 했던 문학청년이다. 1975년에 광주일고를 졸업하고 박석무, 김남주 문하를 드나들면서 공부를 했다. 그러던 중 '함평고구마사건'이 터지자 농민운동에 가담했고 거기서 장두석을 만난 것이다.

장두석은 어린 나이에도 적극적으로 운동하는 박몽구가 기특했다. 그래서 많이 챙겨주고 예뻐했다. 재야운동권 막내로 활동하던 박몽구는 그런 장두석이 고마웠다. 그래서 장두석이 하는 신협공동체 운동에 선배들과 함께 참여하기도 했다. 그러다가 더욱 가까워진 계기가 있었다.

1977년 박몽구가 조부상을 당했을 때 장두석은 거기까지 찾아갔다. 박몽구는 송정리까지 어린 자신을 위해 조문와 준 장두석에게 감동받았다. 따뜻하게 다독여주던 그 마음이 많은 위로가 됐다. 그때부터 박몽구는 장두석을 더욱 따랐다. 그러다가 박몽구는 1978년에 전남대에 들어갔고 학생운동을 꾸준하게 하면서 장두석과 만남을 이어왔다.

"몽구야!"

장두석은 반가운 표정으로 불렀다. 고개를 돌려 장두석을 바라보던 박몽구는 깜짝 놀랐다. 장두석 손에 큰 방망이가 들려져 있었기 때문이다. 그동안 지켜봐온 성격으로 보면 더 큰 방망이도 들 법하지만 걱정이 됐다. 자칫 과격 운동권자로 지목받아 봉변을 당할 수도 있다고 생각한 것이다. 그런 박몽구의 우려를 아는지 모르는지 장두석은 방망이를 흔들며 물러서지 말고 기어코 도청을 접수하자며 박몽구의 손을 잡았다. 잡힌 손을 타고 뜨거운 의지가 확 들어옴을 박몽구는 느꼈다.

격렬한 시위로 꼬박 날을 새운 다음날인 5월 21일 오후 1시, 중무장한 도청 앞 공수부대 계엄군들은 금남로를 꽉 채운 시민들을 향해 총을 발사했다. 금남로 시위대 대열 앞에 서 있던 수십 명의 시민들이 총격에 쓰러지자 나머지 시민들은 순식간에 양쪽 골목으로 몸을 숨겼다. 그날 금남로에 운집한 시민들에게 쏘아댄 집단발포로 수십 명이 현장에서 사망하고 수백 명이 부상을 당했다. 동시에 전남대 앞에서도 무차별 총격이 자행되었고 인근에서 임산부 최미애씨가 총탄에 사망했다.

분노한 시민들은 아시아자동차 공장에 가서 차를 타고 나와 도움을 청하기 위해 화순, 나주, 담양, 장성, 강진, 함평, 무안, 목포, 해남 등지로 빠져나갔다. 그러다 도청 앞에서 계엄군들이 시민들을 향해 총을 발사했다는 말을 듣고 '우리도 총을 들고 대항해야 한다!'고 하여 예비군훈련소의 무기고를 열어 총을 구해서 광주로 들어왔다. 순식간에 일어난 일이었다.

오후 3시가 넘어가자 가까운 화순과 나주에서 먼저 총을 구한 시민들이 도청 앞 계엄군과 전투를 벌이기 시작했다. 곧 이어 다른 지역에서 총을 획득한 시민들이 합세하면서 전투가 치열해지자 도청의 계엄군들은 수세에 몰렸다. 도청의 공수부대 계엄군들이 수십만 시민들에 의해 에워싸인 격이었다. 오후 5시가 되자 공수부대 계엄군들이 도청을 나와 광주 외곽으로 빠져나갔다. 공수부대는 퇴각하면서 기관총을 쏘아대 사상자가 발생했다. 광주시가지를 빠져나간 공수부대 계엄군은 21일 밤을 시작으로 27일까지 광주의 외곽을 봉쇄하였다. 광주의 외곽이 봉쇄되자 광주를 빠져나가거나 전남 지역에서 광주로 들어오려던 시민들이 봉쇄지역을 지키던 공수부대 계엄군들의 총격에 의해 수없이 죽고 다쳤다. 21일 밤부터 27일까지 효천-남평 방면 도로 총격사건, 광주교도소 근처 총격사건, 광주-화순간 주남마을 앞 도로 승합차 총격사건, 광주-송정간 도로 화정동 국군통합병원 확보작전 등으로 계엄군에 의해 수십 명의 시민들이 학살당했다.

5월 22일, 전날 공수부대와 계엄군이 광주 시내를 빠져나가 광주는 해방공간이 되었다. 각 병원에 있던 사망자들의 신원 파악을 위해 시신을 도청으로 옮겨왔다. 도청 2층 부지사실에서는 정시채 부지사 주도로 이종기 변호사, 사업가 장휴동, 장세균 목사, 박재일 목사, 윤공희 대주교, 조비오 신부 등 10여 명의 지역 인사들을 중심으로 수습대책위원회를 구성하여 사태수습에 나섰다.

한편 오전 11시경, 광주YWCA에서 조아라 회장, 이기봉 부회장, 이애신 총무를 비롯한 이사들이 사무실에 출근하자 장두석 양서조합 이사와 홍남순 변호사, YMCA 김천배 이사, 이영생 총무가 YWCA로 찾아왔다. 그들은 광주의 상황에 신·구교가 합동으로 대처해야 된다는 생각으로 남동성당으로 가서 김성용 신부와 모임을 갖기로 하였다.

당시 신·구교 합동조직인 광주사회선교위원회 회장은 남동성당 김성용 신부, 부회장은 조아라 회장과 이성학 장로였다. 마침 은명기 목사, 이성학 장로 등이 그곳에 와 김성용 신부가 회장이 되고 조아라 회장이 부회장이 되어 수습 대책을 의논하였다. 나중에 이기홍 변호사, 명노근 교수, 송기숙 교수, 윤영규 선생 등이 가세하였다.

수습대책위원회는 정시채 부지사가 중심이 되어 구성된 지역인사들의 수습대책위원회와 재야민주인사들이 주축이 되어 남동성당에서 모인 수습대책위원회로 나누어졌다. 23일 이후에는 두 개의 수습대책위원회가 자연스럽게 합류해 활동을 하였다.

22일부터 수습대책위원들과 계엄사령부 군인들의 협상이 시작되었다. 수습대책위원들은 무기 반납이 최우선이었고, 재야인사 수습대책위원들은 정부의 사과가 선행되어야 한다고 주장했다. 그러나 계엄사령부 군인들과 협상은 근본적으로 불가능했다. 성향이 다른 두 개의 수습대책위원회가 어떤 요구를 하든 상무대의 계엄사령부 입장은 '총기를 모두 반납하고 즉시 해산하라'는 것 외에는 없었다. 정권탈취의 야욕을 갖고 5·17계엄확대를 주도한 전두환이 계엄사령부의 결정을 좌우하였기 때문이었다.

26일까지 협상 진전이 없었다. 계엄사령부는 26일 밤 계엄군이 광주시내에 진입할 것이라고 협박하면서 해산을 종용했다. 25일 저녁, 도청을 지키고 있던 청년·학생수습대책위원회는 '무기회수 자진해산'과 '도청 사수'의 두 팀으로 나뉘어졌다.

26일, '무기회수 자진해산' 팀은 도청을 빠져나가고 윤상원, 정상용 등 '도청사수' 팀이 시민군들과 함께 도청에 남았다. 재야민주인사 수습위원들은 눈물을 흘리며 도청을 나올 수밖에 없었다.

26일 새벽 4시 무렵, 도청이 발칵 뒤집혔다. 계엄군이 광주 외곽 봉쇄지역 세 군데에서 탱크를 앞세운 채 동시에 시내를 향하여 공격해 들어오고 있다는 급보가 무전기를 타고 들어왔다. 농성동 통합병원 부근에서 대치중이던 계엄군은 탱크 5대를 앞세우고 1km나 밀고 농성동까지 들어왔다. 백운동 방면은 송암동에서 대동고 앞까지, 운암동 방면은 고속도로에서 무등경기장까지 전진하였다.

계엄당국은 도청의 수습대책위원회에 사전에 이런 사실을 전혀 알리지 않았다. 이날 외곽 진입은 27일 새벽 계엄군의 도청진압작전에 필요한 병력과 장비를 수송하기 위해 공업단지 관통 도로를 미리 장악하려는 계책이었다.

도청에서 밤새워 회의를 하던 수습위원들도 즉각 긴급사태를 논의했다. 장두석을 비롯하여 이성학 장로, 홍남순 변호사, 김성용 신부, 이기홍 변호사, 조비오 신부, 김천배 YMCA 이사, 이영생 YMCA 총무, 윤영규 선생, 장사남 선생 등 17명의 수습위원들이 머리를 맞댔다.

김성용 신부가 말했다. "우리들이 총알받이가 됩시다. 탱크가 있는 곳으로 걸어갑시다. 광주시민들이 다 죽어 가는데 우리가 먼저 탱크 앞에 가서 죽읍시다."

결연한 분위기에서 '죽음의 행진'이 시작되었다. 발걸음이 무거웠다. 외신기자들이 우르르 행진 대열을 따라왔다. 김천배 이사가 영어로 외신기자들에게 짧게 상황을 설명한 것을 제외하면 모두 입을 굳게 다문

채 걸었다. 길거리에서 지켜보던 시민들이 하나 둘씩 뒤따르기 시작하더니 어느새 수백 명의 대열이 됐다. 일렬횡대로 줄을 지어 도청에서 출발하여 금남로-돌고개-농촌진흥원 앞까지 약 4km 구간을 1시간 동안 걸어 계엄군의 전차 앞에 멈추어 섰다.

수습위원들이 그곳을 지키고 있던 계엄군 장교에게 군대를 원래의 위치로 물러가라며 책임자를 불러달라고 하자 잠시 후 검은 세단을 타고 전교사 부사령관 김기석 소장이 나타났다. 김 소장이 수습위원들에게 상무대에 가서 대화를 나누자고 하자 수습위원들은 먼저 군대를 후퇴시키라고 요구했다. 김 소장이 전차와 군인들을 원래 위치로 후퇴시켰다. 지켜보던 수많은 시민들이 박수를 치며 만세를 불렀다.

26일 저녁, 장두석이 도청 안에 있는데 이종기 변호사가 도청으로 들어왔다. 시민군 청년들이 와서 어른들은 집으로 들어가시라고 등을 떠밀었다. 그래서 장두석은 양서조합이 있는 YWCA로 갔다. YWCA에는 투사회보와 궐기대회를 진행하는 청년학생들이 있었다.

그곳에서 있다가 새벽에 계엄군이 시내로 진입하자 도청에서 비상신호를 내렸다. 장두석은 학생들과 함께 담을 넘어 동명교회에 가서 숨었다.

그곳에 피신해 있다가 아침에 양서조합이 있는 YWCA로 와서 보니 박용준이 죽어 피가 계단부터 도로까지 흘러 있었다. 양서조합 책은 다 불타버리고 벽은 총알 자국으로 난장판이 되어 있었다. 오전 10시 경, 군인이 와서 "당신은 누구요?"라고 묻자 장두석은 "나는 청소하는 사람"이라고 해서 위기를 모면하였다.

그 후 산수동에 있는 지인의 집으로 피신했다. 피신해 있는 동안 재야인사들과 서로 연락하여 앞으로의 행로에 대해 논의를 하였다. 모두 당분간 피신하는 것이 낫겠다고 결정하였다.

장두석은 경찰들에게 발각될 위험 때문에 한 곳에 오래 머물 수 없어 산수동 지인 집을 나와 가톨릭대학교 임기석 교수 집과 계림동 등지로 옮겨 다녔다. 6월 26일, 장두석은 더 이상 숨어있을 수가 없어 스스로 광주경찰서에 연락을 하여 연행되어 505보안대 영창으로 끌려갔다. 당시에 오랜 벗인 정구선이 동행을 해주었다.

장두석은 정동년, 김종배와 함께 31사단 군인감옥에 수용되었다. 조비오 신부, 이기홍 변호사, 김성용 신부는 송정리의 공군 군인감옥에 수용되었다.

1심 재판이 끝난 후 교도소로 이감된 장두석은 수습대책위원으로 활동한 당위성을 주장하며 끝까지 타협을 거부했다. 또 거기서 만난 사람들이 나약해지지 않도록 격려하고 위로해주었다.

"빛은 어둠을 몰아내고 불의는 정의에게 짓밟힙니다."

5·18 수괴로 몰려 영창에 들어온 정동년을 만난 장두석은 그렇게 말하며 같이 힘내자고 했다. 오랏줄에 묶여 지프차를 타고 조사를 받으러 다닐 때도 힘을 주어 말했다.

"우리의 정당성과 전두환 괴수를 몰아내자는 의지로 버텨붑시다."

정동년은 고개를 끄덕이며 참 당찬 사람이라고 생각했다. 장두석의 그런 면모는 여기저기서 나왔다.

상무대로 넘겨지기 전 보안대 지하실에서 조선대 교수이자 시인 문병란과 함께 대질 신문을 받을 때다.

"우리 선생님을 때리지 마시오. 내가 더 건강하고 몸도 좋으니 앞으로는 나를 더 때리시오. 이 사람은 보다시피 선비 같은 사람이라 어디 때릴 곳도 없지 않소. 그러니 차라리 나를 더 때리시오."

장두석이 수사관에게 말해 문병란은 수사관의 몽둥이세례를 면할 수 있었다. 대신 따박따박 수사관을 가르치려 든 장두석은 더욱 모진 고초를 당했다.

최후의 진술을 할 때도 장두석은 나약함을 보이지 않고 군사재판과 맞대결 했다. 우리가 재판 받을 이유가 없다. 개두환(전두환)이가 받아야지, 하며 1시간40분 동안 정당성을 역설해 재판이 중단되기도 했다. 정의에 대한 굳은 신념에서 나오는 거친 입담은 독재정권 하수인들의 간담을 서늘케 하기에 충분했다.

또 재판중에도 옳지 않은 모습이 보이면 가차 없이 말하고 행동했다. 함께 재판장에 섰던 연로한 홍남순 변호사와 조아라 여사를 보자 분노가 치밀었다.

"조아라 선생님 이리 오시오. 내가 붙잡아 드릴 테니."

그러자 곤봉을 차고 있던 헌병이 소리쳤다.

"조용히 안 해!"

거기에 질 장두석이 아니었다.

"무슨 소릴 하는 거야! 이 어른들이 힘들어서 어떻게 재판 받는다고!"

헌병은 장두석이 하도 당당하고 거침이 없어 더 이상 아무 말 못하고 그대로 두었다. 그때 뒤에 앉아 재판을 지켜보고 있던 아들 영철은 한순간 가슴이 뭉클해지며 뜨거움이 올라왔다.

'아버지….'

아버지의 생사를 알 길이 없어 걱정하고 있다가 재판을 받는다는 소식에 법정으로 찾아온 영철이다. 아버지의 얼굴은 볼 수 없으나 목소리만큼은 또렷하게 들을 수 있었다. 판사와 헌병들 앞에서도, 오랏줄에 묶인 상황에서도 당당하게 큰소리치는 아버지의 목소리는 어둠 속 한줄기 빛으로 다가왔다.

가족을 돌보지 않은 아버지에 대한 원망이 단단히 맺혀 있던 영철이다. 그런데 그 순간 그 서운했던 생각이 스르르 녹아들었다. 다 이해한다는 것보다는 이게 아버지라는, 그래서 그냥 받아들이는 그런 마음이었다. 소리로 다가온 빛은 영철의 온 몸 구석구석을 비추었다.

장두석과 정동년은 공소장과 기소장에 죄를 인정하는 도장을 안 찍어 광주교도소로 넘겨지지 않고 다시 31사단으로 이송됐다. 재판거부 운동을 벌이다가 고문으로 다리가 골절되기도 했다.

그러고도 장두석은 그 성격을 누그러뜨리지 않았다.

장두석은 영창 안에서 김민기가 작사 작곡하고 양희은이 노래한 '늙은 군인의 노래'를 서슴없이 크게 부르며 가르쳤다.

감옥 생활을 하다보면 보통은 의지도 약해지고 마음도 흔들리고 살아남으려고 아등바등하게 되는데 장두석은 그렇지 않았다. 그러한 면은 시골에서 한국전쟁이라는 민족적 참화를 보면서 소년시절 깨우쳤던 감성이 만들어낸 것일지도 모른다.

장두석이 감옥에 있을 때 많은 사람들이 홀로 남겨진 부인을 도왔다. 연탄 50장을 갖다 준 사람, 라면을 갖다 준 사람, 쌀을 갖다 준 사람, 얼마의 돈을 갖다 준 사람 등 십시일반 도움의 손길이 끊이지 않았다. 장두석과 가깝게 지낸 지인들이자 어떤 식으로든 도움을 받았던 사람들이다.

그 후 감옥에서 나온 장두석은 오월영령 제사 모시는 일과 5·18항쟁비 건립사업 등 오월과 관련된 투쟁을 계속했다.

진혼곡, 마음을 나눈 형제들

살아가면서 많은 사람과 만나고 헤어진다. 그 중 유독 잊히지 않는 사람들이 있는데 한 시절 사상과 이념으로 함께 건너온 사람들일 것이다. 하물며 생사를 넘나들며 뜻을 같이 한 피를 나눈 형제라면 더 말할 나위 없겠다.

장두석에게도 그런 형제가 있다. 백부의 넷째 아들인 달석과 중부의 둘째 아들인 기석이다.

장두석의 조부인 우봉 장태용은 3남3녀를 두었다. 이들 중 3형제의 이름은 기홍, 기향, 기옥이다. 두석의 백부 기홍은 달석을, 중부 기향은 기석을, 막내아들 기옥은 천석, 우석 그리고 두석을 낳았다.

해방공간과 전쟁으로 인한 민족적 혼란기의 두석에게 가장 영향을 많이 준 사람이 달석이다. 달석은 전북 순창에서 최익현, 임병찬, 조영선, 조우식 등과 함께 의병을 일으키는 데 앞장섰던 아버지(기홍)의 피를 받아서인지 민족의식이 각별했다.

그런 달석이 1948년 단독정부반대운동을 벌이다가 전쟁이 발발하자 1951년 백아산에서 죽고 만다. 달석 형님의 죽음 앞에서 두석은 큰 울음을 토해냈다.

장두석은 달석 형님이 그리울 때마다 헛헛한 마음을 부여잡고 함께 이야기 나누던 때를 떠올렸다.

"두석아, 저 산 너머에는 무엇이 있을까?"

꽃소년인 두석의 손을 잡고 백아산을 오르던 달석이 말했다.

"뭔가 다른 세상이 있을 것 같아요."

"그래, 지금하고는 다른 세상이 있을 거야."

"평등하고 평화로운 세상 그리고 우리 민족이 하나가 되는 세상이 겠죠?"

두석의 말에 달석은 웃으며 말했다.

"맞아. 우리 저 산을 넘자. 함께 넘어가서 우리가 바라는 세상을 만나자."

달석 형님과 많은 얘기를 나누면서 자신 또한 민족의식을 다져갔던 장두석은 그리운 마음을 차마 묻어두지 못하고 밖으로 쏟아냈다.

백아산에 달이 뜨면 성님이 그립습니다
꽃소년인 나의 손을 움켜쥐고 산 넘어
산 넘어서 무지개를 찾아 가자던 달석이 성님
평등과 평화, 그 나라가 기다리고 있는 것일까요?
백아산에 달이 뜨면 달석이 성님이 그립습니다
산 넘고 산을 넘어 아주 가버린 아아 달석이 성님!
성님이 가신 자리에서 이 아우는 다시 일어섭니다
입술이 아닌 몸뚱이로 꼭 만나야 할 歷史를 부르면서
저 이제, 달빛이 소나기로 쏟아지는 백아산을 떠납니다

시인 김준태가 글을 제대로 쓰기 힘든 두석을 위해 그의 절절한 마음을 받아 적어 시로 만들어냈다. 장두석은 달석 형님의 그림자가 서려 있는 백아산을 늘 마음속에 품고 그리울 때마다 그곳에서 쉬곤 했다.

중부의 둘째 아들 기석 또한 8·15 해방과 함께 가열된 새로운 '통일민족국가건설운동'에 동참하면서 사회주의 계열 공부에 몰두했다. 두석과는 종종 만나 통일이 되는 그날을 꿈꾸며 앞으로 함께 해야 할 일들에 대한 생각을 나누곤 했다.

"두석아, 우리 통일이 되믄 백두산에 가자."

"암요. 꼭 가야죠. 올라가서 형님이 좋아하는 산국화도 실컷 보고 통일된 우리 강산도 봐야죠."

그런 기석이 6·25전쟁이 한창이던 1951년 무등산 규봉암에서 토벌군의 총탄에 쓰러지고 말았다. 기석의 죽음으로 인한 슬픔은 두석의 몸 구석구석 깊게 뿌리내려 수시로 가슴속을 헤집었다. 고집불통인 자기를 챙겨주고 배려해 준 형이었기에 그리움이 더욱 절절했다. 두석은 기석을 위한 진혼의 노래를 불렀다. 그 노래를 시인 김준태가 시로 담아냈다.

먼 머언 노래처럼 오늘도 성님은 나를 부르고 있습니다
새로운 나라, 새로운 통일국가 건설에 앞장선 기석이 성님
세월이 무심한지 사는 우리가 무심한지, 아아 저기 보세요
이 못난 동생이 아침저녁 우러러보는 광주 무등산 상봉에
기석이 성님, 성님은 한 떨기 청초한 산국화로 피어 있군요
된서리 맞아도 몸 흩트리지 않고 분단세월 그 모습이군요

고향 옹성산에서도 피고 지던, 지고 또 피던 그 하이얀 향기
서러워 너무 서러워 차라리 아름다운 아아 산국화 한 송이
기석이 성님이 흘린 피, 오늘도 내 얼굴에 눈물로 흐릅니다
무등산 상봉에 둥근달 띄워 올리고 사시는 기석이 성님!
못난 동생은 기석이 성님을 꽃등(燈)에 태워 백두산 가렵니다
아아 그날이 오면 통일의 그날이 오면, 우리 기석이 성님!

두석은 그렇게 빨리도 가버린 두 형님에 대한 안타까움과 그리움이 불현듯 밀려오면 밤새 막걸리를 마시며 '찔레꽃' 노래를 불렀다.

찔~레에꽃 붉게 피~이이는 남쪽 나라 내 고오오오향 ~
언~덕위에 초가사~암~간 그으리입습니이이다
자주고름 입에 무우우울고 눈물 저어어어져
이별가를 불러 주우우던 못 미이드을 사~라암아아아

'민족'에 대한 지독한 사랑꾼

장두석은 어린 시절부터 나라의 분단으로 인해 희생된 어른들의 모습을 보고 자랐다. 6·25 당시 해방구였던 산골의 고향에서 소년 빨치산들과 생활한 경험도 가지고 있다. 이는 열세 살 소년으로 하여금 철저한 민족주의자가 되는 데 많은 영향을 주었다.

장두석이 하는 모든 운동의 바탕에는 민족주의가 있다. 단군 숭모사상과 북녘돕기운동에 적극적으로 뛰어든 것도, 개천절에 백두산에서 통일기원천제를 지낸 것도 다 거기에서 연유한다.

장두석은 백두산 영봉 아래 신시(神市)를 세우고 신단수 아래서 처음 조선이라는 나라를 세운 단군왕검을 국조로 봤다.

"사람은 뿌리가 있어야 혀. 그 뿌리를 잘 지키고 보존하는 것이 우리 일이제."

단군성전을 제대로 갖추고 싶은 장두석은 뜻을 같이 한 사람들과 함께 '국조숭모회'를 만들었다. 천제 환인과 환웅 천황 그리고 단군을 기리며 그분들의 정신을 오늘에 되살려 내는 일에 힘쓰자는 취지였다.

"나랑 같이 참여해서 일해보지 않겠어?"

2008년이다. 장두석은 서동국에게 국조숭모회에 들어오기를 권했다. 건강교육을 받던 서동국은 활동이 많은 장두석 옆에서 일을 돕고 있었다.

서동국은 2006년도부터 몸이 안 좋아져 힘든 상황이었다. 그러던 어느 날 스승님과 친분이 있던 장두석이《생활과 건강》이라는 홍보용 책자를 30권 들고서 사무실로 찾아왔다.

"필요한 사람 있으믄 나눠주고 나머지는 사무실에 두고 읽어봐."

서동국은 그때 건강법에 대해 아주 잘 정리되어 있는 그 책자를 읽고 많은 관심을 가지게 되었다. 그래서 찾아가 교육도 받고 강연도 들으러 다녔다. 그렇게 해서 맺은 인연이다.

"제가 뭘 할 수 있을까요? 전 아는 게 별로 없어서…."

"자네 뿌리를 아는가?"

"네?"

"뿌리 없는 생명은 없는 것이여."

장두석의 강연을 통해 민족과 우리 것의 소중함에 대해 들으면서 어느 정도 관심을 갖고 있던 서동국은 한번 해보자는 생각이 들었다.

"만약 근원도 조상도 모르는 사람이 있다면 그는 사람 구실 제대로 못할 것이여. 우린 훌륭한 조상이 있고 깊고 오랜 역사가 있으니 월매나 좋으냔 말여. 같이 참여해서 뿌리에 대해 지대로 알아봐봐."

그렇게 해서 서동국은 국조숭모회에 들어갔다. 교육장에서 보던 장두석과는 또 다른 새로운 모습을 거기서 봤다. 상고사, 근대사, 현대사를 포함해 남북관계에 대한 첨예한 부분까지도 잘 알고 있었다. 서동국은 그런 장두석의 모습을 보면서 이왕 들어온 거 제대로 활동해보리라 마음먹었다.

그 즈음 누군가의 추천으로 또 다른 신입회원이 들어왔다. 시청 문화예술과장인 이종일이라는 사람이었다. 들어와 인사하던 이종일은 장두석을 보자 바로 알아봤다.

"선생님!"

누군지 알아보지 못한 장두석은 눈만 꿈벅이며 바라봤다.

"좀 오래 됐습니다만, 제가 박물관에 있을 때 강연하러 오셨었지요."

이종일은 광주민속박물관장으로 있던 1995년, 강의프로그램을 만들어 박물관 회원들에게 듣게 했다. 그때 '생활건강'이라는 주제로 장두석을 초청해 강연을 부탁했었던 것이다.

국조숭모회는 하나 둘 회원이 늘어나면서 조금씩 활기를 띠어갔다. 30여 명 정도 되는 회원들은 종종 모여 국조숭모회를 어떻게 운영해 나갈 것인지에 대해 논의했다. 제대로 갖추고 채워 넣어야 할 부분들이 아직은 많았다.

"먼저 법인등록을 해야 하지 않을까요?"

이종일의 말에 모두들 생각지 못한 일이라는 듯 쳐다봤다.

"그걸 하면 좋은 건가?"

장두석은 기대 반 궁금함 반으로 물었다.

"해놓으면 정식적인 단체가 되니 어디서 지원 받기도 좋고 할 수 있는 일들도 더 있을 거고."

장두석은 당장 하자고 했다. 모임의 틀을 제대로 갖춰놓는다면 활동하기 더 좋겠다는 생각이 들었다. 그런데 막상 추진하려니 일을 잘 볼 수 있는 회원이 없었다. 서류와 관련된 일은 복잡하고 까다로운 절차들이 많았다. 그래서 장두석은 이제 들어온 이종일에게 부탁했다.

"들어오자마자 일을 부탁해서 미안하네만 이 일 좀 맡아서 해주면 안 되겠나."

"이 부분은 제가 늘 하던 일이라 잘 아니 그럼 해보죠. 그런데 그러기 전에 제대로 신청하려면 다른 지역에선 단군제를 어떻게 하는지 먼저 봐봐야 하지 않을까요?"

"그거 좋은 생각이네. 그럼 그렇게 하세."

이종일의 제안에 장두석은 반색을 했다. 안 그래도 타 지역 단군제를 한번 보고 싶다는 생각을 했던 터다.

염홍섭 국조숭모회 회장의 9인승 차를 타고 장두석, 이종일 등 여섯 명은 단군제를 제일 먼저 시작한 남해 금산을 비롯, 이승훈이 모시는 대전 단군제, 대전 근교 사찰 안에서 모시는 단군제, 남원 단군제, 정읍 단군제, 단군부터 시대의 왕을 다 모셔 놓은 정읍 은조우 등 여섯 곳을 둘러보고 다녔다. 다니는 동안 이런 저런 이야기를 나눴다.

"앞으로 모임을 좀 더 조직적으로 만들고 회원 배가운동도 합시다."

"구에 지원금 신청도 하구요."

"우리 모임에 대한 홍보도 더 해야 될 것 같습니다."

모임이 조금씩 체계를 갖춰가는 것 같아 장두석은 내심 기분이 좋았다.

순회를 하고 돌아와 보고 들은 내용을 참조하여 정관을 만들고 초안을 작성했다. 그리고 회의에 부쳐 통과된 정관을 가지고 법인 등록까지 마쳤다.

"고마우이. 자네가 애써줘서 할 수 있었던 일이네."

장두석은 이종일에게 고마운 마음을 전했다.

열정과 의욕은 앞섰지만 체계적인 절차나 방법에는 서툴렀던 장두석은 이종일과 자주 논의를 했다. 더군다나 동갑이라 좀 더 편하고 이야기가 통했다. 장두석과 이종일은 무각사 밑 원형광장에 단군전을 짓고 싶었다. 그래서 상당히 구체적인 논의까지 갔는데 시청에서 승인을 해주지 않았다. 그런다고 그대로 있을 수는 없었다. 장두석은 무각사 팔각정 뒤 잔디밭에서 전에 상무대에서 쓰던 물탱크를 봤다. 겨우 승인을 얻어 우선 거기에 흙을 채우고 나무를 심고 계단을 설치해 단성제를 만들었고, 해마다 10월 3일 그곳에서 천제를 지냈다.

시에서는 단군을 국가의 정식 시조로 보지 않고 종교단체로 치부했다. 종교적인 차원이 아니라 민족의 뿌리라고 생각하는 장두석은 속이 끓었다.

"어디서 뿌리 없는 나무가 거목이 되고 조상 없는 민족이 세계의 중심에 우뚝 설까. 우리는 고대문화국의 찬란한 전통을 가졌고 국조 단군왕검의 후손임을 만방에 외쳐 민족적 자존심을 굳건히 해야 해!"

회원들하고 술을 마실 때마다 주먹을 불끈 쥐며 외쳤다.

장두석은 이종일과 꾸준히 만나면서 국조숭모회 일들을 하나씩 해나갔다. 그 과정에서 둘의 의견은 자주 충돌했다. 자기 생각을 관철시키기 위해선 막무가내인 장두석과 원칙적이고 논리적인 이종일이 마찰을 빚는 건 어쩌면 당연했다. 하지만 결국은 장두석이 이종일의 말을 들어야 했다. 문헌을 갖고 따지며 체계적인 반박을 하니 장두석도 어쩌지 못하고 받아들인 것이다.

"회원들 이끌어가며 회를 잘 지속시키려면 자네 그 괴팍한 성격 좀 죽일 수 없나? 지금 몇 명이나 나가버리지 않았는가. 나는 자네를 이해하지만 안 그런 사람들은 못 버티지."

이종일의 타박에 그 순간 수긍하는 듯 아무 말 없이 듣다가도, 또 어느 상황이 되면 다시 고집불통 장두석이 됐다.

"나, 참. 정말 못 말리겠네. 허허."

그럴 때면 이종일은 웃고 말았다. 나도 나를 어쩔 수가 없어, 하는 표정을 지으면 미워할 수가 없다. 그렇지만 많이 아쉽다. 장두석이 가지고 있는 민족에 대한 열정과 진정성은 그 누구도 따라올 수 없다. 거기에 오래도록 함께 할 수 있는 사람들이 떠나지 않는다면 분명 좋은 성과를 낼 수 있을 거라 생각한 것이다.

틀어지면 타협을 모르는 장두석이 이종일은 못내 안타까웠다. 그래도 그런 저돌적인 면이 관에 들어가 무슨 일을 볼 때는 장점으로 작용

되기도 했다. 그리고 장두석은 발이 넓어 아는 사람도 많았다. 그래서 그 덕도 많이 봤다.

"자네는 참말로 여러 분야의 사람들을 많이도 아네 그려."

같이 다니던 이종일이 의외의 인맥에 놀랄 정도다.

술을 원래 못 마시는 이종일이지만 장두석과의 술자리는 싫지 않았다. 일반적인 사람들과의 만남에서 들을 수 없는 생활의 지식들을 많이 듣는다. 체계적인 교육을 받고 아는 지식과는 차원이 다르다. 그래서 장두석이 권하는 술자리를 될 수 있으면 마다하지 않고 같이 간다. 거칠고 쓴 맛이지만 씹을수록 깊은 맛이 우러나오는 나물 같은 사람이라 생각을 하면서….

"광주에 제대로 된 단군전을 짓게 된다면 정말 좋겠어. 우리 국조숭모회에서 다른 건 몰라도 이 일은 꼭 이루어내세."

장두석은 회원들과 술을 마실 때마다 얘기했다. 혹여 그걸 못 보고 죽을 수도 있다는 생각이 들었던지 옆에 있던 사무국장 이병식에게 미리 당부했다.

"내 살아생전에 짓지 못하면 후에라도 꼭 성전을 지어야 하네. 군 단위에도 성전이 있는데 광주만 없어. 간단하게 흉내만 내서도 안 돼. 정식으로 제대로 지어야 해."

장두석은 술안주로 먹고 있던 고추 하나를 집어 들고는 고추장을 찍었다. 그걸로 술상 가장자리에 단기 연호를 쓰고는 쓰윽 웃었다. 오늘의 내 말을 꼭 잊지 말아달라는 의미의 표정이다. 이병식은 마음이 아려왔다. 저리도 간절한 일이 이루어지지 않는다면 어쩌나, 하는 생각이 들어 술잔을 단숨에 비워냈다.

국조숭모회에서는 단기 사용을 중요하게 여겼다. 1962년 이전에는 호적에 생년월일을 다 단기로 썼다. 문서나 서류에는 세계 공통으로 쓰는 서기를 쓰더라도 연호는 단기를 써야 한다는 주장이다. 그게 우리의 뿌리를 찾는 기본축이라고 생각했다. 그래서 장두석은 단기 사용을 즐겨했다.

장두석은 국조숭모회 일을 보는 와중에 광주사직대제추진위원회 집행위원장도 맡아 사직제(社稷祭)를 추진했다.

"우리 문화를 살리는 것이 곧 나라를 지키는 일이제."

"사직제는 곧 주권을 행사하는 제사여."

이렇게 사직제에 의미 부여를 하며 이 제의 중요성을 강조했다. 사직제란 땅을 다스리는 사신(社神)과 곡식을 다스리는 직신(稷神)에게 지내는 제사를 말한다. 우리나라에서는 삼국시대부터 정기적인 국행제로 지내왔다. 사직이라는 말은 '종묘'와 '국가'를 상징하는 말로 쓰였는데 조선조에는 각 현 단위까지 사직제를 지낼 정도로 중요시되었던 행사다. 그러던 것이 일제의 문화말살 정책과 외래종교 유입으로 그 맥이 끊기고 말았다. 1993년에 다시 복원되었지만 예산 부족과 관심 부족으로 3년 만에 다시 맥이 끊겼다. 그러다가 2008년에 장두석의 끊임없는 주장으로 복원됐다.

사직제는 단오절 날 오전 10시 광주사직공원 내 사직제단에서 지낸다. 열림굿을 시작으로 촛불을 밝히고 물을 올리는 의식으로 진행된다. 이어 헌화를 하고 봉헌, 분향 순을 거쳐 초헌관의 독축(讀祝)으로 절차가 마무리된다. 독축 말미에는 광주사직제의 발원문이 낭독된다.

"배달조국 우순풍조 농사풍년 나라번영 국민건강 민족자주 조국통일 소원성취 발원이오."

나라가 태평하고 백성들의 생활이 평안하기를 바란다는 내용이다.

장두석은 제를 지내는 음식 차림이 조금이라도 맘에 안 들면 대뜸 호통을 쳤다. 그럴 때면 이리저리 뛰어다니며 애써 준비한 회원들은 맥이 풀렸다. 서동국, 이병식, 나갑이 준비위원을 맡고 있었다.

"우리 다음부터는 음식 목록을 작성해 보고부터 하세."

"그럽시다. 당신 승인이 떨어진 음식에는 뭐라 하지 않겠죠."

그래서 그 다음부터는 올릴 음식의 목록을 작성해 미리 허락을 받고 차렸다. 그런 후에도 쩌렁한 호통은 여지없다. 장두석은 제에 올린 음식을 흡족하게 생각한 적이 거의 없다.

"선생님 마음에 뭔들 성에 차겠는가. 당신이 직접 차려도 맘에 안 드실 걸세."

최고의 정성을 다하고픈 마음에서 그러는 거려니, 하며 준비위원들은 서운한 마음을 접곤 했다.

"자네, 이번 프로그램 때 아이들 데려와서 그 천부경 노래를 불러주게나."

장두석은 창원에서 교육관을 하고 있는 최일우에게 연락했다. 우리 역사와 민족의식에 대한 공부를 즐겨하는 장두석은 최일우가 단군교 경전인 천부경을 전통 음률에 얹어 아이들에게 부르게 한 걸 들었다. 그게 너무 좋아서 양현당 프로그램에서도 부르게 하고 싶었다.

최일우는 장두석을 만나기 전부터 자연건강에 관심을 갖고 공부를 하고 있었다. 그러다가 장두석의 책을 보면서 한번 보고 만나고 싶다는 생각을 했다. 그러던 차에 2010년 부산대학교 임재택 교수가 주관한 교사연수를 갔는데 거기서 자연건강 강의를 하고 있는 장두석을 만났다. 아이들을 건강하게 키우는 강의를 하고 있었다.

"자네, 나하고 술 한잔 하고 가게."

강의가 끝나고 집으로 돌아가려는 최일우에게 장두석이 말했다. 만나고 싶었던 분의 제안이라 흔쾌히 따라가 술을 마셨다. 그때의 만남을 인연으로 양현당을 자주 찾았다. 딸의 아토피와 아내의 병 때문에 단식프로그램에도 참여했다.

"나도 자연과 가깝게 살아야겠다는 생각은 진작부터 하고 있었지만 실생활에서 잘 지켜지지 않더라고. 그런데 프로그램에 직접 참여하고 선생님의 강연을 들으니 내 삶의 방식을 변화시켜야겠다는 생각이 저절로 스며들었어."

프로그램을 끝내고 돌아와 최일우가 지인에게 한 말이다.

최일우는 경남 육아종합지원센터에서 연 학부모를 위한 교육 강연에 장두석을 초청했다. 또 '가이헌'(하늘의 소리를 잘 듣는다는 의미)이란 공간에서 열리는 교육에 장두석을 초청하기도 했다. 그때마다 최일우는 전통놀이를 뮤지컬처럼 만들어 노래하고 춤을 추며 놀았고 천부경으로 노래를 만들어 아이들에게 부르게 했다. 아이들을 좋아하는 장두석은 우리 전통놀이를 아이들과 함께 즐기는 최일우가 맘에 들었다.

"최 선생, 허현회 선생이 쓴 《병원에 가지 말아야 할 81가지 이유》란 책 읽어봤나? 난 내 치료법에 대한 근거를 보여줄 수 없어 답답했는데 이 책이 나와 참 좋으이. 이젠 이 책에 근거를 두면 되니까 말여."

최일우는 그동안 자신의 치료법에 대해 세상과 외롭게 싸워왔을 선생님의 얼굴을 바라보며 생각했다. '스스로 치유해 가야 하는 자연 건강법은 자기 몸으로 느껴가는 거잖아요. 그러니 그 어떤 근거가 없어도 되지 않을까요? 마음의 변화를 갖게 하는 그 자체가 우리들에겐 이미 근거입니다.'

장두석은 《병원에 가지 말아야 할 81가지 이유》란 책을 쓴 허현회를 좋아했다. 종종 초대를 해 화순 별미인 다슬기탕을 먹으며 정담도 나누고 주변 구경도 시켜줬다. 동석을 해봤던 최일우는 같은 생각을 가진 사람을 만나 행복해 하는 모습에 덩달아 좋았다.

"어이구, 선생님이 부르시는데 당연히 가야죠. 아이들과 함께 가서 한바탕 놀겠습니다."

최일우는 준비를 해서 아이들을 차에 태우고 양현당으로 갔다. 이렇게 먼 길 공연을 가는 건 처음이다. 무척 설렜다. 아이들도 설레는지 도착할 때까지 재잘거리며 방방 들떠 있었다.

도착하자마자 프로그램에 참여했던 분들이 큰 환영을 해주었다. 아이들과 천부경을 부르며 춤을 출 때는 모두들 시름을 잊고 그 순간 즐거움을 만끽했다. 나중에는 다들 흥에 겨워 덩실덩실 어깨동무하며 함께 춤을 추었다.

천부경 팔십일자

일(은) 시(이나) 무시 일(이요)
석삼극(이라도) 무진본(이니라)
천(의) 일(은) 일(이며)

지(의) 일(은) 이(이며)

인(의) 일(은) 삼(으로)

일적십거무궤화삼(이니라)

천(도) 이(로) 삼(이요)

지(도) 이(로) 삼(이요)

인(도) 이(로) 삼(으로)

대삼(이) 합육(하여) 생칠팔구(하나니)

……

　음식을 먹고 춤을 추며 노래하는 양현당 마당이 저녁노을로 붉게 물들어갔다. 민족에 대한 참 지독한 사랑꾼인 장두석의 얼굴이 파안이다.

5장

자연의 순리
조화로운 삶을 위하여

그 누구 것도 아니여, 우리 모두의 것이제

1970년대 중반부터 시작한 자연건강대학을 시초로 한 제1회 정규 민족생활학교가 1989년 개설되었다. 교육 장소가 마땅치 않아 우선 무등산에 자리 잡은 소화자매원에서 시작했다. 그 후 교육 장소를 점점 넓혀가면서 2기 때는 화순 남면 사평청소년수련관에서 했다. 전북 익산 나바위성지에서도 몇 기를 했고, 그 외 산청 성심원, 광주시각장애인협회, 청주 신협연수원 그리고 장두석의 지산동 집과 여러 지역에 살고 있는 회원들의 개인 집에서도 했다. 매 기수마다 평균 백여 명이 참여했다. 적지 않은 수가 교육을 받으면서 민족생활학교는 왕성한 활기를 띠었다.

처음에는 민족생활의학이라 칭하였다. 그런데 그것 때문에 고발당해 몇 번 곤욕을 치렀다. 정식적인 의료활동을 할 수 없는 입장이라 '의학'이라는 표현을 쓰면 안 되었다.

"활동을 계속 하려면 '의학'이라는 말도 빼고 정식 법인을 만들어 하세요. 이렇게 계속 들락날락 하실 겁니까?"

법적으로는 봐줄 수가 없는 일이라 보다 못한 담당 판사가 말했다.

"선생님, 판사님 말씀이 맞습니다. 차라리 이번 기회에 법인을 만들어 활동하시는 게 어떨는지요."

주위에 있던 사람들도 적극 권유했다. 장두석도 언제까지나 이럴 순 없다는 생각에 법인을 만들기로 마음먹었다. 그렇게 해서 마침내 1999년 '사단법인 한민족생활문화연구회(한민연)'를 결성하게 됐다. '의학'을 넣으면 안 되니 대신 '연구회'라고 한 것이다. 장두석은 법인을 만들어놓고 보니 참 잘했다는 생각이 들었다. 우선 마음이 안정되면서 조직적이고 체계적인 느낌이 들어 아주 흡족했다.

장두석은 한민연을 만들어 건강교육을 본격적으로 하면서 민권운동에도 뛰어들어 활동했다. 2000년도에 '민주의 기본권 보장과 양심수 석방을 위한 공동대책위원회'라는 범사회적인 시민단체가 조성되었는데 장두석은 거기서 공동대표를 맡았다. 그곳에서 아주 진취적이고 소신이 뚜렷하게 보이는 청년을 만났다. 범민련에서 활동하고 있던 장동욱이었다.

"음, 뭔가 지대로 할 놈처럼 보이네."

장두석은 장동욱이 맘에 들어 함께 일을 하면 좋겠다는 생각이 들었다. 그래서 말을 붙이고 자잘한 일도 시켜보며 지켜보았다. 장동욱도 그런 장두석을 잘 따랐다. 첫 인상은 꼬장꼬장하고 괴팍한 이미지였다. 거기에다 흰 두루마기를 입고 있으니 더 다가가기 힘들었다. 그런데 여기저기서 장두석에 대한 이야기들이 들려왔다.

"광주항쟁 때부터 민주운동 하시고 통일운동까지 관심이 많은 분이셔."

"스스로 병을 낫게 하는 치유법으로 환자들을 살린다고 하네."

"우리 민족의 뿌리에서부터 맥락을 찾는 민족생활운동을 하시는 분이야."

그때부터 장동욱은 조금씩 선입견을 버리고 달리 생각했다. 그러다가 개별적으로 만나 이야기하는 기회를 몇 번 가지면서 둘은 가까운 사이가 됐다. 장동욱이 단식농성을 할 때면 장두석은 효소, 죽염 등을 챙겨 보내주며 몸을 상하지 않는 방법들에 대해서도 알려줬다. 그러던 어느 날 장두석이 불쑥 제안했다.

"자네, 나 좀 도와서 일해 볼 생각 없나?"

갑작스런 말에 장동욱은 좀 당황했다.

"내가 민족생활신문을 내고 있는데 맡아 할 사람이 필요해서 그러네. 그동안 했던 편집장이 그만 뒀거든."

민족생활신문은 1998년도에 창간호를 시작으로 나오고 있는 신문이다. 그런데 얼마 전에 편집장을 맡고 있던 최민희가 그만 두는 바람에 사람을 구하고 있던 참이다. 장두석은 장동욱을 만나면서 적임자라는 생각이 들었다. 당시 장동욱은 시민교육단체 교육선전국장과 대변인 일을 맡고 있었고, 《자주민보》라는 사회과학잡지를 만들고 있었다.

고민하던 장동욱은 한번 해보자는 마음이 들었다.

현대물리학에서 인력, 중력, 전자기력 등이 하나로 규명되는 게 과제이듯, 장두석은 생활건강운동과 민족운동을 모순되지 않고 하나로 설명할 수 있게 만들었다. 또한 장두석은 아픈 사람을 치료하는 의료활동을 하는 동시에 통일운동을 헌신적으로 하고 있다. 장두석에게는 그 두 가지 일이 같은 일이다. 주변의 사람들의 건강과 행복은 우리가 몸담고 있는 사회현실과 칼로 자르듯 구분할 수 없다는 게 그의 지론이다. 개인의 삶을 확장하면 가족, 사회가 되는 것이고 그것이 다시 확장되면 역사가 된다. 개인의 병은 사회에서 비롯된 것들이 많다. 장두석은 이런 지론들을 총체적으로 규명하며 살아가는 분이라고 생각하던 차였다. 장동욱은 그런 분이 만드는 신문이라면 한번 해 볼 생각이 든 것이다.

결국 편집장 일을 맡게 된 장동욱은 열심히 뛰어다녔다. 단식프로그램에 참여한 사람들 취재를 비롯하여 그 시기에 다뤄야 할 중요한 이야기, 생활관 소식, 건강 이야기 등의 글을 싣기 위해 최선을 다했다. 그렇게 몇 년 간 신문 편집 일을 하면서 장두석 개인 일도 도왔다. 기고한 글들을 정리해서 보내는 일들을 했고, 정치적 흐름을 판단해야 할 때는 옆에서 같이 토론하면서 맥락 잡는 걸 함께 했다.

일을 하면서 마찰은 거의 없었다. 장동욱이 사회운동을 겸하다 보니 늘 시간에 쫓겨 마감일을 넘기기도 했지만, 장두석은 모든 내용을 신뢰해 주며 전권을 줬다.

"선생님은 장동욱씨만 편애하는 거 같어. 우리가 하는 일은 맨날 양에 안 차하면서…."

옆에 있던 사람들이 불만을 터트려도 개의치 않고 믿어주었다. 장동욱은 그게 고마우면서도 한편으론 주변 사람들 눈치가 보여 부담되기도 했다.

1990년대 후반부터 2000년대 초반까지 전국 각지에서 민족생활학교가 이뤄지고 생활관도 만들어졌다. 지역을 거점으로 한 민족생활운동이 전국적으로 활성화되어간 것이다. 질환이 심한 환자들은 장두석이 직접 보고 그렇지 않은 환자들은 지역에서 담당하게 됐다. 전국적으로 조직적인 운영 체계가 이뤄져 나갔다.

교육생이 늘어나자 광주에서는 광산구에 있는 유스호스텔을 빌려서 했다. 3박, 5박, 7박, 11박 등의 교육과정으로 운영되었다. 그러다가도 지역에서 요청이 들어올 땐 직접 찾아다니며 교육을 했다.

"선생님, 돌아다니시기 힘드니 아예 교육관을 지어서 하면 어떨까요? 찾아보면 무슨 방법이 있을 겁니다. 그건 제가 알아보겠습니다."

관에서 일을 하고 있던 한 교육생이 힘들게 여기저기 다니는 게 안타까워 제안했다. 솔깃한 말이었다.

"그렇게만 된다면 시간과 돈을 아낄 수 있긴 하겠는디…."

정해진 교육장만 있다면 오가는 시간과 차비를 절약할 수 있겠다는 생각이 들었다. 돌아다니느라 체력도 많이 들던 터다. 하지만 장두석은 망설였다. 관에서 지원 받아 뭔가를 한다는 게 걸렸다. 돈을 받으면 일단 지고 들어가는 거고 어떤 상황에서는 머리도 숙이고 할 말도 못 할 거란 걸 알고 있기 때문이다.

"선생님, 정말 지원 받아서 교육관 지으면 어떨까요? 우리가 조직한 후원회에 모아 놓은 후원금도 보태고 해서요. 언제까지 이렇게 다닐 수도 없는 거 아닙니까?"

옆에서 여러 가지 일을 돕고 있던 회원이 망설이고 있는 장두석에게 넌지시 말했다. 그러자 장두석은 잠깐 더 생각하다가 손사래를 치며 말했다.

"아녀. 받지 않을 거여."

잠시 흔들렸지만 받지 않기로 마음먹었다. 조금 힘들고 불편해도 할 말은 당당히 하고 살아야 한다는 그의 신조 때문이다. 그 후로도 그런 제의가 몇 번 더 있었지만 그때마다 장두석은 거절했다.

"좀 더 효과적인 방법이 있다면 그렇게 하는 것이 좋지 않습니까?"

"그러면 우리도 일하기 더 수월하고 안정적일 거 같은데요."

"선생님 건강도 챙기셔야 환자들을 돌보죠."

보다 못한 주위 사람들의 불만이 거세지자 장두석은 할 수 없다는 표정으로 툭 던지듯 한마디 했다.

"그람, 십시일반 하든가."

무슨 말이냐는 듯 쳐다보자 장두석은 다시 말했다.

"병이 나은 게 감사허고 이런 교육이 계속 있어야 되겠다고 생각하 든 십시일반 돈을 내서 지으믄 될 것 아니냔 말여. 천 원 낼 사람은 천 원 내고 십만 원 낼 사람은 십만 원 내고 백만 원 낼 사람은 백만 원 내 갖고 지으믄 되제."

장두석은 무슨 일이든 힘을 합쳐 함께 헤쳐 나가길 원했다. 살맛나는 세상을 위해선 두레 공동체의 정신을 늘 강조했다.

"그게 될까요?"

"안 될 게 뭐 있어. 뜻이 있으믄 하는 것이고 하다 보믄 되는 것이제. 함께 만들고 함께 누리고 함께 책임지고 그러믄 좋잖여. 뭐 안 되믄 말고."

장두석의 말에 수긍한 몇 사람이 전국 각지에 흩어져 있는 회원들에게 이런 취지를 전달하고 동참해줄 것을 부탁했다. 돈에 관한 이야기라 조심스럽게 말했다. 형편껏 성의껏 함께 하자고.

그러자 회원들이 긍정적인 반응을 보였다. 좀 더 빨리 했어야 할 일이었다며 기꺼이 나서기도 했다. 정말 형편 되는 대로 작은 금액부터 큰 금액까지 성의껏 내주었다. 그렇게 해서 화순 이서면에 그렇게도 바라던 교육관을 짓고 '양현당(養賢堂)'이란 현판을 내걸게 되었다. 한민족생활문화연구회 본부도 양현당에 두었다.

"선생님, 드디어 교육관이 지어졌네요. 축하드립니다."

교육생들의 말에 장두석은 한동안 흐뭇한 표정으로 양현당을 바라보았다.

"이게 어디 내 건가? 자네들 것이제. 축하는 자네들이 받아야제. 나는 오늘 막걸리나 실컷 마시고 노래나 불러야겠네. 허허."

기분이 좋으면 늘 술과 노래를 찾던 장두석은 이번에는 제대로 한 판 벌여 놀아볼 생각이다. 상기된 표정으로 있던 장두석은 문득 지난날이 띠오르는지 저 너머 산자락으로 시선을 옮겼다.

생사를 넘나들던 시절, 아픈 역사의 굴곡마다 서로 손을 잡고 함께했던 사람들, 미안하고 고마워도 큰소리만 치는 자신을 묵묵히 받아줬던 가족들, 자신을 의지하고 그저 믿고 따라준 교육생들….

지나고서 생각하니 그들이, 그 순간들이 장두석에겐 햇살이고 바람이고 공기였다. 살아갈 수 있도록 받쳐준 지렛대였다.

손발이 되어 함께 달려준 고마운 이들

"자네 나 좀 도와주게."

1981년, 갑자기 승용차가 생긴 장두석은 운전할 사람이 없어 매제인 고재룡에게 부탁했다.

지금까지는 차가 없어 여러 지역을 대중교통으로 다니며 교육을 해왔다. 그러다보니 교육하는 시간보다 차표 끊어 찾아가는 시간이 훨씬 많았다. 염려하는 사람들에게 괜찮다고는 했지만 피곤한 기색을 감출 수는 없었다. 그런 장두석에게 인연을 맺고 있던 신부님이 차 한 대를 선뜻 내주겠다고 연락을 해왔다.

"장 선생님이 건강하셔야 환자들을 잘 돌볼 수 있지 않겠습니까. 쓰던 차지만 잘 굴러가니 타고 다니시지요."

장두석은 처음 가져보는 차라 많이 설렜다. 개인 승용차로 다니면 시간에 얽매이지 않고 편하게 일을 볼 거라 생각했다. 그래서 감사한 마음으로 받겠다고 했다. 그런데 문제는 운전할 사람이었다. 차를 움직이려면 기사가 필요한데 구하기가 쉽지 않았다. 그래서 고재룡에게 연락을 했다. 고재룡은 마침 특별히 하고 있는 일이 없던 차이기도 하고, 힘들게 교육 다니는 걸 알고 있었기에 운전을 맡겠다고 했다.

차는 마산에서 가져와야 했다. 고재룡은 처조카 장영래와 함께 갔다. 갈 때는 괜찮았으나 올 땐 눈이 너무 많이 와 앞이 잘 안 보였다.

"안 되겠는데요? 여기서 자고 내일 가시게요."

순천까지 와서는 도저히 안 되겠다 싶어 같이 동행한 장영래가 고재룡에게 말했다. 고재룡도 걱정이 되어 그렇게 할까, 잠시 갈등했다. 하지만 집에서 오매불망 기다리고 있을 형님 생각에 그럴 수가 없었다.

"내 조심히 운전할 테니 그냥 오늘 가는 게 좋겠어."

고재룡은 한 걸음 한 걸음 걸음마 하듯 조심히 운전했다. 혹시라도 작은 사고라도 나면 안 됐다. 비록 중고차이기는 하나 형님에겐 처음

갖는 첫 차이기 때문이다. 그렇게 해서 그날 밤 차는 무사히 광주 집에 도착했다. 예상대로 장두석과 김동례는 늦은 시간까지 자지 않고 기다리고 있었다.

그때부터 고재룡은 차를 운전하며 장두석과 함께 여러 지역을 다녔다. 같이 다니면서 그동안 보아온 형님 장두석과는 또 다른 면들을 보게 되었다. 집안에선 대체적으로 무뚝뚝하다. 살갑지는 않더라도 조금이라도 다정한 모습을 보지 못했다. 그런데 환자들을 대할 땐 달랐다. 물론 엄하게 호통을 치기도 하지만 돈이 없는 환자들에겐 치료비를 안 받기도 하고, 밥 한끼나 술 한잔 대접받는 걸로 대신하기도 했다.

교육과정을 지켜보면서 자연건강법에 매료된 고재룡은 자신도 실천해보려고 노력을 많이 했다. 몸이 좋아지는 것도 느끼고 정신적인 수련도 되어 좋았다. 형님의 거친 성격을 맞추며 하는 기사 일은 좀 버거웠지만 자연건강법의 매력은 버틸 수 있는 힘을 주었다.

내 사람이다 싶으면 거침없이 말을 내뱉는 장두석이다. 고재룡이 매제라고 해서 특별대우는 없다. 그럴 때마다 고재룡은 속이 상했지만 큰 마찰이 있지는 않았다. 나이 차가 별로 나지 않는 형님 매제지간이라 그래도 조금씩은 서로 조심하는 면이 있었다. 그렇게 맞춰가며 함께 다니다가 2년 가까이 되어갈 쯤 개인적으로 할 일이 생긴 고재룡은 운전 일을 그만 두었다.

운전을 맡던 고재룡이 막상 그만 두니 장두석은 난감했다. 하루라도 빨리 기사를 구해야 했다. 하지만 월급을 많이 주는 것도 아니고, 자신의 성격을 맞춰가며 함께 다닐 사람을 찾기가 쉽지 않았다.

"제발 성질 좀 죽여요. 안 그럼 누가 오래 붙어 있질 못하제라. 사람

구하기도 힘든다…."

　아내 김동례는 옆에서 일을 도왔던 사람들이 그만 둘 때마다 걱정이 됐다. 그만 두는 이유가 개인 사정이라지만 남편의 거친 말투와 고집불통 성격도 한몫 할 거라 생각했다. 굳이 말하지 않아도, 직접 보지 않아도 능히 짐작할 수 있는 일이다. 한숨 섞인 아내의 타박이 날아올 때면 장두석은 못마땅한 표정으로 헛기침만 해댔다.

　우여곡절 끝에 지인으로부터 김덕규를 소개받았다. 김덕규는 계림파출소 앞 조내과에서 몇 년 간 운전을 맡아 했었다.

　"아픈 사람들 치료하기 위해 여러 곳을 다녀야 하는 분이니 잘 좀 모셔주게나."

　장두석은 운전 경력이 있고 성실하게 보이는 김덕규가 마음에 들었다.

　김덕규는 운전을 하면서 적잖이 놀랐다. 광주 안에서 여기저기 다니며 교육하는 것만으로도 활동반경이 넓다고 생각했는데 그건 아무것도 아니었다. 진주, 마산, 창원, 대구, 울산, 경주, 서울 등 전국 어디든 안 다니는 데가 없었다. 그 왕성한 활동력에 속으로 감탄했다. 어느 곳을 가든 선생님을 반기는 사람들이 많았다. 특히 서울에 가면 식당을 하는 강순남에게 찾아갔다. 교육생이던 강순남은 직접 담근 동동주를 내며 늘 극진히 대접했다.

　김덕규는 장두석과 함께 다니며 여러 계층과 다양한 직업의 사람들도 만나며 그동안 보고 듣지 못했던 것들을 많이 접했다. 새로운 경험들이었다. 특히 환우를 대하는 장두석의 모습을 옆에서 지켜보면서 그 능력이 대단하다고 느꼈다. 환우들 맥만 짚고도 몸 어디가 어떻게 안 좋은지를 다 말했다. 그러면 진료를 받던 환우들은 놀라는 눈치고 어떻게 알았냐는 표정이다. 개인적 생활식습관까지 알아맞히며 병명을 얘기하니 놀란 것이다.

그러다보니 장두석은 어딜 가나 대우를 받았다. 표정이 매섭고 거칠고 쓴소리를 잘 하지만 자연건강법이 자기 몸에 맞아 효과를 보는 사람들에게는 대단한 분이었다.

전북 익산 나바위성지에 갔을 때다. 몸이 안 좋은 범석규 신부를 만나 자연건강법을 지도했다. 교육을 받은 신부는 건강이 많이 좋아졌다. 그렇게 자연건강법으로 효과를 본 신부는 신자들에게도 교육을 받게 하고 싶었다.

"장 선생님, 우리 성당 신도 분들께 이 교육을 받게 하고 싶습니다. 이리 좋은 건 함께 나눠야지요."

장두석은 조금 난감했다. 여러 사람이 교육을 받기엔 장소가 마땅치 않았기 때문이다. 신부님이야 혼자니까 사저에서 받아도 되지만 신도들까지 그럴 수는 없었다.

"저야 좋지만 여러 사람이 교육을 받자면 장소가 마련돼야 하는데요."
"그건 걱정 마세요. 제가 만들어보겠습니다."

범석규 신부는 성당을 교육 받을 수 있는 구조로 개조했다. 성당을 개조해 교육장으로 쓸 수 없다고 반발하는 신도들도 있었다. 하지만 몸과 마음을 살리는 일이라 믿은 신부는 뜻을 굽히지 않고 진행했다. 그렇게 해서 나바위성지에서 실시된 몇 번의 교육프로그램은 짧게는 2주, 길게는 한 달 정도로 진행됐다. 신부는 그만큼 장두석의 자연건강법에 대한 신뢰가 컸다.

이런 장두석을 지켜보면서 김덕규도 인스턴트를 끊고 자연식으로 먹으며 생활습관을 고쳐나갔다. 아이들도 그렇게 하도록 관리를 했다. 한번은 밖에 나갔다가 집에 들어가니 아이들이 먹던 걸 얼른 감췄다. 하지만 먹고 있던 라면 냄새가 진동하는 건 어쩌지 못했다. 그런 아이들 모습을 보면서 내가 너무 심했나, 하는 마음도 들었다. 하지만 이런 식습관을 길러준 걸 언젠가는 고맙게 여기리라 믿고 흔들리는 마음을 다잡았다.

장두석과 함께 다니며 많은 사람들을 만나고 다양한 경험들을 하는 게 좋았던 김덕규는 차츰 불편함을 느꼈다. 장두석의 거친 말과 상대방을 배려하지 않는 고집이 문제였다. 그 중심엔 약주를 좋아하는 장두석의 술에 대한 격한 사랑이 자리잡고 있었다. 어딜 가서 자리를 펴고 술자리를 시작하면 해가 지고 날이 새도 끝을 낼 줄 몰랐다.

한번은 지학순 주교님이 작고하시기 전 건강이 안 좋아져 원주에서 휴양하고 있을 때다. 찾아온 장두석을 반기며 주교님이 술 한 병을 가져왔다.

"내 이건 아껴두고 있던 술인데 멀리서 와주었으니 주는 겁니다."

그런 술을 장두석이 광주까지 고이 가져올 리 없다. 뚜껑을 따서 한번 마시면 끝을 봐야 한다는 걸 아는 김덕규는 불안불안 했다. 장두석은 결국 거기서 다 마시고 나서야 차에 탔다.

또 한번은 임동규, 기세문, 김한철 등 좋아하는 지인들과 무등산 계곡에 앉아 술을 드시기 시작했는데 날이 저물어도 일어날 기색이 없다. 약속이 있어 내심 안달복달하는데 먼저 가란 말도 없다. 그런다고 먼저 내려가겠다는 말도 못했다.

사생활이 제대로 안 되는 상황이 계속되자 김덕규의 불만은 점점 커져갔다. 내색을 하지 못했던 그가 도저히 참지 못하고 터트린 적도 두어 번이다. 생활의학으로 사람을 치료하는 일은 누구나 쉽게 따라 할 수 있는 일이 아닌데, 그런 훌륭한 일을 하는 분이 독단적인 성격을 조금만 내려놓는다면 좋겠다는 생각을 하면서.

그럼에도 김덕규는 장두석과 숱한 우여곡절을 겪으며 함께 지내온 터라 야속한 만큼 돈독한 정도 들었다. 죽음의 문턱까지 같이 갔다 왔을 때는 보이지 않는 끈끈한 마음까지 느꼈다.

창원을 갔다 오다가 큰 사고가 났었다. 대형 화물차가 떨어뜨리고 간 타이어가 갑자기 중앙에 나타났다. 순간 그 타이어를 어쩌지 못하고 그대로 치니 차는 공중으로 떴다가 한쪽으로 꺾여나갔다. 그러더니 이내 차가 쏠려 나가고 마는데, 그 순간 김덕규가 재빨리 멈추게 해 한쪽에 세울 수 있었다.

아찔한 순간이었다. 김덕규는 얼른 선생님을 살폈다. 천만다행으로 무사했다. 순식간에 벌어진 일이라 정신없던 장두석은 간신히 정신을 차렸다. 조금 진정이 되자 지나가는 차를 잡기 위해 차에서 내렸다. 다음 날 교육이 있어 서울로 올라가야 했다. 그러려면 견인차를 불러 차를 빨리 정비해야했던 것이다.

"선생님, 지금 많이 놀라셨는데 교육을 미루시면 안 되겠습니까?"
"무슨 소리여. 난 괜찮으니 걱정 말게."

장두석은 김덕규의 만류에도 기어이 차를 잡아 진주로 가서 견인차를 확보해왔다. 그런데 여러 가지 방법으로 시도했으나 결국 견인하지 못했다. 김덕규는 할 수 없이 망가진 차를 조심히 몰고 근처 서비

스센터로 찾아갔다. 하지만 고치는 데 시간이 많이 걸렸다. 서울 교육 시간까지 맞추는 건 역부족이었다. 결국 서울 교육은 다른 차를 타고 갔다.

교육을 마치고 돌아온 장두석은 김덕규를 불러 말했다.

"자네가 운전을 잘 해서 그때 무사할 수 있었네. 하마터면 큰일날 뻔 했어."

선생님에게 듣는 이런 표현은 조금 낯설지만, 김덕규는 기분이 좋았다. 그동안 서운하고 속상했던 마음을 조금 보상 받는 느낌이 들었다.

어느 정도 선생님의 성격에 익숙해져 잘 적응해 나가던 김덕규는 결국 기사를 그만 뒀다. 원래 꿈은 개인택시 운전인데 승용차만 몰아서는 자격이 안 되었던 것이다. 택시나 사업용을 해야 개인택시를 할 수 있었다. 그래서 고민 끝에 그만두기로 했다. 운전기사를 한 지 5년쯤 되었을 때다.

장두석은 무척 서운해 했다.

장두석의 손발이 되어 같이 달려준 사람은 그 뒤로도 이어졌다. 여러 가지 여건을 고려할 때 친척 중에 도와줄 사람을 찾을 수밖에 없었다. 외가 아우인 김종은 김덕규 뒤를 이어 5년 정도 운전을 했고, 처제 아들인 안판수도 3년 넘게 했다. 그리고 마지막 운전기사는 김재열이다. 마땅한 사람을 찾던 차에 군대를 제대하고 온 조카손주에게 김동례가 부탁했다.

"기사를 구하던 참인데 별 일 없으믄 선생님 좀 모셔라."

그냥 집에서 지내고 있던 김재열은 고모할머니의 제안을 받고 그러겠다고 했다. 그렇게 해서 2002년도 2월부터 장두석 운전기사로 일했고, 어쩌다보니 비서 역할까지 하게 됐다. 운전도 하고 홈페이지도 관리하고 한민연 세무 일도 보고 법인 일도 봐야 했다. 그렇다고 월급을 그만큼 더 받는 건 아니었다.

"애가 셋이라 이 월급 가지고는 살아갈 수 없으니 다른 일을 찾아보려 합니다."

기회가 될 때마다 김재열은 장두석에게 얘기를 했다. 하지만 장두석은 들을 때마다 아무 말도 못했다. 미안하지만 그대로 옆에 있어주길 바랐다. 그러면서도 장두석은 조금의 실수도 용납하지 않았다. 운전하다 길을 잘못 들면 바로 지적하며 혼냈다. 그럴 때면 김재열은 많이 속상했다. 내비게이션도 없던 때라 초행길이 아니더라도 여차하면 길을 잘못 들기 일쑤다. 더군다나 국도는 더 그랬다. 새벽부터 출발해 가는데 길 한번 잘못 들었다고 바로 호통을 치니 무안함과 섭섭함이 이루 말할 수 없다.

그런데 기분이 나빠진 와중에도 김재열은 신기했다. 시력도 안 좋아 주변 파악이 잘 안 될 텐데도 장두석은 어떻게 아는지 살짝만 돌아가도 바로 알아차렸다. 몸의 감각이 그렇게 탁월하니 진맥만으로도 병명을 잘 알아맞히나 싶었다.

교육을 마치고 돌아올 때는 그냥 오는 법이 없다. 내려오는 길에 아는 분이 생각나면 대책 없이 차를 돌린다. 새벽 두 시고 세 시고 상관 안 한다. 난처해하는 사람들 상황은 아랑곳않고 눌러앉아 술자리를 만든다. 그런 연유로 김재열의 개인 스케줄은 늘 엉망이 된다. 정말 중요한 약속이 틀어졌을 때는 다시는 안 볼 작정을 해보지만 맘대로 되지 않는다. 모질지 못한 면도 있지만 옆에서 일을 도와드리면서 자기를 정말로 필요로 한다는 걸 알고 있기 때문이다.

그렇게 서운해 하면서도 김재열은 장두석의 일에 대한 열정과 환자들을 대하는 그 진정성만큼은 대단하다고 느꼈다.

한번은 경기도 노동조합 수련회에서 단식프로그램을 하고 있을 때다. 서울에서 레슬링 선수 김일의 비서가 장두석을 급하게 모시러 왔다. 가서 보니 김일이 쓰러져 있었다. 위급한 상황이었다. 먼저 관장을 도맡아 하는 김재열이 옷을 벗기고 튜브를 삽입하고 관장을 하는데 워낙 몸집이 큰 분이라 좀 당황했다.

그러자 장두석이 직접 나서서 빠르고 정확하게 진행했다. 주위 사람들도 놀란 표정으로 지켜보았다.

또 한번은 경남 교육장에서 교육을 하고 있을 때다. 암에 걸린 이태석 신부가 찾아와 함께 교육을 받았다. 10일 교육이 끝나자 이태석 신부는 장두석에게 존경의 뜻을 표했다. 그때 김재열은 대단하신 분이 그런 모습을 보이자 의아했다.

교육 기간 동안 장두석은 뭔가 눈에 거슬리는 게 보이면 다짜고짜 욕을 해대며 호통을 쳤다. 모자를 쓰고 있어도, 뭔가 자세가 조금만 흐트러져도 그냥 넘어가질 않았다. 그야말로 욕쟁이 할아버지였다. 그런 걸 다 봤을 텐데도 그렇게 대하는 모습을 보니 많은 생각이 들었다.

'우리가 쉽게 못 보는 선생님의 내면 깊은 부분까지 저 신부님은 보신 건가?'

병이 낫고 안 낫고를 떠나 마음으로 인정한다는 건 환자를 대하는 장두석의 진정성을 들여다본 것이라는 생각이 들었다.

"병은 스스로 변하지 않으믄 절대 나을 수 없어. 먼저 습관이 변하고 생활이 변하고 마음가짐이 변해야 하는 것이여. 난 교육 프로그램을 통해 딴 거보다는 그걸 하고 싶은 거여."

김재열은 늘 같이 다니기 때문에 장두석의 이 말을 수도 없이 들었다. 좋은 말이기는 하지만 십여 일 교육 받는다고 그게 그리 쉽게 될까, 하는 마음이 들었다. 그런데 그게 되는 걸 목격했다.

광주 광산구 유스호스텔에서 10박11일 프로그램이 끝나고 그곳 마당에서 불놀이를 할 때다. 프로그램이 끝날 때마다 항상 불놀이를 한다. 불놀이는 병든 자신의 육체를 태우고 새로운 육신으로 다시 태어남을 의미하는 풍습이다. 그래서 그걸 꼭 프로그램 마지막 순서에 넣는다. 그 시간이 되면 모두들 좋아하며 축제의 분위기가 된다. 활활 타오르는 불을 넘으며 자신의 소망을 빌고 새롭게 시작하는 마음을 다잡는다.

그때 김재열은 봤다. 시한부 선고를 받고 교육에 참여한 환자가 있었다. 마지막 교육 날 그분의 얼굴이 너무 평온했다. 그분은 주위에서 하는 말들을 흐뭇한 표정으로 듣다가 조용히 숨을 거두었다. 곧바로 구급차가 왔고 실려 갔는데, 다음 날 가족이 찾아왔다.

"마음 편하게 가실 수 있게 해주셔서 너무 감사합니다."

장두석은 자연건강 프로그램이 자기를 변화시키는 전환점이 되게 했다. 자연을 거스르지 않고 살아가는 생활에 대해 무한 강조를 하며 마음을 다스리게 만들었다. 일 년에 네 번 프로그램을 진행했는데 많은 사람들이 그런 변화를 보였다. 그러니 야단을 맞고도 끝까지 남아 있는 거라고 김재열은 생각했다.

장두석은 뭔가를 배우려고 맘먹으면 하루 24시간 꼼짝 않고 배운

다. 그러고는 그 다음 날 중요한 요점만 잡아서는 자기 걸로 만들어 말한다. 그런 부분은 탁월하다. 김재열에겐 따로 프로그램을 받지 않아도 선생님과 같이 다니면서 듣고 배우고 체험하는 그 삶 자체가 교육이었다.

마음속으로 수십 번 떠났다 돌아오기를 반복하던 김재열은 그렇게 13년을 버텼다.

소중하고 따뜻한 인연

"선생님, 저 이번 교육을 받으면 다섯 번짼데 교육비 안 내면 안 돼요?"
"그래라."

교육생 김용이는 깜짝 놀랐다. 그동안 네 번째까지 받을 동안 십 원도 안 깎아줘 내심 서운했다. 그래서 이번에는 몇 번 망설이다가 용기를 내서 말했다. 몸을 위해서 계속 받긴 받아야 하는데 비용이 부담스러웠다. 그런데 대뜸 그러라고 하니 너무 감사하면서도 죄송했다.

김용이는 서울에서 장사를 하다 쓰러져 수술을 두 번이나 받았는데 재발이 됐다. 그래서 다시 수술 날을 받아놓고 기다리다 시누이로부터 자연요법 치료를 하는 장두석을 소개받았다. 병원에서도 못 고치는 병을 민간요법으로 되겠나 싶어 처음엔 귀담아 듣지 않았다. 그런데 계속 가보자고 연락이 오자, 한번 가보자 하는 생각이 들었다. 그래서 수술을 포기하고 광주로 내려와 교육을 받았다.

그때가 추석 일주일 전이라 진찰만 받고 올라가려던 김용이는 이왕 어렵게 내려왔으니 교육까지 받고 싶어 눌러앉았다. 병원에서 포기한 상태라 뭐라도 잡고 싶은 심정이 들어 사정했다.

"선생님도 명절을 쇠셔야 하는데 정말 죄송해요. 그런데 지금 올라가면 다시 내려오기 힘들 수도 있다는 생각이 들어요."

장두석은 추석을 포기하고 치료를 계속 받고자 하는 김용이와 충남과 서울에서 온 두 사람을 있게 하며 교육을 받게 했다. 김용이는 시키는 대로 하며 열심히 교육을 받았다. 그 후 조금씩 몸 상태가 호전되어 가자 김용이는 먼 거리를 마다 않고 교육을 계속 받으러 왔고, 다섯 번째가 된 것이다.

김용이는 감사한 마음에 1992년부터 장두석을 따라다니며 일을 도왔다. 식사를 챙겨드리고 환자들 관장을 시키고 처방전이 내려지면 적어서 환자들에게 전해 주었다. 그렇게 전국 어디든 함께 다니며 수간호사처럼 도왔다. 서울에서 교육을 할 땐 집으로 모셨다. 진찰 받으러 오는 사람들이 마루에 꽉 찰 정도다. 방송국에서 촬영을 해가기도 할 만큼 인기가 좋았다.

김용이는 그렇게 장두석 옆에서 '양현당'이 세워지기 전까지 십몇 년을 함께 하며 교육활동을 도왔다. 시력이 안 좋았던 장두석은 곁에서 일을 봐준 김용이가 고마웠고 많은 힘이 됐다. 그러나 워낙 표현이 없는 장두석인지라 그때마다 마음을 드러내지는 못했다. 도리어 어쩔 때는 성에 안 찬 부분들을 들춰내며 타박을 했다.

"컴퓨터 좀 배워놓제."

"운전 배워놨음 좋았잖어. 할 줄 아는 게 뭐여."

장두석은 하나가 성에 안 차면 세 개 네 개의 타박을 내놓았다. 그러면 김용이는 서운해서 서럽기까지 했다. 그러면서 자신을 돌아보게 되었고 학교에 대한 미련과 못 배운 것들이 참 많다는 아쉬움이 마음 가득 차올랐다. 김용이는 이런 자기의 마음을 장두석을 통해 알고 지내던 송준석 교수에게 털어놓았다.

"학교를 다시 다녀보세요. 배움에는 때가 없어요. 그냥 하고 싶을 때 시작하면 되는 거죠."

결국 김용이는 그의 권유에 용기를 내 62세에 중학교를 들어갔고 고등학교와 대학교 사회복지과까지 나오게 되었다. 이런 날이 올 거라고는 꿈도 못 꿨다. 그동안 살아온 길이 파노라마로 펼쳐졌다. 시한부 선고를 받고 하루하루 살아가던 순간, 마지막 지푸라기 잡는 심정으로 장두석 선생님을 만나러 가던 순간, 힘들게 다니며 건강교육을 받고 조금씩 나아짐을 느끼던 순간 그리고 배움의 걸음을 막 떼던 순간 등이 영화필름처럼 눈앞에서 펼쳐졌다.

"그런 타박들이 나를 배움의 길로 가게 만든 거 같아. 그래서 지금의 난 장두석 선생님 덕분이라고 할 수 있제."

김용이는 대학을 졸업하면서 감격에 찬 표정으로 말했다. 제2의 인생이 펼쳐지는 순간이었다.

장두석에겐 이렇게 함께 하며 수족처럼 일을 봐주는 사람이 필요했고, 여러 사람들이 거쳐 갔다. 그런데 다른 사정도 있었지만 워낙 성격이 까다로워 오래 있지 못한 경우들도 많았다. 모시며 하는 일이 의미도 있고 배우는 것도 있었지만 괴팍한 성격을 맞추는 게 쉬운 일이 아니었다.

장두석과의 인연을 내내 따뜻한 아궁이로 간직하는 최미화 수녀가 있다.

"부르셨어요?"

"네 기도가 필요하다."

부름을 받고 2층 교육장으로 올라온 최미화 수녀는 어리둥절한 표정으로 장두석을 봤다.

최미화 수녀는 장두석의 아들 영철의 친구다. 1986년 광주 맹인선교회 사무장으로 근무할 때 장영철을 만나 친구가 됐고 집으로 놀러가 장두석을 처음 만났다. 친구 아버지니 아버님이라 부르며 따랐다. 다정한 말을 해준다거나 아들 친구라고 챙겨주는 살뜰한 면은 없었다. 하지만 무뚝뚝함 속에서도 왠지 정이 느껴졌다. 그래서 잘 따랐고 자주는 못 갔지만 기회 될 때마다 놀러갔다. 그러다가 친구 아버지가 아닌 환자를 돌보는 장두석의 면모를 가까이서 살피게 된 계기가 생겼다.

나바위 분당 수녀로 있을 때다. 어머니가 간암 판정을 받아 수술을 고민하다 자연건강법을 하고 있는 친구 아버지, 장두석에게 상의를 했다.

"어머니를 모시고 와라."

그때 마침 최미화 수녀는 분당 1층 교육센터에서 일을 하고 있었고, 2층에서는 장두석의 교육이 10일간 이뤄지고 있었다. 최미화 수녀는 어머니를 모셔 왔고 일을 하다 시간이 날 때마다 2층 교육장으로 갔다. 어머니가 교육을 받고 있으니 계속 신경이 쓰인 것이다.

장두석은 교육이 끝나면 개인 진단을 했다. 그날도 교육을 끝내고 어떤 분을 진단하다 최미화 수녀를 찾았다. 부름을 받고 2층으로 올라온 최미화 수녀는 갑자기 기도가 필요하다는 말을 들었다.

"왜 그러시죠?"

"치료를 할 수 없는 경계까지 가신 분이 있다. 그분을 위해 기도를 해줘야겠다. 그런데 그분이 모르게 기도를 해라."

장두석의 말을 들은 최미화 수녀는 순간 마음이 찡하니 울려왔다. 희망이 없는 사람들의 아픔을 함께 하고, 특별한 애정을 가진다는 게 쉬운 일이 아니란 걸 알고 있다. 그들의 원하는 마음을 자신에게 부탁하는 거라 생각한 최미화 수녀는 마음을 다해 기도했다. 그러면서 단순히 치료만 하는 게 아니라 환자의 마음까지 살핀다는 걸 진심으로 느꼈다.

최미화 수녀는 수시로 교육과정을 지켜보며 장두석만이 가지고 있는 환자치료법을 알게 됐다.

한번은 젊은 사람이 왔는데 진단을 하다가 장두석이 갑자기 뒷목을 쳤다. 맞는 사람도 보는 사람들도 다 놀랐다.

"커피를 왜 많이 마시나! 커피 끊어라!"

커피를 많이 마셔 나타난 증상이라는 것이다. 장두석의 말에 깜짝 놀란 젊은이는 아무 말도 못했다. 알고 보니 정말 하루에 커피를 엄청 마신다고 했다.

직접 말을 듣지 않은 이상 쉽게 단정할 수 없는 게 진단이다. 그런데 장두석은 늘 확신을 가지고 말했다. 그게 맞다 하더라도 꼭 저렇게 과격하게 해야 하나, 못마땅해 하는 사람들도 있었다. 하지만 최미화 수녀는 나름 이해할 수 있었다. 장두석은 진맥을 하든 치료를 하든 확신을 가지고 하기 때문에 말과 행동이 강했던 것이다. 그런 부분이 누구에게는 불편할 수 있지만 말이다.

또 한번은 자연식으로 치료받기 위해 환자들이 찾아오는데 자가용위 받침대에 링거를 꽂고 왔다.

"나를 믿었으면 나을 거라는 희망을 가지고 와라. 결단을 가지고 와라."

장두석은 꽂고 온 링거를 다 빼게 하고 먹던 약도 버리게 했다. 스스로 고치려는 의지와 나을 수 있을 거란 확신을 가지고 교육에 임하게 했다. 나중에 2층에 가보면 모두가 다 링거를 빼고 있고 약도 버린 상태다. 삶의 마지막에 선 사람들은 장두석의 확신에 몸을 맡긴 것이다.

"어머니는 안 버리셨어요?"

교육받고 있던 최미화 수녀 어머니는 차마 약을 버리지 못했다. 삼촌들이 비싼 한약을 지어준 거라 아까워서 나중에 먹으려고 남겨두었다. 어머니는 약을 내밀며 냉장고에 넣어두면 집에 갈 때 가져갈 거라고 했다. 그래서 결국 가져갔지만 먹지 않고 버렸다. 먹을 필요가 없었다. 병이 나았고 생식에 길들여진 몸이 들어오길 거부했다. 장두석의 자연건강법은 병 치료뿐만 아니라 생활습관까지 바꾸게 했다.

최미화 수녀는 장두석의 건강치료법을 신뢰했고 여러 사람들에게 소개했다.

어느 날 아버지가 암 선고를 받은 지인 수녀가 최미화 수녀에게 연락을 해왔다. 자기도 편찮은 아버지를 장두석 선생님께 교육 받게 하고 싶다는 거였다. 그래서 최미화 수녀는 전화를 해 진맥을 원했고 장두석은 쾌히 승낙했다.

"새벽에 모시고 와라. 그때가 가장 기가 좋을 때여."

최미화 수녀는 처음엔 새벽에 오란 말에 당황했다. 그런데 그 이유가 하루 중 기가 가장 좋아 진맥을 더 잘 할 수 있기 때문이었다. 본인 편한 시간에 오라는 것이 아니라 정말 맑은 정신으로 제대로 보기 위함이었다.

지인 아버지는 이미 몸 여기저기에 암이 퍼질 대로 퍼져 손쓰기 힘들었다.

"수술하고 항암하면 정신은 죽어 있고 몸만 살아 숨 쉴 뿐이어서 그 고통은 이루 말할 수 없을 거여. 그쪽에 있는 생활관에 들어가서 가시는 날까지 좀 더 맑은 정신으로 편하게 계시다 가는 게 좋을 건디. 그래도 결정은 본인들이 하게 해야제."

최미화는 선생님의 의견을 지인 가족에게 전했고 결국 그렇게 했다. 병들어 고통 받는 이들을 치료하기 위한 일에는 팔을 걷어붙이고, 죽음 앞에서도 삶의 질을 염려하는 선생님의 배려가 최미화 수녀는 내내 마음에 남는다.

그 후 발령을 받아 다른 곳으로 자리를 옮긴 최미화 수녀는 선생님을 자주 볼 수 없었다. 그래도 늘 따뜻하고 소중한 인연으로, 아버지 같은 존재로 생각하며 안부 연락을 드렸다.

장두석은 글 작업을 많이 했다. 강연을 자주 하니 원고를 만들어야 하고 어디에 글을 보내주는 일도 많았다. 그래서 그걸 도와서 해줄 사람이 늘 필요했다. 여러 사람들이 조금씩 도와줬지만 장두석은 전폭적으로 함께 해줄 누군가가 필요했다. 그래서 누가 글을 잘 쓸 것 같으면 기회를 놓치지 않았다.

"자네, 나 좀 도와주게."

장두석은 사회운동을 했고 글을 어느 정도 써내는 김동성에게 부탁했다.

김동성은 아내가 우울증에 걸려 고민하던 중 누군가의 소개로 장두석을 알게 됐다. 소개를 받고 보니 결혼선물로 후배에게 받은 책인 《민족생활의학》의 저자였다. 김동성은 그때서야 그 책을 다 읽어보고는 운명이라 생각했다. 거기에 나온 자연건강법은 아내뿐만 아니라 아토피를 앓고 있던 아들에게도 필요했다. 처음엔 아내가 반대를 했다. 장두석에 대한 불신 때문이다.

"곧 나을 거여. 고생 없이 얻어지는 건 없으니께. 고생 안 해본 사람은 마을 이장도 못 한다니깐. 꼭 나을 거니까 한번 따라와 봐."

장두석은 계속 희망을 불어넣어 주었다. 보통의 장두석이라면 하려고 하지 않는 사람은 뒤도 안 돌아보는데 곁에서 지극정성으로 아내를 챙기는 김동성을 위한 일이었다.

"아내가 아프니 따뜻한 밥 한 그릇 제대로 못 얻어먹었겠네."

장두석은 김동성이 짠했다. 아버지 농사일 돌봐야지 아픈 아내 챙겨야지 생활비 벌어야지 정신없이 하는 그를 보며 어떻게 해서든 아내의 상태를 나아지게 해주고 싶었다.

2009년 담양으로 이사 간 김동성에게 11월 어느 쌀쌀한 날 장두석이 찾아갔다. 술상은 자동 순서다. 갑자기 찾아온 손님이지만 김동성은 술상 차리는 게 부담이 안 됐다. 장두석은 엄한 인상에 비해 굉장히 소박했다. 막걸리에 김치 하나면 됐다.

"사람은 자고로 흥을 즐길 줄 알아야 혀. 그래야 몸도 흥을 내서 기운을 내는 거여."

장두석은 그렇게 말하면서 가지고 온 장구를 치며 노래를 불렀다.

도라지이 도라지이 백~도라아지
시임심 산천에 백도라지
한두우 뿌리마안 캐~~어~도

김동성은 선생님의 노래를 듣다가 깜짝 놀랐다. 평소와는 다른 아내의 표정을 본 것이다. 뭔가 편해 보이고 좋아보였다. 흥을 조금씩 느끼기도 했다. 나중에는 '소양강 처녀'로 답가도 했다. 늘 우울해 하던 아내에게는 획기적인 변화였다. 그 후로 아내는 무슨 일을 하다가도 노랫가락을 흥얼거렸다. 김동성은 그런 아내를 보며 생활환경에 억눌려 늘 체한 상태로 있었던 가슴 한복판이 뻥 뚫린 느낌을 받았다.

김동성은 장두석에게 감사했고 기꺼이 바쁜 시간을 쪼개어 도와드렸다. 건강에 대한 글이나 시국이나 사회문제에 대한 총체적인 글들을 도맡아 썼다. 받아 적기도 하고 글을 써 보여드려 수정해 주면 다시 정리해 최종적인 글을 만들었다.

"지금 와야 쓰겄네."

종종 부르면 일정을 제쳐두고 갔다. 어쩔 땐 술 마시고 싶어 일 핑계를 대고 부를 때도 있다. 알기도 하고 속기도 하고….

워라 욕먹어도 그 마음을 알제라

장두석은 정규 민족생활학교를 개설해 꾸준히 이어오면서 수많은 교육생들을 만났다. 전 지역에 생활관을 37개소나 두었으니 교육생들의 수가 어느 정도였는지는 가히 짐작된다. 그 많은 교육생과 만나고 헤어지는 과정을 거치면서 장두석은 반가움과 아쉬움에 길들여져 갔다. 그런 속에서도 거칠고 메마른 말투는 여전했다.

통박을 받고 욕을 얻어 들으면서도 장두석 곁을 떠나지 않은 사람들이 있다. 그 중 초창기 교육생인 박춘자, 정미경, 이은정이 있다. 이들은 함께 극복해나간 시절을 공유하며 서로 연락하며 지내다 종종 장두석을 찾아온다.

1987년, 46세이던 박춘자는 뇌졸중 환자였다. 치료의 가망이 점점 사그라지던 어느 날 아는 언니가 연락을 해왔다.

"오늘 장두석 선생님 강의를 들었는데 암도 치료하신 분이란다. 그분 말씀을 듣고 나니 네가 단식을 한번 해보면 좋겠다는 생각이 들었어."

"굶는다고 병이 나을까요?"

"그냥 굶는 게 아니야. 그러지 말고 다음에 오시면 같이 한번 들어보자."

그렇게 해서 강의하러 다시 온 장두석을 만났고, 강의를 듣고 난 후에는 광주로 가서 제대로 교육 받아보고 싶어졌다. 그냥 강의만 듣고 하는 간단한 방법이 아니라는 걸 느꼈다. 그래서 그 길로 광주로 가 광주적십자회관에서 교육을 받았다. 생각대로 단식은 그냥 굶는 것이 아니었다. 염분, 수분, 3대 비타민을 섭취하며 몸 내장 전체를 청소하는 단식법이었다. 한마디로 체질을 바꾸는 과정이었다.

어느 날 장대비가 쉴 새 없이 쏟아졌다. 그러자 교육중이던 장두석은 발을 동동 구르며 말했다.

"얼른 가서 삽이든 뭐든 가져와 봐!"

서둘러 가져다준 삽으로 장두석은 불어난 물이 빠져나가도록 정신없이 삽질을 했다. 그렇게 회관 앞에 도랑이 만들어졌다. 휩쓸려 쌓인 흙과 쓰레기를 걷어내자 물이 시원하게 빠져나갔다. 진흙탕이던 물도 맑아졌다. 그때서야 숨을 내쉬던 장두석은 말했다.

"도랑물이 맑아야 하듯 우리 혈관도 맑아야 혀. 그니까 치료 이전에 깨끗하게 비워내 체질을 바꿔줘야 하는 것이여."

장두석은 그렇게 단식의 중요성을 강조했다. 그때 교육생들은 체질개선의 의미와 중요성을 더욱 깨닫게 되었다. 살아가는 생활 속에서 적절한 비유를 찾아내 강의하니 귀에 쏙쏙 들어왔다.

기관지 천식을 오랫동안 앓은 정미경은 작은 병원부터 큰 병원까지 다 다녀봤지만 어디서도 안 받아줬다. 가망이 없다는 것이다. 주사를 맞다가 잘못될 수도 있다며 그냥 집으로 돌아가라고 했다.

크게 낙심하며 하루하루를 보내고 있었다. 누가 집으로 찾아오지도 않았다. 찾아가면 환자의 산소를 빼앗는 꼴이 되기 때문이다. 그러던 어느 날 성당에 다니는 자매님이 연락을 해왔다.

"광주에 가서 단식교육을 한번 받아 봐요. 암 환자도 낫는다고 하는데…. 뭐든 해봐야 하지 않겠어요?"

그때 정미경은 아이들이 중학생, 고등학생이고 방학이라 하루 종일 같이 있어야 했다. 힘들어하는 엄마 때문에 아이들이 공부도 제대로 못하는 게 마음에 걸렸다. 그래서 병을 고치겠다는 절실한 마음보다는 애들에게 자유로운 환경을 단 10일이라도 주고 싶은 마음에 광주로 향했다.

친구랑 같이 가서 말로만 듣던 장두석을 만났다. 매섭지만 강직하게 보였고 완고하지만 소신 있는 인상이었다. 결코 따뜻한 느낌은 아니었지만 사람을 끌어당기는 무언가가 느껴졌다. 하지만 다가서기는 어려운 분위기였다. 저런 사람에게 어떻게 진찰을 받을까 내심 걱정이 되었다. 그렇지만 더 이상 갈 곳이 없는 처지라 자리에 앉아 순서를 기다렸다. 모시 한복에 뒷짐 지고 서 있던 장두석은 순서를 기다리고 있는 정미경을 보더니 옆에서 일을 도와주고 있던 조카 장영래에게 말했다.

"영래야, 저기 맨 뒤에 통통하니 파란 티셔츠 입은 아주머니는 접수 받지 말고 그냥 돌려보내라."

그 소리에 앉아 있던 정미경은 뒤돌아보았다. 아무도 없었다. 자기를 보고 한 말이라 생각하니 억장이 무너졌다. 병원에서도 가망 없다고 안 받아줬는데 풀, 물, 소금만 먹인다는 이곳에서도 자기를 돌려보내려 하니 쓰디 쓴 절망감이 밀려왔다. 기분 같아선 다 포기하고 그대로 일어나 돌아가고 싶었으나 그럴 수 없었다. 집에 있는 애들이 걸렸다. 오기도 났다.

"선생님, 접수나 받고 몸 상태라도 봐야 하지 않나요? 여기까지 왔는데 그냥 가라는 법이 어딨습니까."

사무실 문을 향해 정미경은 울먹이며 말했다. 진찰도 해보지 않고 매몰차게 말하는 장두석이 원망스러웠다. 하지만 장두석은 아무 말이 없었고 접수를 보던 장영래는 어찌하지 못하고 있었다. 그때 보다 못한 친구가 사무실로 들어가 장두석에게 말했다.

"제가 약사입니다. 만약에 위급상황이 생긴다면 제가 바로 응급처치 하겠습니다. 혹시 안 좋은 일이 생긴다 해도 제가 다 책임지겠습니다."

친구의 간곡한 부탁으로 정미경은 간신히 치료를 받을 수 있게 되었고, 단식 6일째 되는 날 드디어 반듯이 누워 자게 되었다. 집에 있을 때는 천식 때문에 늘 모로 누워 잤던 것이다. 너무 신기하고 기뻐서 어쩔 줄 몰라 했다. 주위 교육생들도 다 축하해 주었다.

다른 병보다 천식은 더 오래 치료를 해야 한다는 말에 며칠 더 단식을 했다. 그리고 집에 돌아가서도 일 년간 생식을 하고 풍욕을 했다. 그런 과정을 통해서 몸 안의 노폐물을 뺐고 천식은 호전되어 갔다.

숨 쉬기가 조금 편해지자 희망을 갖게 되었고 삶에 대한 의욕이 되살아났다. 정미경은 너무 기뻐 자기가 사는 군산의 성당에 장두석을 초청해 교육까지 하게 했다. 주위에 있는 다른 아픈 사람들에게도 기회를 주고 싶었다. 사람마다 받아들이는 게 다를 수 있지만 그건 해봐야 아는 거니 일단 강의를 듣고 기본적인 교육이라도 받게 해주고 싶었다.

교육이 끝난 후 술자리에서 장두석에게 물었다. 그동안은 어려워서 못 물어보다가 거나하게 취해 있는 걸 보고는 기회는 이때다 싶었다.

"선생님, 정말 궁금한 게 있어요."

"뭔데?"

"제가 처음 교육 받으러 갔을 때 왜 안 받아줬어요?"

그러자 장두석은 빤히 쳐다보면서 말했다.

"자네는 딱 보니 온실의 화초였어. 그렇게 여리여리한 꽃처럼 살아서 그 힘든 단식과 자연식을 견뎌내지 못할 것 같았거든. 내가 살면서 내 생각이 한번도 어긋난 적이 없었는데 자네를 보면서 틀렸다는 것을 알았지. 이렇게 야무지게 해낼 줄은 몰랐어. 허허."

살 수 없을 거라 생각했던 사람이 당당히 살아내자 다시 생각해도 흐뭇한지 장두석은 막걸리 두 잔을 연거푸 마셨다. 그리고는 노랫가락을 뽑았다.

사~공~의 뱃노오래 가아무울~거~리~믄
삼학도~ 파도~깊이 스며어드느은데
부두의 새에~악씨~ 아롱젖은 옷자아아아락~
이~별의 눈물이냐 목포의 서어어루우움~

이은정은 갑상선암으로 물도 못 먹는 상태에서 1987년 6월 장두석을 만났다. 처음에는 광주 계림동 장두석 집에서 교육을 받다가 며칠 후 무등산 수녀원에서 9박10일 교육을 받았다.

교육을 받고 단식을 체험하면서 알았다. 단식은 칼 안 대는 수술이다. 단식은 어느 한 부위만의 치료가 아니라 몸 전체의 치료이다. 특정 부위만이 아닌 몸 전체가 좋아지는 느낌을 받았다. 단식 말고도 냉온욕과 풍욕도 함께 한 후 서서히 배에서부터 내는 깊은 숨을 쉬게 되었고 음식도 소화하기 시작했다.

이제까지와는 다른 생활이 시작됐음을 알리는 마음의 종이 울렸다. 그 순간 달라졌다. 햇살과 바람과 하늘과 강물이 어제의 빛깔과 달랐고 사람들의 웃음과 담소들이 어제의 느낌과 달랐다.

"조금 나아졌다고 끝이 아니여. 이것이 시작이제."

혹시 자만하고 치료를 게을리할까봐 툭 내던지는 장두석의 말은 여지없이 퉁명스럽다. 하지만 제대로 나을 때까지 방심하지 말라는 마음을 안다.

초기 멤버인 이 세 사람은 언니 동생하며 끈끈하게 관계를 이어갔다. 그 끈끈한 관계는 장두석의 매몰찬 독설 앞에서 가장 강하게 맺어졌다.

워낙 자기 고집이 센 장두석은 교육생들의 행동 하나하나까지 간섭을 했다. 뭐든 자기 뜻대로 하려는 독선은 교육생들의 마음을 다치게 하고, 버텨내지 못한 사람들을 나가게 했다.

장두석에게 깊이 감사함을 느끼고 있는 이 세 사람도 오죽하면 앞에서는 순종하고 뒤돌아서 흉을 봤을까. 하지만 이들은 떠나지 않았다. 서운한 부분들 이면에 행동으로 보여주는 그의 속내를 보았기 때문이다.

어쩌다가 식사 도중에 장두석이 오게 되면 교육생들은 다시 상을 보기 위해 서둘렀다. 그럴 때면 장두석은 손사래를 치며 외쳤다.

"괜찮아! 물김치만 한 그릇 퍼와!"

절대로 상을 새로 차리지 못하게 했다. 먹던 상에 김치하고 밥만 퍼오면 됐다. 막걸리 마실 때도 안주거리를 만들려 하면 절대로 만들지 못하게 했다.

"술하고 김치 그리고 두부하고 고추장만 가져와!"

"고추장 그 짠 걸 그렇게 드십니까."

"모르는 소리 말어. 고추장은 최고의 효소여."

"고추장이요?"

"고추장을 먹으믄 그게 열을 내게 해. 그래서 모든 균을 잡아내지."

장두석은 고추장을 숟가락으로 푹푹 퍼서 먹었다. 그 후로 교육생들은 고추장을 더 챙겨 먹기는 해도 장두석만큼 푹푹 먹지는 못했다. 그래도 짠 건 짠 거라며.

장두석의 소탈함은 큰 장점이었다. 하기야 식성마저 까다로웠으면 남아 있는 사람이 더 없었을지도 모른다.

장두석은 자연식품을 이용한 건강보조식품에 관심이 많았다. 그래서 그쪽에 재주를 가진 교육생 김민주에게 틈만 나면 가르쳐주며 만들어보라 했다.

김민주는 먹고 싸는 걸 제대로 못하는 병에 걸려 고생했다. 떡이나 고기나 우유 등을 조금만 먹어도 탈이 나고 설사를 했다. 가는 변과 터질 것처럼 부풀어 오르는 배 때문에 늘 힘들었다. 살아갈 의욕이 없었다.

그때 장두석을 만났다. 단식을 하고 생식을 하며 프로그램에 참여한 후 좋아지기 시작했다. 믿을 수 없었다. 생활의학 프로그램 후 처음으로 변을 시원하게 봤다. 몸 안의 창자까지 다 빠져나간 듯한 기분이었다.

"태어나서 그렇게 아름다운 세상은 처음이었어요. 똥을 한 밭때기나 봤어요."

다음 기수의 교육생들 앞에 나가 체험담을 얘기할 때 당시의 기쁨을 이렇게 표현했다. 그러자 듣고 있던 장두석이 말했다.

"사람이 어떻게 한 밭때기로 똥을 누냐. 한 됫박으로 고쳐."

"아휴, 선생님 한 됫박은 적잖아요. 전 한 밭때기로 봤다니까요."

평생 갖고 있던 숙변을 완전히 없앤 것이다. 그 후로 김민주는 장두석과 인연을 계속 이어갔다.

김민주는 된장 찜질로 숙변을 제거한 걸 인연으로 해서 자연식 음식 만드는 데 관심을 가지기 시작했다. 효소와 조청을 만들어 장두석에게 맛을 보이며 부족한 부분에 대한 조언을 들었다.

"음식도 약이여. 몸을 살리는 식품을 만들어야 하제."

음식을 약이라고 생각하는 장두석은 음식에 대한 진정성이 있어 그 부분에 있어서는 굉장한 세심함을 보였다. 어디서 괜찮은 보조식품 만드는 걸 들으면 돌아와선 그걸 그대로 만들어보라고도 했다. 최선을 다해 건강식품을 만들고자 하는 김민주에 대한 신뢰를 가지고 있었다. 그러면 김민주는 여지없이 그걸 만들어냈다. 그럴 때마다 기분이 좋아진 장두석은 '진도아리랑'과 '봄날은 간다'를 구성지게 부르면서 막걸리를 들이켰다. 얼쑤 얼쑤 춤도 추면서.

김민주는 더 좋은 건강식품을 위해 함께 고민해주는 장두석에게 늘 고마운 마음이 컸다. 겉으로는 무섭지만 속내는 굉장히 따뜻한 사람이라고 생각했다. 사람에 대한 따뜻한 마음 없이는 사람을 살리는 일을 할 수 없다고 생각했다.

그래서 차가운 말투 이면까지 들여다보지 못하고 많이 서운해 하는 교육생들을 볼 때마다 늘 안타까웠다. 어느 날 용기를 내서 말했다.

"선생님, 조금만 부드럽게 대해 주시면 안 될까요? 저는 괜찮습니다. 그러니 다른 교육생들한테 만이라도…."

그러면 장두석은 별 거 아니라는 듯 고개를 끄덕거리며 웃었다. 하지만 다시 뭔가 못마땅한 상황이 되면 여지없이 참지 못하는 말들이 튀어나왔다.

어느 날 장두석은 교육이 끝나자 프로그램에 참여한 서금성에게 말했다.

"우리 평생 동지 하세. 서운하게 했어도 이해해야 하네."

거제도에서 온 서금성은 장두석을 2012년에 잠깐 보고 그 이듬해 3월 광주 망월동에서 개인적으로 봤다. 그때 얘기를 나눠보고 프로그램에 한번 참여해 보고 싶다는 생각이 들었다. 그래서 2013년 양현당에서 하는 10박11일 단식 프로그램에 참가했다.

"서 선생! 팔 올려!"

프로그램 중에 40분간 묵언수행 하는 게 있는데, 손을 합장하고 위로 들고 있어야 했다. 보기에는 별 거 아닌 것 같지만 엄청 힘든 동작이다. 조금이라도 팔이 처지면 가차 없이 나무랐다. 서금성은 버티다가 너무 힘들어 팔을 조금 내렸다. 그런데 바로 지적을 받은 것이다. 무안해져 얼굴이 벌게졌다.

힘들게 프로그램을 마치고 각자 소회를 이야기하는 시간에 서금성이 마지막 순서로 나가 말했다.

"저는 오늘이 터닝 포인트라 생각합니다."

서금성은 마음의 변화를 가졌다. 물론 시키는 대로 다 하기엔 너무 힘들었다. 하지만 끝날 즈음엔 앞으로의 생활에 참 많은 변화가 있게 될 걸 직감했다. 장두석의 강의와 치료법은 머리와 가슴을 치는 내용들이 많았다. 그동안 너무 안일하게 몸을 방치하며 살았다는 생각이 들었다. 그래서 그런 소회를 남긴 것이다.

장두석은 짧은 소회지만 그 말이 맘에 들었다. 앞으로도 계속 보고 싶은 사람이다. 그런데 혹시라도 자기 성격과 말투 때문에 다시는 안 올까봐 걱정이 됐다.

서금성은 장두석과 이야기를 나누면서 느꼈었다. 불 같은 성격과 독선적인 성격 뒤에는 정이 많다는 걸. 안주하는 삶을 배격하는 사람이라 안이한 모습을 볼 때마다 성격을 죽이지 못하고 내지른다는 걸.

그러기에 서금성은 장두석의 그 말이 가슴을 찌르르 울렸다. 내면의 흐름을 발견하면 그 어떤 성정도 다 이해할 수 있다.

"왜 그러시는지 다 아니까 전 서운하지 않습니다."

사람들은 병을 치료하기 위한 마지막 걸음으로 생각하며 찾아온다. 그래서 장두석은 어떻게 해서든 치료해서 낫게 하고 싶다. 그런데 잘 따라주지 않고 게으름을 피우거나 제대로 하지 않을 경우엔 화가 나고 못마땅해 큰소리가 나온다. 야단맞는 이의 옆엣사람이 무색할 정도로 면박을 준다. 자존심 상한 사람들은 나가버리기도 한다.

서금성은 자기는 괜찮으나 그렇게 가버린 사람들이 안타깝다.

"선생님도 아시죠? 그런데 그게 조절이 잘 안 되시죠?"

조심스럽게 얘기하는 서금성의 말에 장두석은 픽 웃으며 말했다.

"하늘에서 비가 내리고 땅에서 싹이 돋듯 내 성질도 나에게서 나니 어쩌겠는가."

서금성도 따라 웃었다.

"그러네요. 어쩔 수 없네요, 그게 장 선생님이니…."

장두석은 절대 부드럽지 않다. 따뜻한 위로와 살피는 눈빛도 주지 않는다. 하지만 그의 투박한 말들 속에는 삶에 대한 새로운 의욕과 투지를 바라는 강한 뜻이 담겨 있다.

"자기 병은 자기가 고치는 것이여."

"내가 하기 나름이여."

"스스로 고치지 못할 병은 없어. 자기 의지와 노력 여하에 달린 것이제."

듣고 보면 다 같은 의미지만 그만큼 장두석은 강조한다. 병은 결국 자기 말고는 아무도 고칠 수가 없다는 것을 귀에 못이 박히도록 한다. 내 말을 듣지 말고 내 말 뜻을 들으라 한다.

날 좋은 날

민족생활학교에서는 일 년에 한 번씩 여름수련회를 갔다. 바람과 햇살 좋은 날, 시간 되는 사람들이 함께 모여 산 좋고 물 좋은 곳으로 갔다. 서로 하는 일들이 달라 시간을 맞추기가 여간 힘든 게 아니지만 많은 회원들이 이 기회를 통해 그동안 보고 싶어도 못 만났던 얼굴들을 보길 원했다.

"여그 사람들이 보고 싶어하네."

"좋은 막걸리 있응께 안 오믄 서운할 것이여."

"보믄 할 말이 있응께 바쁘믄 그냥 몸만 왔다 가소."

'보고 싶다'는 의미의 다 같은 말이다. 장두석은 오래 보지 못한 회원들이 보고 싶을 땐 벼르고 있다가 수련회 때 이리 돌려서 와주기를 당부한다. 그러면 그 마음을 알고 회원들은 시간을 조정해서라도 어떻게든 참석하려고 노력했다.

"함께 얼굴 보고 노는 거 자주 해라. 이런 시간들도 건강요법 중 하나여."

장두석은 회원들에게 잘 노는 것도 중요하다고 늘 강조했다. 서로의 안부를 묻고 웃고 즐기는 그 순간 몸의 세포들이 가장 건강하게 팔딱팔딱 뛴다는 것이다.

장소는 어디든 좋았다. 거기가 어떤 곳이든 좋은 사람들과 같이 가면 좋은 곳이다. 가다가 바람과 햇살이 불러대면 그곳에 자리를 펴고 음식을 냈다. 손으로 만든 두부, 잘 익은 김치, 제대로 삭은 홍어, 걸쭉한 막걸리, 직접 담근 고추장, 된장은 기본이다. 이 음식들은 절대 빠지는 법이 없다. 그 외의 음식들은 할 수 있는 사람들이 한 가지씩 해왔다. 각자의 짐에서 비장의 음식을 꺼낼 때마다 회원들은 환호성을 지르며 박수를 쳤다.

"음식도 이라고 좋은 사람들하고 먹을 때가 가장 맛나제."

"나는 내려오는 차 안에서 계속 설렜어. 이 시간을 내내 기다렸거든."

"건강 음식들이 다 모였네. 어디 가서 이런 음식들을 한꺼번에 볼 것이여."

회원들은 저마다 한마디씩 하며 즐거워했다. 이 시간을 회원들보다 더 좋아하는 사람이 있다. 바로 장두석이다. 장두석은 잠깐 쉬어가자는 말만 나오면 자리를 펴게 하고 막걸리를 내오라고 했다.

"술 한잔씩 걸치고 풍경을 보면 더 아름다운 것이여."

언제나 계획했던 코스를 제대로 가본 적이 없다. 한번 자리에 앉으면 늘어져서 어디를 구경하며 도는 시간보다 자리에 앉아 술 마시는 시간이 더 길었다. 한 잔이 두 잔 되고 두 잔이 세 잔 됐다. 어떨 때는 한번 앉은 자리에서 야유회가 끝날 때도 있다.

그래도 사람들은 좋다. 서로 아파서 만난 사람들이 건강을 되찾아 푸릇한 시간을 즐기는 이 자체가 마냥 행복한 것이다.

"내 안에 꽃이 피고 나비가 날면 그것이 봄날이여."

"마음이 평화롭고 웃음이 나면 병은 절로 나아. 자연과 함께 섞여 들어가믄 그게 치유 과정인 것이제."

장두석은 막걸리 한잔씩을 들이켤 때마다 한마디씩 했다. 이런 순간이면 술을 잘 안 마시는 사람들도 한잔씩 했다. 안 마시고 있을 수가 없을 만큼 풍경과 사람이 좋았다. 교육 받으며 못 다한 이야기들도 풀어놓고, 그때 경험을 통해 체득한 것들을 나누기도 한다. 술 마신 김에 선생님한테 서운했던 것들도 풀어놓는다.

"늦잠 좀 잤다고 어찌나 통박을 주시던지 정말 그땐 짐 싸들고 갈 뻔했다니까요."

"나는 질문에 틀린 대답 했다고 욕을 얼마나 먹었던지 그때 부른 배가 아직도 꺼지지 않았당께."

"꾸벅꾸벅 졸더라도 술자리에서 일어나지 말라고 하실 땐 진짜 야속했어. 선생 맞나, 싶었다니까."

여기저기서 한마디씩 할 때마다 사람들은 배꼽을 잡고 웃었다. 지나고 나니 다 추억이고 소중했던 시간들이다.

풍경에 취하고 사람에 취하고 추억에 취하고 술에 취하며 시간이 익어갔다. 발효음식을 좋아하는 장두석은 시간도 이렇게 발효시켰다.

"이라고 날 좋은 날 그냥 갇혀 있기는 아깝구만. 우리 김오성 작가가 한다는 금구원조각공원에 가보세. 거기가 격포 바닷가라 경치도 좋을 거여."

장두석은 날이 좋으면 집에 그냥 있지를 못했다. 자연의 싱그러움 속으로 나가 온 몸으로 맛봐야 했다. 교육 때문에 알게 된 이를 통해 오빠가 조각공원을 운영한다는 말을 들었다. 그때부터 꼭 가보고 싶다는 생각을 하던 차였다. 장두석은 노래와 춤 못지않게 예술작품에 대한 관심도 많았다.

김오성도《사람을 살리는 단식》이란 장두석의 책을 전에 읽어봤던 터라 잘 알고 있었다. 여동생에게 장두석을 포함해 네 명이 찾아온다는 연락을 받고 기다렸다.

장두석은 격포 바다가 나오자 뻥 뚫린 시원함을 맛보며 설렜다. 주변의 풍경이 한 폭의 풍경화였다.

금구원에 도착한 장두석 일행은 기대 이상이었는지 공원을 둘러보며 감탄했다. 금구원은 한국 최초의 야외조각공원이다. 들어가는 입구부터 대형 조각상이 있고 배롱나무를 비롯한 여러 나무들이 즐비했다.

두루마기에 중절모를 쓴 장두석을 맞이한 김오성은 좀 고루한 첫인상을 받았으나 이야기를 하다 보니 호탕하고 통찰력이 깊다는 것을 느꼈다. 작품을 감상하는 모습이 여느 사람들하고는 달랐다. 뭐 작품 보실 줄 알겠나, 했는데 작품 분석하는 게 남달랐다.

"내가 촉수로 진단을 하니까 사람 뼈 구조를 잘 알아야 하잖습니까. 그래서 해부학을 공부했죠. 선생님 작품은 일반적인 조각들하고는 좀 다른 느낌이네요. 아주 좋습니다."

　예술작품에 대한 전문적 지식은 없으나, 어떤 부문에 있어서 어느 정도 오르면 모든 걸 꿰뚫어보는 안목이 생긴다. 김오성은 그런 면을 장두석에게서 느꼈다.

　장두석은 둘러보다 크고 넓적한 돌을 발견하고는 그 위에 앉았다. 거기 앉아서 바라보는 풍경이 기막혔다. 자리를 얼른 뜨지 못해 꽤 오랜 시간 있었다. 사방은 예술조각품이고 푸른 풀에 지저귀는 새소리 그리고 시원한 바람이 부는 그곳은 무릉도원이었다. 한참 후 식사하러 가잔 말에 자리를 떴다.

　부안 별미인 쭈꾸미를 먹으며 장두석과 김오성은 이런 저런 이야기를 나누었다. 세상 돌아가는 이야기, 예술에 대한 이야기, 자연건강에 대한 이야기 등 시간 가는 줄 몰랐다. 민족과 단군에 대한 지론이 서로 통하자 둘은 급속도로 친해졌다.

　그 후로 김오성도 광주로 단식프로그램을 받으러 왔고 서로 종종 왕래를 하며 만남의 시간을 가졌다. 장두석은 답답하고 바닷바람이 생각나면 훌쩍 부안 격포로 향했다.

하늘과 땅과 사람들

　　하늘은 땅을 위해서 우로를 아끼지 않고
　　땅은 사람을 위해서 열매를 아끼지 않고

사람은 이웃을 위해 인정을 아끼지 말아야 한다.

장두석은 어른들에 대한 지극정성이 대단했고 자연의 섭리를 중요하게 여겼다. 그런 사람인지라 조상에 대한 제사를 도맡아 했다. 제사를 지내면 찾아오는 손님들마다 술상을 차렸다. 이런 그의 성품은 부인 김동례만이 아니라 주위 사람들을 지치게 만들었다.

또한 자연의 섭리를 따르는 장두석은 특히 달하고 해를 엄청 중히 여겼다.

"하늘에 해가 있어 세상은 노동을 하고 살제. 노동으로 피곤한 몸을 눕히려면 달이 있어야 허고. 밤이 있어야 한다는 말이여. 하늘은 천기고 씨앗이고, 땅은 지기고 밭이고."

그러자 듣고 있던 교육생이 대뜸 말했다.

"그랑께 남자들은 선생님처럼 주로 돌아다니고 여자들은 사모님처럼 기다리는 업을 달고 사는갑제라."

그 말에 모두들 한바탕 웃어 젖혔다. 부정하지 않고 허허, 웃기만 하던 장두석은 다시 말했다.

"남자들은 돌아다니다가 홀 내려와선 여자가 받치고 있는 데로 정착해 씨를 뿌려놓고는 도망가불제. 근데 여자는 그 씨를 10개월간 품고 있어. 양수라는 바닷물에 품고 있제. 그래서 여자는 바다여. 섬세하고 오묘하고 자상하제. 자고로 땅이 깨끗해야 좋은 것을 생산할 수 있고 하늘을 존중해야 좋은 씨앗을 뿌릴 수 있어."

"그라믄 사모님한테도 겁나 잘 해드려야 하겠는디요? 땅이 그라고 귀하믄 말이여라."

다시 한번 폭소가 터졌다. 장두석은 민망한지 헛기침을 두어 번 했다. 큰소리로 호통 치며 모든 걸 좌지우지하는 장두석이라 할지라도 어찌 모르겠는가. 가장 든든한 뒷배는 어떤 모습도 묵묵히 받아주는 아내 김동례라는 걸.

자연의 섭리를 늘 강조하는 장두석은 그래서 치료법도 자연의학을 중심으로 하는 것이다. 천지인의 모든 기운들이 하나로 모아지는 자연의 질서는 우리 몸의 질서를 다시 잡을 수 있게 한다.

물론 체질이 다르고 환경이 다르고 조건이 달라 각자의 몸에 맞게 소통을 해야 한다. 허나 변하지 않는 한 가지, 자연의 질서는 누구나의 바탕이 되어야 하는 것이다. 그랬을 때 존재하는 모든 것들은 서로가 서로를 존중하고 배려하는 관계로 거듭난다.

갈대 위에 앉은 새는 갈대가 다시 튕겨오를 수 있을 만큼의 휘어짐만 딛는다. 그 배려가 다시 팽팽히 서는 탄력을 만들어낸다. 이렇듯 소통을 전제로 하는 관계는 생명과 사랑이 흐르는 길이 되고, 거기로부터 아름답고 건강한 세상이 생겨난다. 또 자기형성과 자기조절을 통해 건강한 자아와 몸이 얻어지는 것이다.

이처럼 장두석은 하늘과 땅 사이에 존재하는 피조물의 관계를 최대한 활용했다. 하지만 제도권의 치료방식이 아닌 생활의학으로 치료하고 낫게 하겠다고 했을 때 순종과 신뢰만 있지는 않았다. 고통과 반감, 갈등과 반목도 있다. 그래서 어떤 때는 불법 의술을 했다 하여 고발을 당하기도 하고 검찰청에 들어가기도 했다.

"잡아가면 잡혀가고 풀려나면 또 해야제."

속상하고 억울한 부분도 있었지만 장두석은 그런 일들을 크게 개의치 않았다. 무섭고 두려운 상황 속에서도 늘 큰소리 치고 당당하던 그의 성격은 어디에서나 드러났다. 법보다 더 융통성이 강한 신뢰로 인간의 생명력을 지키고자 했다.

장두석은 교육이 끝나면 교육생들과 꼭 평가의 자리를 가졌다.

"몸 상태는 그 전과 어떤가?"

"달라진 점이 있다면 구체적으로 얘기해 보게."

"혹시 안 맞는 건 없었는가?"

장두석은 교육과정을 통해 변화된 교육생들의 건강상태를 살펴보고 이를 통해 터득한 것들을 정리했다. 장두석은 함께 프로그램을 진행하는 회원들에게 늘 강조했다. 환우들과 노동자와 농민들의 이야기에 귀를 기울여라, 그들이 가르쳐준다. 이런 평가의 자리는 우리가 배우는 시간이다. 최대한 많이 듣고 배우기 위해 장두석은 언제나 술자리를 만들었다.

"이제 프로그램 끝났는데 이라고 술 마셔불믄…."

"맞어, 도로아미타불 되는 거 아닌가요?"

교육생들이 불안한 표정으로 말하면 장두석은 큰소리로 웃으며 말했다.

"한두 잔 마시는 건 괜찮혀. 그라고 막걸리는 조금씩 마셔주면 약이제. 술은 감정을 이완시키고 경직된 몸을 풀어주거든."

장두석은 평가의 자리에서 좀 더 편안하고 자유스럽게 얘기할 수 있도록 하고 싶었다. 물론 술자리를 좋아하는 이유도 있지만.

치유된 교육생들은 삶에 대한 희망을 가졌다. 장두석에게 감사함을 표하고 관계를 지속해 나갔다. 하지만 많은 교육생들이 떠나기도 했다. 치유가 되고 안 되고를 떠나 장두석의 불 같은 성격과 거친 말투에 상처를 입은 사람들이 더 이상 버티지 못하고 간 것이다.

"내가 잘못을 한 건 알지만 나도 나이 먹을 만큼 먹고 사회에서 지위도 있는 사람이네. 그렇게 무시하듯 말하니 자존심이 가만있질 못하겠네."

"아무리 선생님이라도 양보할 건 하고 이해해줄 건 해줘야 하지 않아? 무조건 본인 뜻대로만 하려고 하니 더는 못 견디겠네."

"우리도 우리 삶이 있고 계획이 있고 생각이 있어. 무조건 따르라고만 하면 안 되지 않아?"

"선생님이 하시는 일들은 좋은데, 난 선생님하고는 안 맞는 것 같아."

교육생들이 떠나면서 한 말들이다.

장두석은 자신이 잘못 했건 안 했건 일단 충돌하게 되면 절대 물러서거나 수그리는 법이 없다. 그런 점을 고쳐야 한다고 친한 지인들이 여러 번 충고를 했지만 그때뿐이다.

"선생님, 지금이라도 만나서 얘기해 보세요."

보다 못한 교육생이 장두석에게 말했다. 그 많은 어려운 과정을 함께 해내고도 떠나는 사람들이 안타까웠다. 좋은 사람들이 옆에 있어주면 선생님도 좋을 텐데 왜 저러시나, 마음이 아팠다. 따르는 사람들이 많으면 앞으로 하고자 하는 일들도 더 잘 해낼 수 있을 텐데 본인의 성정을 다스리지 못하니 보고 있는 마음이 속상했다.

"갈라믄 가라고 해!"

무슨 말인지는 알지만, 그동안 여러 사람들이 충고도 해줬지만 자신도 자신을 어찌하지 못해 속상한 장두석은 냅다 소리쳤다. 하지만 문득문득 장두석도 떠난 이들이 그리웠다. 술 몇 잔 들어가면 아무개 소식 모르냐며, 불러보라며 그들과 맺었던 인연의 추억들을 소환했다.

"내가 그렇게 말했더라도 내 마음을 몰러?"

떠난 게 서운한 듯 툭 던지는 한마디에 보고 싶은 마음이 물씬 담겨 있다.

마지막 희망을 붙들고 치료 받으러 오는 사람들이 많지만 그들의 병이 다 생활의학에 맞는 건 아니기 때문에 결국 죽는 환자들도 많다. 그러면 그 원망들은 마지막으로 치료 받은 곳이 떠안게 된다.

장두석은 자신에게 치료 받고 죽은 환자들의 장례에 빠짐없이 조문했다.

"선생님, 가서서 험한 말을 들을지도 모르는데 안 가시면 안 되나요?"
"맞아요. 그냥 조의금만 보내시면…."

하지만 장두석은 기어코 찾아가 조의를 표했다. 가서 유가족에게 뺨을 맞기도 했지만 그런 건 개의치 않았다. 아무리 멀어도 찾아가 마음을 전했다.

"죽음은 두려운 대상이 아니라 자연의 섭리여."

장두석은 죽음을 자연의 섭리로 본다. 하나의 문에서 또 하나의 문으로 가는 과정이라고 본다. 그러기에 그 과정인 삶의 여정은 매 순간이, 그 한 발자국 한 발자국이 소중하고 귀하다. 순간순간들이 내게 주어진 최고의 행복인 것이다.

그 행복을 위해 생활의학은 꼭 필요하다. 생활의학은 죽음을 막는 게 아니라 죽음으로 가는 그 길을 건강하고 풍성하게 이끄는 것이다.

6장

생명살림
몸살림

세상을 다스리는 의학

민족생활학교는 전국 각 지역에 지부를 두고 교육 프로그램을 진행했다. 하지만 해외 지부는 따로 없다. 강연이 필요한 곳에서 연락 오면 직접 나가서 한다.

캐나다로 강연을 갔을 때다.

이곳 교육생들은 대부분이 한인 교포들이다. 한번씩 나가면 아주 좋아한다.

멀리 타국 땅에서 우리 생활의학에 대한 강연은 단순한 치료법에 대한 의미를 넘어 조국과 민족에 대한 향수를 불러일으켰다.

그런데 이 교포들이 세 부류로 갈라져 있어 강연하러 가서 보면 서로간의 갈등으로 나뉘어져 있다. 취업 이민을 간 사람들, 민주화운동을 하다가 쫓기듯 이민 간 사람들, 투자 때문에 이민 간 사람들이 각자 터전 잡은 그 속에서 서로 사회적 지위를 확보하기 위해 일으키는 갈등들이다.

그런 모습을 보고 그냥 넘길 장두석이 아니다. 몸의 병을 낫게 하기 위해선 자연의 순리를 따라야 하고 또한 그러기 위해선 서로 어우러진 공동체의 모습을 가져야 한다. 그러니 갈등으로 나뉜 모습에선 절대로 좋은 효과를 볼 수 없는 것이다.

"이런 상태로는 뭔 교육이 되겠소. 한데 모여서 합시다."

장두석은 사람들을 꼼짝 못하게 만드는 카리스마로 교포들을 한 곳으로 모아놓고 강연했다.

"민족생활의학은 의술을 펴는 것이 아니고 세상을, 즉 내 몸을 다스리는 의학입니다. 민족이라는 것은 천부적으로 내 신체를 이야기 하는 거구요. 그러니 성씨는 바뀌어도 민족은 안 바뀌는 거죠. 생활이 내 신체구조와 맞아야 한다는 겁니다. 우리는 한국 사람입니다. 그렇다면 여기서도 한국 사람처럼 살아야 합니다. 여기 캐나다는 한국 풍토와 다르니 여기 풍토에 맞게 입고 먹어야겠죠. 적응하기 위해선 말입니다. 대신 우리 체질에 맞는 방식으로다가 해야죠. 추우면 잎채소보단 뿌리채소를 먹으세요. 우리는 뿌리곡식을 먹어야 합니다. 뿌리는 민족이죠. 우리는 한 민족이고 한 뿌리이고 한 형제입니다. 그런데 왜 싸웁니까!"

장두석은 강연을 하면서 서로 이해하게 하고 양보하게 만들어 하나로 뭉치게 만들었다. 생명과 건강을 담보로 하는 이야기다 보니 다들 순순히 받아들였다. 하지만 그 중엔 불만 섞인 목소리로 질문하는 사람도 있다.

"민족이니 뿌리니 하는 거하고 병 고치는 거하고 무슨 상관이 있습니까?"

그러면 장두석은 나무라듯 큰 목소리로 말했다.

"뿌리를 알면 자기 몸도 이해하고 자기도 알게 되는 것입니다. 치료의 가장 근본적인 것은 몸의 화합, 정신의 화합이고. 그러니 욕망과 다툼 속에선 절대 나아질 수 없는 것이죠."

장두석은 해외에 강연을 나가면 민족생활의학을 세계의학으로 만들고자 했다. 민족생활의학은 각 나라에 다 적용되는 것이다. 민족을 알고 몸을 알고 자기를 아는 원리는 모두 마찬가지이기 때문이다.

암기력이 좋고 요약을 잘 하는 장두석은 워낙 말도 잘해 그대로 따라하지 않을 수 없게 만든다. 좌중을 압도시키는 묘한 힘을 가졌다.

"전화번호도 오천 개 이상 기억을 하고 한번 들은 내용은 다 입력해서 다음 날 요약해서 말하는 거 보면 참 신기해."

1991년에 처음 만나 인연을 맺게 된 이선재는 장두석을 지켜보면서 혀를 내둘렀다. 이선재는 장두석 옆에서 일을 도와주며 같이 다녔는데 강연 전날 술을 마시면 혹시라도 다음 날 강연에 지장이 있을까봐 걱정했다.

"강연 준비는 다 되셨습니까? 이렇게 마시고 내일 컨디션이라도 안 좋으면 어떡합니까?"

그러면 거나하게 취한 장두석은 누워서 말했다.

"책을 읽어봐라."

시력이 좋지 않은 장두석은 강연에 필요한 책들을 이선재에게 읽어달라고 했다. 다른 때는 몰라도 이렇게 취한 상태에서 읽어준들 무슨 내용이 들어갈까 싶다. 헛짓하는가 싶으면서도 거역할 수 없어 옆에서 읽기 시작했다.

그러다가 잠든 것 같으면 잠시 읽기를 중단한다. 그러면 대뜸, "나 안 잔다. 빨리 읽어"라고 재촉했다.

"내용이 들어옵니까?"

"들어와서 노트 정리까지 하고 있으니 걱정 말고 읽어라."

결국 장두석은 끝까지 다 읽어야 깊은 잠에 들었다. 그러고는 다음 날 강연 때 보면 전날 읽어준 내용을 간추려 아주 정확하게 요약을 해 설명했다. 마치 머릿속에 내장 칩이 있어 정리해 내보내는 것 같다.

가방끈도 짧고 시력도 안 좋고 돈도 없는 장두석은 암기력이라도 뛰어나야 했다. 정확하게 기억하고 그것을 자기 목소리로 만들어 내는 능력은 그가 걸어가는 길을 밝혀주는 그만의 빛이다.

장두석은 해외에서도 강연이 끝나면 교민들과 여지없이 술을 마시고 노래를 부르고 춤을 췄다. 병을 키운 옹어리진 한을 풀어내는 한바탕 놀이는 언제나 교육 프로그램 마지막 순서다.

노오들강변 봄버들 휘휘 늘어진 가지마다 무정세월 한허리를
칭칭 동여서 매여나 볼까 에헤여 봄버들도 못 잊을 일이로다
흐르는 저기 저 물만 흘러 흘러서 가노라

노래와 춤은 서로의 어깨에 손을 얹게 하고 말하지 않아도 서로의 바다를 건너게 한다.

장두석은 치료할 때면 혼신을 다 한다. 언제나 촉수로 병색을 살피니 그의 손은 옹이로 가득하다. 거친 그 옹이 속에서 삶의 꽃들이 피어난다.

농사꾼들

장두석은 아이들을 좋아한다. 어떻게 키우느냐에 따라 미래의 푸름이 결정된다. 그러려면 먹는 것부터 건강식이어야 한다. 요즘 너무 인스턴트에 파묻혀 있다. 건강식은 병이 난 뒤에 그 처방전으로 먹는 식단이 아니다. 그래서 아이들 교육에 관심이 많은 사람을 만나면 좋다. 도울 수 있는 일들은 기꺼이 돕는다.

세상에 농사가 아닌 것이 없다. 기업활동도 자식교육도 국가운영도 하나부터 열까지 다 농사다. 그 농사의 바탕에는 두 가지가 있다. 하나는, 땅 농사다. 땅 농사는 땅의 농산물로 만든 우리의 밥상 농사와 연결된다. 건강한 밥상이 세상을 풍요롭게 한다. 또 하나는, 사람 농사다. 사람 농사 중 가장 중요한 게 자식 농사다. 병들어가는 자식들을 방치하는 부모들이 많다. 장두석은 건강한 밥상을 만드는 민형기에게 늘 이 두 가지 농사에 대해 강조했다.

민형기는 1996년 서울에서 입시학원을 운영했다. 그는 학생들을 보면서 늘 고민이었다. 공부를 몸속에 집어넣기만 하는 것 같다. 그 공부를 담는 아이들의 몸은 엉망이 되어가고 있는데. 몸이 건강해야 마음도 건강하고 공부도 잘 되는 게 아닌가, 하는 생각이 들었다. 그래서 체계적인 방법을 배우고 체험하기 위해 지인의 소개로 장두석을 만났다. 장두석은 민형기의 계획을 듣고 아주 좋아했다.

아이들에게 방학을 이용해 학원에서 4박5일 단식프로그램 체험을 하게 하면서 몸 비우기, 몸 설거지를 시켰다. 몸이 맑아야 영혼도 맑아진다는 생각에, 반대하는 학부모들을 설득했다. 그래서 최대한 많은 학생들이 참여하게 했다.

장두석은 직접 강연도 해주고 프로그램 운영에 대한 조언을 아끼지 않았다.

"이곳을 정(정신)농(농사)민족생활관이라고 이름을 붙이게나. 건강한 밥상을 중심으로 한 청소년교육을 지대로 한번 해보게."

그때부터 민형기는 단식프로그램을 기본으로 하는 학원으로 운영방침을 바꿨다. 일명 '통곡물자연식학습법'이다. 그렇게 학원을 2007년까지 운영했고 이후엔 건강한 밥상, 친환경 유기농 음식을 다루는 '청미래'를 운영했다. 장두석은 서울 올라갈 때마다 청미래에 들러 이야기를 나눴다. 그때마다 민형기는 장두석의 말을 담아내기에 바빴다. 생명에 대한 일들을 일생을 통해 해 온 장두석이다. 생활이라는 게 생명살림이고 거기에는 음식이 중심에 있다. 음식에 대한 지평을 장두석을 통해 넓혀갔다.

"지금은 몸을 하나의 도구로만 생각하는 것 같아요."

"몸은 내가 깃들어 사는 세상이여. 내 존재는 하나의 우주제. 자네는 그러니까 세상을 건강하게 만들어주는 일을 하고 있는 것이여. 허허."

장두석은 민형기에게 몸에 대한 철학을 심어주었다. 몸이라는 건 어쨌든 내가 먹는 음식으로 날마다 태어난다. 그래, 내가 하는 이 통곡물자연식을 엄격하게 지켜서 제대로 해보자. 민형기는 조금씩 힘들 때마다 빈틈을 보였던 자신의 다짐을 다시금 꽉 조였다.

"건강한 밥상을 위해 일관되게 하는 거, 그거 참 쉬워보여도 가장 힘든 일이제. 그래도 해봐. 농사, 만만하게 보지 말구."

막걸리로 거나해진 장두석의 얼굴이 금방이라도 덩실 춤을 출 것 같다.

　장두석은 가까이 둔 사람들 중 송준석에 대한 애정이 남달랐다. 송준석은 대학 유아교육과에서 학생들을 가르치는데 생태유아교육에 대한 관심이 특별하다. 유아교육은 학습지가 아니라 자연과 함께 즐겁게 노는 거다. 잘 먹고 잘 놀고 잘 싸고 이렇게 자연의 이치대로 키우는 게 교육의 기본틀이다. 송준석이 지향하는 유아교육의 지론이다. 송준석의 이런 생각은 장두석의 자연생태 사상과 맞닿아있어 둘은 종종 만나 이런저런 얘기를 나눴다.

　"선생님, 유기농 먹거리가 잘 되면 그게 농촌 살리는 일이 되는 거잖아요. 약을 안 하게 되면 그게 또 땅을 살리는 일이 되구요. 땅은 하늘의 원리와 순환되니 유기체적으로 연결도 되고."

　"허허, 자네 말이 맞네. 아주 내 생각과 딱딱 들어맞어. 이러니 내 자네를 좋아허지."

　송준석은 2006년 생태유아공동체를 같이 하던 임재택 교수에게 소개를 받아 처음 장두석을 만났다. 아내가 암으로 고생하는데 시한부 선고를 받아둔 상태였다. 첫 만남의 자리에서 오랜 시간 술을 마시며 많은 이야기를 나누었다. 장두석의 자연의학에 대해 들으면서 공감이 됐다. 평소 자연생태에 관심이 있던지라 생각의 공통점들이 많았던 것이다. 특히 듣다 보니 자연의 순화 원리와 몸의 원리가 다르지 않다는 걸 느꼈다. 송준석은 생활의학에 아내의 치료를 맡겨보고 싶어졌다. 장두석의 걸걸한 목소리와 카리스마 있는 인상도 믿음이 갔다.

　송준석은 날 받아둔 수술을 포기하고 아내를 데리고 익산 생활관으로 갔다. 당시에는 광주에 교육관이 없었다. 익산 생활관에서 먼저 단식을 하고 다시 서울 생활관으로 가 117기로 7박8일 교육을 받았다. 아내가 좋은 반응을 보이자 과체중이던 송준석도 광주 유스호스텔에서 10일간 단식 교육을 받고 8kg을 빼는 데 성공했다.

아내의 치료 기간은 많이 걸렸다. 아픈 만큼 낫는 데도 시간이 걸렸던 것이다. 제일 먼저 병든 세포가 죽고 그 다음 늙은 세포가 죽고 그러고 나서 사람을 살리기 위한 새로운 세포가 생겨나기 때문이다. 아내는 그렇게 해서 건강을 되찾았고 그 후로 송준석은 장두석과 자주 만나면서 자연생태를 통한 의학과 교육에 대한 이야기를 나눴다.

"선생님을 보면 철학자 칸트가 떠올라요."

"왜?"

한창 얘기중이던 장두석은 뜬금없는 소리에 송준석을 바라봤다.

"칸트가 지리학을 가르칠 때, 배를 탄 선원들을 초대해 이야기를 듣고 그걸로 지리학 수업을 했잖아요. 그래서 아주 잘 가르쳤다는데 선생님도 그러니까요."

"내가 어쨌는데?"

"선생님은 세상 다방면의 사람들을 만나잖아요. 그 사람들 이야기를 다 듣고 선생님과 이치적으로 맞는다 생각하면 그 부분들을 잘 요약하시죠. 그리고 직접 공부해서 이야기하는 것처럼 아주 잘 말씀해 주시잖아요."

송준석의 말에 장두석은 웃으면서 고개를 끄덕였다. 장두석은 눈이 나빠 책을 보는 데 한계가 있다. 그래서 남들 이야기를 많이 듣는 편이다. 듣다 보면 하나라도 배울 점이 있다고 생각한다. 다른 사람들 이야기와 책을 통해 자신의 생각을 정리하고 이론을 세우는 데 탁월

한 능력을 가졌다.

　장두석의 자연요법도 니시의학에서 많은 영향을 받았다. 니시의학은 일본의 니시 가쓰조(1884~1959)가 창안한 대체의학이다. 이 니시요법은 몸에 나타나는 이상증세를 병으로 보지 않고 몸이 정상으로 돌아가기 위한 자연치유의 과정으로 본다. 장두석은 이 니시의학을 공부하면서 자신의 생활건강법에 확신을 가졌고 더 연구하고 고민해서 좀 더 체계화시켜 나갔다.

　송준석은 혹여 의견이 맞지 않을 땐 따박따박 할 말을 다 했다. 다른 사람 같으면 토 단다고 버럭 화를 낼까싶어 참아버리는데 송준석은 그렇지 않았다. 그런 송준석에게 장두석은 이상하게도 화를 내지 않았다.

　"자네가 하는 일은 나라의 미래가 달려있는 거니께 지대로 잘 농사지어 봐."

　자연건강음식에 관심이 많고 생태유아교육을 연구하는 송준석을 볼 때마다 장두석은 변치 말고 꾸준히 하라는 독려처럼 늘 강조했다.

진달래꽃춤, 나빌레라

　"저, 저 날아가는 흰나비 좀 봐라."

　양현당 마당으로 날아든 나비를 발견하곤 장두석이 말했다.

　"참말로 곱고 예쁘네요. 나는 폼이 마치 승무를 보는 것 같은데요?"

함께 있던 조카 장영래의 말에 장두석은 맞다는 듯 무릎을 쳤다.

"맞다, 맞어. 그러니까 이애주가 보고잡네. 정말 저 나비처럼 춤을 췄는데…, 바쁘제제? 그래도 한번 왔다가믄 좋겠구만."

장두석은 이리저리 날아다니는 나비의 동선에서 이애주의 춤사위를 떠올렸다. 작은 체구지만 또랑또랑하고 야무진 첫인상도 생각났다.

장두석과 이애주의 첫 만남은 1982년 3박4일 건강교육이 있던 진주에서다. 당시 이애주는 서울대학교에 막 부임을 했고 '한사위'라는 춤패를 만들어 고성으로 전수하러 갔었다. 거기서 갈촌리 도열이라는 탈 만드는 사람을 만났는데 그 사람으로부터 장두석을 적극 추천받았다.

"안색이 안 좋아 보이는데 꼭 한번 들어봐요. 그분 강의를 들으면 후회는 안 할 거니까."

그렇게 해서 이루어진 첫 만남인데 이애주는 장두석에게 느닷없는 호통을 맞았다.

"왜 자신을 그렇게 안 내놓으려 해!"

숨다시피 제일 뒤쪽에 이름표도 안 차고 앉으려 하는 걸 보고는 바로 지적했다. 주위 사람들은 자신들이 당한 것처럼 무안해하며 이애주를 힐끔힐끔 쳐다봤다. 이애주는 조금 당황하기는 했어도 창피함보다는 장두석이란 사람에 대해 생각했다. 고함치는 그만큼 왠지 자신감이 있는 걸로 보였다. 아니나 다를까 강의 듣는 내내 옳은 소리만 했다.

춤은 동작이 아니고 사는 거 자체가 춤이라고 여겼다. 제대로 된 춤을 추려면 우리 식의 삶으로 건강해야 했다. 그래서 늘 어떻게 사는 게 삶을 싱싱하고 푸르게 할까, 고민하던 이애주다. 점점 먹는 것부터 입는 것까지 서구화되어 가는 걸 보면서 안타까움을 느끼고 있었다. 이런 생각을 하고 있던 이애주에게는 장두석의 말들이 구구절절 와 닿았다.

　교육 받으러 온 사람들은 대부분 많이 아픈 환자들이었다. 이애주는 특별히 아픈 덴 없었지만 정식으로 건강교육을 받아보고 싶었다. 반합법적, 비공식적인 민중문화운동연합 발기대회 때부터 전국을 돌아다니며 춤을 췄다. 잘 챙겨먹지 못한 탓에 몸이 많이 축나 있었다.

　그래서 그해 여름 화순에서 9박10일로 교육을 한다는 말을 듣고 찾아갔다. 홍수가 나서 가는 길이 무척 힘들었지만 받고 나니 오길 참 잘했다는 생각이 들었다. 뒤풀이 때는 음식을 먹고 춤을 추면서 놀았다. 이애주가 함께 한 뒤풀이는 두 배의 흥이 났다. 앉아서 박수만 치던 사람도 일어서서 춤을 추게 하고 분위기를 한층 고조시키는 재주가 있었다. 그걸 본 장두석은 그 후 이애주를 종종 초청 강사로 불렀다. 강의 주제는 주로 춤과 몸과 우리 음식에 대한 거였다.

　한번은 광주 유스호스텔에서 교육이 있었을 때다. 마지막 날 이애주가 특강을 하고 춤을 추는데 지팡이를 짚던 노인이 그냥 걸어서 나와 춤을 따라 췄다. 들어올 때는 분명 지팡이를 짚고 있었다. 함께 한 사람들 모두가 놀라 눈이 동그래졌다. 믿을 수 없다는 표정이다. 장두석도 놀란 듯 잠시 말을 잇지 못하더니 이내 덩실덩실 춤을 췄다.

　"그래, 바로 이런 게 필요해. 스스로 몸을 움직이게 하는 이런 거 말야. 역시 건강의 뿌리는 흥이야, 흥! 허허."

　"선생님이 하는 치료법이 바로 이런 거잖아요. 알게 모르게 몸을 움직이게 하는. 그래서 제가 선생님을 따르는 거구요."

이애주도 신이 나는지 사람들과 어울려 지칠 줄 모르고 춤을 췄다. 단순하고 쉬운 춤사위 속에는 우리 전통의 한국춤 매력이 고스란히 담겨 있다. 그 절제와 깊이와 여백의 맛은 함께 한 사람들의 눈을 촉촉하게 만들었다.

또 한번은 경남 산청에서 교육을 한다고 장두석이 이애주를 불렀다.

"선생님, 이번에는 안 되겠는데요. 지금 해야 할 일들이 너무 많아서요."

이애주는 어렵게 거절했다. 그랬더니 장두석은 꼭 와야 한다며 올 때까지 기다리겠다고 했다. 한번 고집을 부리면 못 꺾는다는 걸 아는 이애주는 간신히 시간을 내 출발했다. 시외버스 타고 택시 타고 물어 물어 한밤중에 도착했다. 늦게도 출발했지만 워낙 외진 데고 초행길이라 시간이 많이 걸렸다. 가기까지는 부담되고 힘든 여정이었지만 막상 와서 교육에 참여하고 함께 하는 시간을 갖다보니 오길 참 잘했다는 생각이 들었다.

프로그램이 끝나고 뒤풀이를 준비하는 동안 이애주는 잠시 주변을 걸었다. 그때 저쪽 구석에 누군가 쭈그려 앉아 있는 걸 보았다. 가까이 가보니 한 한센병 환자가 진달래꽃 가지 하나를 꺾어 가슴에 품고 있었다. 알고 보니 생활관 아래쪽이 한센병 환자촌이었다. 아마도 함께 하고 싶은데 그러지 못하는 듯했다.

오늘은 그런 날이 아니지 않는가, 이웃들 다 함께 모이는 날이지, 생각이 여기에 미치자 이애주는 그 환자 손을 잡아 끌고 나와 사람들 있는 곳으로 갔다. 그러고는 춤을 추었다. 진달래꽃을 들고 꽃춤을 추었다. 그랬더니 처음엔 당황스러워 하던 환자가 박수를 치고 회원들도 좋아하고 순식간에 축제의 장이 됐다. 사람들 얼굴에 진달래꽃이 피어났다. 그 환한 꽃등이 등불이 되어 서로를 밝혀주었다.
"그래, 이게 춤이지. 이런 게 춤이야!"
장두석은 좋아서 박수를 치며 외쳤다. 사람들은 음식을 서로 먹여주며 하나가 됐다.
나비가 다시 날아오더니 저쪽으로 날아갔다.
"안 되겠다, 영래야. 조만간 한번 봐야겠다. 보고자플 때 보는 일이 가장 바쁜 일 아니겠냐."

대담, 대화

장두석은 민족생활의학에 대한 내용을 더 많은 사람들이 알길 원했다. 직접 교육을 받지 않더라도 생활습관만이라도 바꾼다면 병을 예방하고 더 건강해질 수 있다고 믿었다. 그러던 차에 남북공동선언실천연대에서 알게 된 권오혁이 주권방송이라는 인터넷 채널(유튜브)을 만들었다고 연락해 왔다. 그때 장두석은 아, 이거다! 했다. 방송을 통해 건강 강의를 하면 많은 사람들이 보고 관심을 가질 수 있겠다는 생각이 들었다.
"나랑 민족생활의학에 대한 주제로 방송을 해보자."
권오혁은 잠시 주저했다. 주권방송은 대담 형식으로 진행을 했고 주제가 주로 통일시사 중심이다. 그런데 건강에 대한 내용이 들어가면 될까 하는 우려가 들었던 것이다. 하지만 자연치료법의 중요성에 대한 신뢰를 가지고 있었고 선생님의 제안이라 일단 해보기로 했다. 2013년부터 녹화를 시작해 방송으로 내보냈다. 권오혁이 먼저 장두석 책을 읽고 사람들이 궁금해 할 것들에 대해 질문지를 만들고 그 순서대로 진행했다. 묻고 답하는 대담 형식이니 일부러 좀 따지듯 묻기도 했다.

"사람은 나무보다 높은 곳에서 살면 안 돼요. 높은 데서 살면 장(된장, 고추장)이 발효가 안 됩니다."

"그게 말이 됩니까? 돈 있는 사람들이나 마당 있는 주택에서 살지 일반사람들은 서민아파트에서 많이 사는데 너무 비현실적 아닙니까?"

그러면 당황하지 않고 장두석은 잘 받아줬다.

"그럼 숯이라도 갖다 놓으시든가."

질문지에 없는 질문도 막힘없이 말했다. 이런 말을 내보내도 되나, 하는 것들도 있다. 국민 건강 정책을 잘못 하고 있다며 의료계 공무원들을 나무라고, 양약을 너무 남발한다며 병원에 대한 비판을 하면 권오혁은 진땀을 흘렸다. 하지만 방송 말미에는 병원이나 생활의학이나 장단점이 각각 있으니 서로 만나서 대화를 하고 정책을 짜보자는 얘기로 마무리를 해줬다. 그래서 그런 부분에 대한 항의는 다행히 들어오지 않았다.

유튜브가 그다지 인기가 없던 때라 누가 볼까 했지만 댓글들이 적지 않게 올라왔다. 대담 영상 중 가장 많이 봤던 것은 당뇨에 대한 이야기를 했을 때다. 불치병이라 평생 안고 가야 할 병인데, 병이 아니라고, 단식하고 생활을 바꾸면 낫는다고 하니 사람들의 관심이 많았다.

생활의학 책도 찾아서 읽어보고 감사하다는 댓글도 올리며 호응을 보이자 장두석은 좋아서 함박 웃었다. 옆에서 바라보던 권오혁은 따라 웃었다. 선생님의 웃는 얼굴이 너무 순박하게 보였다. '저런 모습은 처음이네, 방송하길 잘 했네.' 선생님 성격이 워낙 과격해 권오혁은 우려를 많이 했다. 그런데 사람들 호응도 많고 선생님도 만족해 하니 기분이 좋았다.

장두석은 알고 있는 생활의학에 대한 많은 상식을 최대한 알려주려고 했다. 한두 마디로 끝낼 답변이 길어지기도 하고 안 물어본 것까지 더불어 얘기하며 열정을 보였다. 자신의 방송을 직접 보며 다음에 할 말들을 생각하고 정리하며 준비도 했다. 건강 문제로 고통 받고 있는 사람들에게 조금이라도 도움이 될 수 있도록 하고자 했다.

한 달에 두 번 교육하는 모습도 촬영해 내보냈다. 방송을 위한 촬영을 할 때는 평소의 엄한 모습이나 욕은 안 했다.

"평소처럼 하세요, 욕이 없으니 선생님 같지 않은데요?"

농담으로 툭 던지면 멋쩍은지 웃기만 했다.

장두석은 2014년 북한의 개천절 행사에 다녀온 후 12월 중순에 마지막 대담을 했다. 북한에도 민족생활의학을 전수하고 싶다는 얘기와 북한의 많은 음식들이 의외로 생활의학이 요구하는 식단으로 되어 있다는 얘기였다. 늘 그랬던 것처럼 방송 말미에는 통일에 대한 이야기로 마무리했다.

"분단병부터 해결해야 합니다. 하루 빨리 통일이 돼야 합니다."

건강과 통일의 연결은 어디서 강의하든 마무리 부분으로 꼭 들어갔다. 건강 강의의 구성은 언제나 기, 승, 전, 자주평화통일이다.

장두석은 녹화가 끝나면 바로 내려오지 않는다. 간 김에 여기저기 보고 싶은 사람들한테 연락해 만나고 온다. 하고 싶은 이야기에 따라 만나는 사람들이 달라지는데, 빗장 풀어놓고 얘기하고 싶을 땐 주로 연세대학교 김한성 교수에게 연락한다.

장두석은 김한성을 1993년 지인의 소개로 처음 만났다. 특별한 병이 있는 건 아니지만 건강이 그리 좋지 않았던 김한성은 장두석이 낸 《민족생활의학》을 읽고 감동했다.

"선생님, 앞으로 이 책이 내 건강의 지침서가 되겠습니다. 정말 와 닿고 좋습니다."

"허허, 그렇습니까? 책 지침대로만 해도 건강이 훨씬 좋아질 겁니다."

김한성은 그 후로 음식과 생활습관 등을 조절하며 건강한 몸 만들기에 노력했다. 그것으로는 부족하다고 느껴지자 1994년에 청주에서 한 교육프로그램에도 참여했다. 그런 인연으로 둘은 기회가 되면 만났는데 이야기가 잘 통했다. 같이 통일운동에도 관여를 하고 있었고 기본적으로 김한성은 장두석의 건강철학에 대해 많은 부분을 지지하고 존중했다. 그러니 이야기의 평풍이 아주 흥겹게 흘러갈 수 있었다.

김한성은 이야기를 나누면서 장두석이 바라는 두 가지 세상을 봤다. 하나는 '평등세상'이다. 환자를 보면 돌보려고 하고 힘든 사람을 보면 도우려고 하는 모습은 계급사회의 적폐를 청산하려는 의식의 발로라 생각했다. 또 하나는 '민족정신'이다. 장두석은 평생 민족의 자주평화통일을 위해 살아왔다. 건강의 근본 치유도 자주평화통일로 봤을 정도다.

"선생님 살아생전에 꼭 통일이 되어야 하는데요. 통일된 그날의 선생님 모습이 어떨지 상상이 됩니다."

김한성이 웃으며 말하면 장두석은 그 말만으로도 기분이 좋은지 고개를 끄덕이며 큰소리로 웃었다.

김한성의 지인교수들과 합석할 때면 장두석은 으레 그들과 마찰을 빚었다. 교수들도 자기주장이 강하고 장두석도 강하기 때문이다. 주로 진보 성향의 교수들이었는데 경제적 불평등인 빈부차를 해소하자는 데에는 대부분 찬성을 한다. 그런데 민족자주통일에 대해서는 의견이 갈린다. 왜냐면 당시 지식인들은 대부분 해방 전후 부유한 가정에서 미국유학을 다녀온 사람들이 많았다. 이들은 의외로 많은 수가 친미 친일 쪽으로 의식화가 되어 있었고, 거기서 장두석과 충돌이 잦았다. 교수라고 대충 봐주는 게 없었다.

"못 배워 열등감에서 저러는 거 아냐?"

충돌했던 교수가 못마땅해 하면 김한성은 단호하게 말했다.

"어지간한 박사보다도 민족자주 반제반미 의식은 훨씬 밝고 강한 분이야."

모르는 사람들은 고집불통이라고만 보지만 김한성은 장두석이 누구보다도 깨어 있는 사람이라고 생각했다. 장두석의 고집은 열려 있는 일들을 하기 위한 자기만의 고집인 것이다. 김한성이 보기에 장두석은 편협한 민족주의자가 아니었다. 무조건 우리나라가 최고야,가 아니라 패권주의에 의한 나쁜 짓을 반대하고 욕하는 것이다.

"내 성격이 좀 그러제? 그래도 자네 지인들인데."

과격하게 대한 게 미안했던지 장두석이 술 한잔 마시며 말했다.

"아이고 아닙니다. 잘 하셨어요. 아닌 거에는 안 봐주는 선생님 성격 덕분에 지금까지 해왔던 일들을 하실 수 있었다고 봅니다. 저처럼 술에 술 탄 듯 물에 물 탄 듯 했다면 매력이 없었을 것 같은데요?"

기분이 좋았던지 장두석은 웃으면서 술을 두어 잔 더 들이켰다.

김한성은 장두석의 자연요법 지론도 굉장히 좋아했다.

태풍이 한번 일면 사람들은 무서워하고 귀찮아한다. 하지만 그것으로 인해 바다와 공기가 정화된다. 사람 몸도 마찬가지다. 사람 몸도 이상이 생기면 스스로 정화하려고 한다. 장두석은 그게 암이라고 말했다. 암은 몸을 스스로 정화하려는 백혈구들의 투쟁이라고 봤다. 암은 자체 정화작용이고, 그러니 건드리면 안 되는 것이다. 자르는 게 아니라 풀어야 하는 것이고 면역력을 회복함으로써 자연스럽게 치료해야 한다. 일반 사람들은 이런 부분을 이해하지 못하지만 김한성은 받아들였다.

"개가 아프면 말이여, 음식을 끊고 꼬리를 땅에 딱 묻고 며칠씩 가만히 있어. 사람들은 반성해야 혀. 내가 왜 아픈가, 고민하고 스스로 치유할 수 있는 방법을 생각해 봐야제. 생활습관을 통해 반성하고 변화를 해야 되는 것이고."

장두석은 김한성을 만날 때마다 늘 자기 생활에 대한 점검과 올바른 습관을 강조했다.

"건강이 다시 찾아와주고 몸이 즐거울 때 관리 잘 혀요. 내 안을 들여다보는 일을 게을리하믄 안 되니까."

자기 몸을 못 다스리면 치료할 수 없다. 병이 낫고 안 낫고를 떠나서 자기 생활을 스스로 돌아보고 반성하며 자기 주치의는 자기여야 한다는 것이다.

글은 힘이여!

아는 게 많고 생각이 많았던 장두석은 자신만의 철학이나 이론을 글로 써서 정리하고 싶었다. 하지만 안 좋은 시력에 그게 쉽지 않다. 늘 누군가의 도움을 받아야 하고 그러기 위해선 부탁을 해야 했다. 그게 불편하고 제일 아쉽다. 그래서 글 쓰는 사람들을 만나면 특히 반가워하며 자주 만남의 기회를 만들어 이야기하려고 했다. 자기 주장이나 남다른 특색을 가진 사람이면 더 관심을 가졌다.

서울 연합뉴스 기자 강진욱은 장두석이 서울 가면 꼭 연락하는 지인 중의 한 사람이다. 강진욱은 통일운동에 대한 글을 쓰고 있었고 그에 관련한 강연을 하다가 장두석을 만났다. 장두석은 강진욱이 맘에 들었다. 그가 쓰는 글들은 여차하면 잘못 걸려들 수도 있는 시절이었다. 그런데 위험을 개의치 않고 그런 글을 쓰는 강진욱이 듬직해 보였다.

강진욱은 한복을 입고 수염을 기른 고리타분한 첫인상의 장두석을 처음에는 특별하게 생각하지 않았다. 그런데 차차 알아가면서 민족의학 외에 통일운동과 사회운동을 오랫동안 해왔다는 걸 알게 됐다. 그러면서 관심을 가졌고 대단한 분이라고 생각했다.

"자네 추천사 좀 써주게."

어느 날 갑자기 장두석의 전화를 받은 강진욱은 당황했다.

"네? 무슨 추천사요?"

"내가 요번에 《병은 없다》라는 책을 내는데 거기 추천사 좀 부탁하네. 난 자네가 꼭 써줬으믄 좋겠어."

강진욱은 그쪽 분야에 대한 지식도 없고 관련 글을 써 본 적도 없어서 난감했다. 정중히 사양했지만 장두석은 쉽게 거두지 않았다. 간곡한 부탁을 더 이상 밀어내지 못하고 결국 추천사를 쓰기로 했다. 이왕 쓰기로 한 것이니 제대로 써야 할 것 같아 책을 읽고 생활의학 자료들을 찾아 공부했다. 그러면서 생활의학에 관심을 갖게 되었고 상당 부분 수긍하게 됐다.

분단병에 대한 글을 읽으면서는 장두석이 추구했던 자연요법은 사회나 국가로 확대해서 보는 것이 옳다는 생각이 들었다. 또 뭘 먹을지 따지지 말고 몸이 원하는 대로, 각자 몸에 맞게 스스로의 몸을 살피면서 먹어야 한다는 말은 최근 들어 그가 가졌던 건강에 대한 고민을 해결해 주었다.

장두석은 강진욱이 써준 추천사가 맘에 들었다.

"내가 독일 가서 했던 강연 내용이 추천사에 들어가 있어 정말 좋았네."

장두석의 말에 강진욱은 놀랐다. 자연요법이 체계적으로 집대성되어 더 많은 사람들에게 보급되었으면 좋겠다는 말을 추천사에 썼다. 그런데 독일 바이엘사에 가서 장두석이 강연할 때 했던 말이라고 한다. 장두석은 자신이 했던 말을 알지 못했을 강진욱이 추천사에 써주었으니 너무 반갑고 고마웠다.

강진욱은 선생님이 민족생활의학을 통해 제대로 된 대안을 만들어낸다면 개인의 건강, 사회의 건강, 민족의 건강은 훨씬 좋아질 거라고 생각했다. 그래서 체계적인 집대성이 되면 좋겠다고 한 것이다.

"허허, 자네와 내가 함께 한 최초의 일이네 그려. 또 기회가 된다믄 다른 일들도 함께 하면 좋겠어."

그 후로 장두석은 서울 가면 강진욱을 더 챙겼다. 모임에도 데려가 소개하고 바쁘다 하면 잠깐이라도 보자고 해 만났다. 만나면 꼭 막걸리를 고집했다. 근처에 막걸리 파는 식당이 안 보이면 슈퍼에서 사서 공원에 가서 마시기도 했다. 한번은 삼청공원에 강진욱 친구랑 셋이 간 적이 있다. 벚꽃을 보며 막걸리를 마시며 이야기를 나누다가 장두석이 누군가에게 말했다.

"몸에 꼭 끼는 옷 입지 말고 고쟁이 입고 다녀. 그래야 건강혀."

강진욱이 누구에게 말하나 싶어 둘러보니 나이 육십은 되어 보이는 아주머니였다. 순간 놀란 강진욱은 선생님이 무슨 말을 더 할까 싶어 걱정이 되었다. 평소 장두석은 남녀노소 상관없이 거슬리는 걸 보면 막 얘기해버린다는 걸 알고 있었던 것이다. 그 아주머니는 기분이 안 좋은 듯 뭐라 대꾸하려 했다. 그러다가 장두석의 수염과 한복 의상을 살피더니 고지식한 노인이라 생각했는지 예, 예, 하며 가버렸다. 강진욱은 순간 웃음이 픽 나오면서 이 정도에서 마무리된 걸 다행이라 생각했다.

장두석은 사람들이 몸에 꽉 낀 옷을 입는 걸 아주 싫어했다. 그런 옷을 입으면 몸이 숨을 쉴 수 없다고 했다. 헐렁한 옷을 입어야 건강에도 좋다며 청바지나 몸에 달라붙는 옷을 입은 걸 보면 늘 잔소리를 했다.

그 뒤부터 강진욱은 장두석과 같이 있는 자리에선 주변을 살피게 되었다. 아는 사람이든 모르는 사람이든 몸에 붙는 옷을 입고 지나가면 긴장했다. 불쑥 불호령이 떨어질 것 같아서였다.

잘 아는 사이여도 보통 연락 없이 찾아가면 당황하기 마련이다. 더

군다나 사정이 여의치 않으면 불편할 때도 있다. 장두석이 그랬다. 찾아가고 싶다, 그 생각이 들면 대부분 개의치 않고 그냥 찾아갔다.

서울 가서 볼일을 본 장두석은 한겨레신문사를 찾아갔다. 아는 사람이 있어서 간 게 아니다. 평소에 글은 힘이라고 생각한 장두석은 서울 간 김에 신문사를 직접 방문해보고 싶었을 뿐이다. 두루마기 차림에 흰 수염의 장두석은 일하던 사람들의 시선을 끌었다.

"누굴 찾아오셨어요?"

당연히 아는 사람을 찾아온 거라 생각했을 게다.

"평소에 한번 오고 싶었는데 서울 온 김에 찾아 왔소."

장두석의 말에 모두들 얼떨떨한 표정이 됐다. 하지만 나이 드신 어르신이고, 오고 싶어 왔다 하니 정중히 자리로 모셨다. 장두석은 논설위원실 소파에 앉아 주변을 둘러보았다. 다들 일에 열중하느라 특별한 일 없이 찾아온 분에게 관심을 둘 여유가 없다. 그때 대기자 곽병찬이 장두석에게 다가갔다. 혼자 어색하게 앉아 있는 모습을 보니 그냥 있을 수 없었다.

곽병찬이 앞자리에 앉자 장두석이 대뜸 말했다.

"당신이 곽이냐?"

장두석은 신문 기사를 통해 곽병찬을 알고 있던 터였다. 자신의 이름을 알고 있는 것에도 당황했지만 다짜고짜 당신이 곽이냐고 묻는 어투에 곽병찬은 잠시 멍했다. 아무리 나이 많은 분이라 해도 처음 본 사람에게 좀 무례하다는 생각이 들었다. 그런 곽병찬에게 장두석은 자신의 칠순기념문집《흰 두루마기 자락 휘날리며》한 권을 건넸다. 곽병찬도 장두석이란 이름을 여러 경로를 통해 들어서 알고는 있었다.

그렇게 첫 만남을 가진 곽병찬은 좀 더 장두석에 대해 알고 싶었다. 괴팍하고 편한 인상은 아니지만 이야기를 나누다보니 그만이 가지고 있는 뭔가가 있을 듯해 장두석의 책과 자료들을 찾아 읽어보았다.

2014년 평양에 가기 전 서울로 간 장두석은 곽병찬을 다시 찾았고 그 후, 둘은 기회 될 때마다 만나 이야기를 나눴다. 곽병찬은 직접 만나 이야기하는 과정 속에서 누가 뭐라 해도 지키려 하는 장두석의 신념을 들여다봤다.

장두석은 만나면 다짜고짜 제국주의 비판을 쏟아냈다.

"제국주의가 이 나라를 망하게 허고 있어. 민초들을 병들게 허고, 민족정신과 문화를 망하게 허제."

그러면 곽병찬은 처음엔 사상적 성향으로 생각했다. 하지만 장두석은 정효자 기념사업을 주도한 동복향교 장의였고, 배달문화선양회 대표로 해마다 천제를 올렸고, 호주제 폐지 반대운동에도 앞장섰다. 그러면서도 이승만, 박정희, 전두환 등 역대 독재정권에서 체포, 투옥을 거른 적이 없다. 그러니 장두석에겐 좌·우, 혹은 진보·보수는 무의미하다고 느꼈다.

그리고 장두석은 자연건강법을 이야기하면서 늘 이 말을 강조했다.

"인체와 자연, 자연과 사회, 민족과 국가는 둘이 아니여. 하나의 유기체로서 인체, 자연, 사회가 유기성을 회복하지 못하믄 우리 몸은 망가질 수밖에 없응께."

장두석은 오직 민족이 건강해야 국가가 건강하고 국가가 건강해야 민중이 건강하다는 신념에 따를 뿐인 것이다.

민족의 건강은 늘 음식에 대한 이야기로 이어졌다. 그 중 오미(五

味)가 조화된 밥상이야말로 건강의 으뜸이라는 것은 같이 밥을 먹으면서 빼놓지 않고 하던 말이다. 그렇게 먹어야 성정 또한 바르고 뚜렷하다고 했다. 그 말을 들으면서 곽병찬은 장두석이 그렇다는 생각을 했다.

매운맛은 기혈을 순환시키고, 몸 안 독소를 내보낸다. 일제강점기와 6·25를 거치면서 앓은 폐수종과 간장질환, 사회운동과 민주운동으로 인한 체포와 고문 등은 장두석이 걸어온 길 자체가 고초 당초보다 더 매웠음을 보여준다. 불의를 보고 그냥 있게 되면 나라 안의 독소는 쌓이게 되고 혈을 막게 된다. 장두석은 누구보다도 맵게 질곡의 시대를 건너왔다.

쓴맛은 기열을 배출해 몸속의 염증을 억제하고 몸 안의 습을 말린다. 막힌 기를 뚫는다. 이 나라는 허리가 잘리면서 기가 막혀버렸다. 원흉은 제국주의다. 제국주의는 나라만 동강낸 게 아니라, 생로병사 모든 과정을 돈벌이 대상으로 만들어버렸다. 장두석은 막힌 기를 뚫기 위해 통일운동에 애썼다. 통일이 돼야 나라가 평화로워지고 개개인이 건강해진다. 혼란스러운 마음은 질병을 가져온다. 장두석의 제국주의적 식·의·주 사고방식에 대한 쓴소리가 저주에 가까운 건 그런 까닭이다.

짠맛은 뭉친 것을 풀어준다. 변을 부드럽게 해주며, 담을 없애준다. 염증은 억제하고 발효 혹은 소화를 촉진한다. 물을 많이 섭취하게 해 체내 찌꺼기 배설을 돕는다. 저염식은 제국주의자들이 강요한 대표적인 식습관이라고 장두석은 확신한다.

가톨릭농민회와 함께 했던 농민운동, 서민의 삶을 부축하는 신용협동조합 운동, 지식인 학생들의 구심점 노릇을 했던 양서조합, 민초들 스스로 건강을 지킬 수 있는 민족생활의학 운동 등 장두석이 걸어온 자취는 하나하나가 소금 구실을 했다.

단맛은 몸 안의 여러 기능을 조화롭고 평안하게 한다. 장두석은 신명이 오르면 장구를 두드리며 '진도아리랑'과 '양산도'를 열창하고 덩실덩실 춤을 춘다. 천지인 합일에서 나오는 것이 신명이고, 신명의 드러남이 춤이다. 그런 장두석을 두고 시인 김준태는 '풍류에 달통'이라 했고, '우리 시대의 마지막 샤먼'이라 했다. 그가 주관하는 자리는 맵고 쓰고 짜지만, 결국 달다.

신맛은 몸 안 진액이 빠져나가는 걸 막는다. 장두석의 반찬은 감식초와 구운 소금만으로 버무리면 끝이다. 식초는 나쁜 균을 없애 부패를 막고, 발효를 증진시킨다.

곽병찬이 보는 장두석은 그렇게 불의에는 맵고, 무원칙에는 쓰고, 약한 것에는 달고, 강한 것에는 시고, 기름진 것에는 짜다. 때론 불호령이 매섭고 쓰고 짜지만 감싸 안는 품이 따뜻하다.

2014년 평양 단군제를 지내고 온 장두석은 가만히 하늘을 바라봤다. 저물어가는 하늘이 오늘따라 스산하다. 내 마음이 그런가? 하늘이 왜 저 모양이야. 장두석은 북한에서 돌아온 후로 마음이 어수선하다. 문득 황풍년이 보고 싶다. 발길을 그대로 두암동에 있는 〈전라도닷컴〉 사무실로 향했다.

"선생님, 어쩐 일이세요?"

장두석을 오랜만에 보는 황풍년은 반갑게 맞이했다.

"출판사, 요새도 많이 바쁜가? 그래도 오늘은 나한테 시간을 좀 주게."

"어휴, 무슨 말씀이십니까. 선생님이 오시면 그때부터 제 쉬는 시간이죠. 잘 오셨습니다."

황풍년은 말하면서 장두석의 안색을 살폈다. 북한을 다녀온 걸로 아는데 기운이 없어 보이고 더 지쳐 보인다. 약해졌다기보다는 뭔가를 툭 놓은 듯한 느낌이다. 걱정도 되면서 마음이 안 좋다.

황풍년이 아는 장두석은 긍정의 에너지를 가지고 있는 사람이다. 늘 치열하게 살면서 희망을 노래하고 어떤 일에도 비관적이지 않은 사람이다. 몸 안에 뜨거운 불덩이가 있는 사람이다. 그래서 언젠가 말한 적이 있다. 선생님은 몸 안에 있는 불덩이를 식히려고 그렇게 막걸리를 드시고 노래를 하시냐고.

"혹시 어디 많이 아프신 거 아니시죠?"

"아프긴, 우리 어디 가서 막걸리 한잔 하세."

황풍년은 송준석 교수를 통해 장두석을 처음 만났다. 송준석 교수는 전라도 사람들의 이야기를 쓰면서 이분을 모르면 안 된다며 2006년 교육이 있던 광주 유스호스텔로 황풍년을 데리고 갔다. 장두석의 센 인상에 황풍년은 조금 긴장했다.

"자네가 무슨 일을 한다고?"

장두석은 황풍년에게 대뜸 물었다.

"잡지를 만들면서 전라도 민중들의 이야기를 담고 있습니다."

"자네가 진정한 동지네!"

장두석은 반색을 하며 좋아했다. 땀 흘려 정직하게 살아가는 평범한 사람들의 이야기만을 써서 잡지사를 운영한다는 건 매우 힘든 일이다. 그럼에도 오랜 세월 해오고 있다는 건 진정성과 신념을 가졌다는 것이다. 민중, 농민, 시장 사람들이 역사의 중심이라고 늘 말하는 장두석은 왜 이제야 자네를 만났는지 모르겠다는 표정이다.

그 이후로 장두석은 황풍년을 자주 찾았고 여러 모임에 데려갔다. 그리고 만나는 사람들한테마다 전라도닷컴을 홍보했다.

"자네 같은 사람이 잘 돼야 허는디. 민중을 위한 일만큼 보람되고 힘 있는 일은 없는 거네. 자네 글에는 그런 힘이 있으니 열심히 해 보게나. 내 힘껏 도와줄 테니."

황풍년은 말만으로도 든든하고 기운이 났다.

2008년 대인시장에 사무실을 두고 있던 전라도닷컴은 정감이 넘쳐났다. 좁고 남루한 공간이지만 시장에서 활동하고 있는 여러 예술가들이 무시로 모여서 이야기를 나누던 사랑방이었다. 장두석은 이런 전라도닷컴이 정말 좋았다. 그래서 자주 찾아갔다.

"전라도 정서를 예술작품으로 만드는 정말 중요한 작가들인디 내가 막걸리 한잔 사야제. 그분들 다 오시라고 혀."

시장에서 예술 활동하는 작가들을 장두석은 좋아했다. 만나면 무조건 막걸리를 마셔야 했다. '부부수산' 홍어와 두부 그리고 김치는 단골 안주다. 어느 날은 얼큰하게 취한 장두석이 말했다.

"너희들이 시장에서 활동하고 있다고 여그 주인 아니다. 여그 주인은 여그서 장사하는 상인들이다. 이분들을 잊어버리믄 안 된다. 배웠다고 무시하믄 안 돼."

목소리가 커서인지 호통을 치는 것 같았지만 그래도 다들 경청했다. 황풍년은 곰곰이 생각했다. '그래, 선생님 말씀이 맞아. 시장은 오래된 우리 문화가 집결된 곳이고 여기야말로 우리 서민들의 의식이

집결된 곳이잖아. 언제까지고 없어져서는 안 될 민중의 씨앗 같은 곳이지.'

장두석이 시장에 뜨면 황풍년은 올 스톱이다. 언제나 예고도 없이 불쑥이다. 오면 막걸리 마시고 노래하고 춤을 추며 흥을 만끽한다. 바쁘다 해도 소용없다.

"어이, 풍년이! 잘 있었능가? 막걸리 한잔 허세."

문을 열고 들어서는 선생님 목소리가 들리면 마감을 치고 있던 황풍년은 웃으면서 혼잣말 한다.

'어쿠, 마감일 하루 늦춰야겠구나.'

황풍년은 장두석과 얘기를 나눌 때 의견이 엇갈리는 경우가 거의 없었다. 남북한의 이야기나 정치 이야기도 대체로 맞다. 그런데 딱 한 가지 반박하는 부분이 있었다.

"선생님, 젊은 사람들 옷차림이나 머리 모양 가지고 뭐라 지적하시는데, 말씀대로 우리 것을 지키며 살아야 되지만 그게 딱 그렇게만 할 수 없는 게 문화나 문명이라는 것이 계속 흐르고 교류하잖습니까. 그러면 우리 생활에 영향을 미칠 수밖에 없죠. 그리고 사람들마다 취향이 각기 다른데 그렇게 강요할 수는 없다고 봅니다."

술 마시다가 찾아온 젊은 작가들의 옷차림, 머리 스타일을 보고 장두석이 한마디 하자 황풍년이 말했다. 장두석은 그래도 아니라는 듯 고개를 저었다.

늘 할 말이 많은 장두석이라 술자리는 빨리 끝난 적이 없다. 그래도 돌아갈 땐 뒤도 안 돌아보고 휘적휘적 흰 도포자락 휘날리며 걸어간다. 그 뒷모습에서 황풍년은 문득 조선의 심지 같은 느낌을 받는다. 민족의 맥을 이어가기 위해 끝까지 남아 불을 지피는 아주 짱짱한 심지.

2009년 서울 대학로에 있는 식당 '빈대떡신사'에서 '전라도닷컴 독자의 밤'을 열었던 때 일이다. 추운 밤, 장두석이 홍어를 사가지고 행사장에 찾아왔다. 계룡산에 간 선생님이 느닷없이 들어서자 황풍년은 깜짝 놀랐다. 이렇게 음식까지 사들고 늦은 밤 나타날 줄은 몰랐던 것이다. 너무 감사했다. 맘 내키는 대로 하는 선생님이지만 그래서 이런 감동도 불쑥 주는 거라 생각했다.

황풍년은 선생님을 만나고 나면 뭔가 힘을 얻는 느낌이다. 행동으로, 말 한마디로 처져 있던 어깨도 빳빳하게 세워준다. 사람들과 어떤 논쟁을 할 때는 체면이나 격식은 걷어차버리고 바로 직진한다. 그래서 당혹스러울 때가 있지만 그래서 좋기도 하다.

힘들고 처질 때마다 등 뒤에서 선생님 목소리가 들리는 듯하다.

"어이, 풍년이 있는가?"

"아무래도 내 생전에 통일을 못 볼 것 같아."

막걸리 한잔을 마시고는 평소보다 힘없이 말하는 선생님을 황풍년은 가만 바라봤다. 아무래도 북한에서 그런 분위기를 느끼고 온 것 같다.

"설사 그렇다 하더라도 선생님은 죽어서도 통일운동 하실 것 같은데요?"

황풍년 말에 장두석은 환하게 웃었다.

"그런가? 자네가 그라고 말 했응께 죽어서도 해야제? 허허."

"오늘은 많이 마시지 마세요. 안 좋아 보이십니다."

"그랑께 마시는 거여. 좋으라고. 참, 회사는 한 20년 되었는가? 그동안 잘 버텨왔으니 앞으로도 그 마음 놓지 말고 쭉 이어가소. 전라도를 통해 세상을 보여주고 있으니 자네가 큰일 하네. 내 참동지여."

먹는 것이 중으헌디

"나 거기 갈라고 한디, 가도 되겠는가? 부산 갔다 내려가는 길인디 자네가 보고잡네. 거 이선복 회장이랑 같이 보세."

2014년 가을, 장두석은 사천에 사는 강기갑에게 전화를 했다.

"지금 여기는 엄청 바쁜 시기라 다음에 오시면 안 될까요?"

마침 추수철이라 한창 바쁜 때였다. 고민하던 강기갑은 조심스레 말했다. 자기도 그렇지만 이선복 회장도 엄청 바쁘게 일하고 있다는 걸 알고 있는 터였다. 같은 곳에 살면서도 요즘 통 얼굴도 못 보는 상황이다.

장두석은 강기갑을 통해 이선복을 소개받았다. 농민회 회장을 하면서 친환경농업으로 마을 전체를 일으키려 한 이선복을 장두석은 좋아했다. 사천에 있는 강기갑을 찾아가면 종종 함께 만나 이야기를 나누었다. 친환경과 우리 음식에 대한 공통 관심사가 있어 잘 통했다.

"안 돼. 꼭 가야 혀."

"지금은 민폐가 될 수도 있어요. 오셔도 금방 가셔야 하는데 얼굴만 보고 가시면 너무 서운하잖아요."

강기갑이 극구 말렸지만 장두석은 완강하게 고집을 부렸다. 더 이상 말릴 수가 없었다.

"아니 너무하시는 거 아니에요? 바쁘다는데도 기어코 오신다니…."

강기갑의 아내는 바쁘다는데 굳이 오겠다는 장두석이 이해가 안 됐다.

"많이 외로우신가 보지. 오신다는데 그럼 어쩌겠나."

장두석을 맞이한 강기갑은 좀 이상하다고 느꼈다. 얼굴이 많이 안 좋아보였다.

"어디 아프십니까? 안색이 안 좋습니다."

"허허, 그런가? 몸뚱이를 많이 썼으니 어디가 안 좋기도 하겠지 뭐."

이선복 회장이 밭에 있어 도저히 올 수 없다고 하자 장두석은 막걸리를 챙기라 했다.

"우리가 그쪽으로 가세. 저짝에서 못 오면 이짝에서 가믄 되지. 뭔 문젠가. 허허."

강기갑은 할 수 없이 선생님을 모시고 이선복 회장이 일하고 있는 곳으로 갔다. 이선복은 콤바인으로 타작을 하고 있었다. 거기까지 찾아간 장두석을 본 이선복은 하던 일을 멈추고 논둑으로 나왔다. 자리를 잡고 앉으려 하자 장두석이 손을 내저으며 말렸다.

"앉지 말어. 그냥 이라고 서서 막걸리 한잔만 하세. 더 일할라믄 목좀 축이는 게 좋아."

그렇게 해서 세 사람은 논둑에 서서 막걸리를 주거니 받거니 하며 마셨다.

"하이고, 참말로 좋네. 우리가 먹어야 할 것들이 다 여그서 나오제."

장두석은 가을들판을 바라보며 흡족한 표정을 지었다. 노랗게 익은 곡식과 푸른 하늘과 논두렁가에 핀 풀꽃들이 어우러져 가을 풍경을 만들어내고 있었다. 세 잔째 들이켜던 장두석은 소매로 입가를 닦아내며 말했다.

"바쁜디 더 방해 하믄 안 되제. 봤으니 되얐네. 나는 그만 갈란께 일혀."

그러고는 무슨 말을 할 사이도 없이 장두석은 그대로 오던 길로 걸어갔다. 그 뒷모습을 보며 강기갑은 묘한 기분이 들었다. 이렇게라도 그리 보고 싶었나, 하는 마음도 들고, 무슨 고민이 있어 왔는데 그냥 가시나, 하는 생각도 들었다.

그러다가 불현듯 요즘 건강이 안 좋다는 말을 전해 들은 게 떠올랐다. 강기갑은 바로 뒤따르지 못하고 한참 뒷모습을 바라봤다. 도포자락이 바람에 살랑거렸다.

강기갑은 문득 선생님과 함께 한 지난날들이 떠올랐다.

장두석은 농민운동 와중에 경남에서 농민운동을 하고 있던 강기갑을 만났다. 농성장에서 1박2일, 2박3일을 할 때 같이 잠을 자며 많은 이야기를 나눴다. 주로 민주농정, 협동조합, 독재타도 등의 화두였다. 둘의 관계가 더욱 친밀해진 건 강기갑의 단식농성 때다.

"일주일을 굶어도 회복식만 제대로 하면 단식하기 전보다 더 좋아질 것인께 두고 봐봐."

장두석은 회복식을 어떻게 만드는지 알려주었고 직접 만들어주기도 했다. 단식을 할 때도 효소와 생수를 꼬박꼬박 챙겨 먹으라고 당부했다. 시키는 대로 한 강기갑은 처음엔 정말 효과가 있을까, 하는 의심을 했지만 겪어보니 아주 만족스러웠다. 얼굴도 깨끗해지고 속도 편했다. 그 이후로는 단식할 때마다 몸 회복을 위해 회복식을 준비했다. 회복식은 주로 토마토와 과일 그리고 채소 등으로 만든 주스다. 그 이후로 강기갑은 육식을 끊었고, 단식하면서 효과를 본 효소에 관심을 갖기 시작했다.

장두석은 농민운동에 대한 이야기를 하다가도 결국은 건강 이야기로 넘어갔다.

"우리가 싸움을 지대로 할라믄 우선 몸 건강이 우선되어야 혀."

운동에 집중하지 않고 건강이야기를 한다고 싫어하는 회원들도 있었다. 하지만 강기갑은 내가 건강하지 않으면 건강한 사회를 만들지 못한다는 장두석의 지론에 동의했다. 대책 없이 단식하다 결국 쓰러져보니, 그건 나만의 문제가 아니라는 걸 깨달은 것이다.

회복식을 통해 효과를 본 강기갑은 시간적 여유가 생기자 가족들과 함께 광주로 가 유스호스텔에서 하는 프로그램에 참여했다. 장두석은 무척 반가웠다. 자신을 이해해주고 따라주어 든든했는데 이렇게 교육까지 받으러 왔으니.

그렇게 둘은 건강에 대한 이야기를 나누며 서로를 지지해주는 친밀한 사이가 되었다. 장두석은 머리를 식히고 싶을 때면 종종 사천으로 가 강기갑을 만났다. 막걸리로 회포를 풀며 서로 하고 있는 일들에 대한 이야기로 밤을 지새웠다.

"지금도 생채식 지대로 하고 있는가?"

장두석은 무슨 일로 소원해져 연락이 뜸해지면 불쑥 전화를 해 챙기는 말을 했다. 그러면 강기갑도 흔연스럽게 답했다.

"안 그래도 선생님 생각하고 있었습니다. 선생님이 늘 말씀하신 중심 생각이 생채식과 식사를 제대로 해야 된다는 거잖아요. 그걸 바탕으로 요즘 미생물에 대한 연구를 하고 있습니다. 식탁을 바꾸면 미생물이 달라지니까요."

"그렇지. 오곡밥과 채소를 많이 먹고 발효식품을 먹고."

"네, 그렇게 식탁을 바꾸면 행복물질이 많이 나온다고 그래요. 그럼 유산균을 굳이 안 먹어도 되는 거죠."

"허허, 자네는 대체의학 전문가를 하면 딱 좋을 건디."

둘은 그렇게 평소 생각하고 있는 것들을 자연스럽게 얘기하며 소원함을 풀었다.

장두석은 의·식·주라 하지 않고 식·의·주라 할 만큼 먹는 것에 중심을 더 줬다. 병이 아무리 일시적으로 낫는다 해도 식사를 잘못하면 다시 재발하는 건 시간문제라는 것이다. 강기갑은 평소 먹는 것에 대한 중요성을 강조하는 장두석의 말을 늘 유념했다. 미생물에 대한 연구와 성과를 보일 때마다 장두석은 무한한 응원을 보냈다.

"이런 분야의 연구는 앞으로도 더 많이 나와야 혀. 자네가 아주 잘하고 있네."

바람과 햇살이 버무려져 장두석의 도포자락에서 널을 뛰고 있다. 강기갑은 그걸 바라보며 천천히 뒤따라 걸었다. 좀 쓸쓸하고 외로워 보여 가까이 다가가질 못한다. 장두석의 걸어가는 뒷모습에서 고즈넉한 가을들녘이 출렁였다. 강기갑은 마음이 착잡해졌다.

추수 시기만 아니었다면 좋았을 텐데….

7장

우리는 하나다!

뿌리의 힘

나무에도 꽃에도 한 포기 풀에도 다 뿌리가 있다. 그 뿌리는 물과 양분을 끌어올려 생명을 유지시킨다. 그 생명은 세상을 맑게 하고 푸르게 한다.

그렇다면 민족의 뿌리는 어떠할까. 그 뿌리는 사람을 잇고 마음을 이어 대동세상을 만든다. 덩기덕 쿵덕, 살맛나는 세상에서 한바탕 놀게 한다.

"고향은 어머니고 어머니는 민족이여. 또 민족은 자연의 품인 것이고…."

장두석은 뿌리를 중요시했다. 뿌리는 한 사람의, 한 민족의 역사를 만든다. 우리는 그 뿌리의 힘을 길러야 한다. 둥치가 굵어지고 가지가 뻗어가고 푸른 잎이 번성할 그런 힘을. 이런 그의 성품은 그를 민족운동가로 통일운동가로 고향 지킴이로 나서게 했다.

장두석은 활동범위가 꽤 넓고 다양하다. 농민운동, 민주운동, 건강교육 거기에 통일운동까지 하느라 눈코 뜰 새 없이 바쁘다. 그 중에서도 제일 간절한 염원을 통일운동에 담았다. 장두석은 원래 한 민족이었던 우리, 그 모습이 자연의 순리라고 생각한다. 건강한 삶을 위해선 자연의 순리를 따라야 하고, 그렇게 살았을 때 모든 만물에 평화가 온다고 믿었다. 그래서 장두석의 통일운동 행보는 잠시라도 주저함이 없다.

"민족의 단결만이 통일을 앞당기는 지름길이여."

"한민족 모두가 통일의 주역이 되어야 헌게."

장두석은 이렇게 늘 강조하며 '범민련 남측 본부 고문'과 '통일연대 공동대표'를 맡아 남북이 하나 되기 위한 물꼬를 트는 데 열정적으로 나섰다.

"자네는 그 바쁜 통에 통일운동까지 왜 해?"

어느 날 오랜 지인이 물었다. 건강도 걱정이 되고 그렇게까지 열성을 내는 이유가 궁금했다.

"내가 병을 고치는 사람이잖는가. 그런데 민족이 병에 들어서 아픈데 그냥 있을 수 있는가?"

지인이 말뜻을 못 알아먹고 눈을 동그랗게 뜨고 쳐다보자 장두석이 답답한 듯 자기 가슴을 치며 말했다.

"이 분단병이 모두를 병들게 하고 있잖는가."

그때서야 지인은 알겠다는 듯 고개를 끄덕였다.

"사람으로 치자면 우리나라는 지금 허리에 심한 상처가 난 거여."

"3·8선 말이구만. 자네 말이 맞네. 분단병."

"지금 남이나 북이나 경제적으로 얼마나 힘든가. 빈곤 대책에 대한 예산도 부족헌데 막대한 군사비 지출로 허둥대기에 급급하고, 도대체 이게 뭔가!"

말하다 보니 새삼 화가 치밀어 오르는지 장두석의 말끝이 격앙됐다.

"어디 경제적 문제만 있는가. 정치적, 문화적, 군사적으로 미국에 대한 종속관계도 있잖는가."

"미국의 일방적 횡포가 주는 한반도 긴장 고조는 또 어떻고…. 이런 우라질."

분개하는 장두석을 보며 지인도 한숨을 내쉬었다.

"우리가 어쩌다가 이렇게 됐는지…."

"이 모든 게 다 민족분단의 비극이 초래한 질병의 증상들일세. 질병이 사람 몸을 피폐하게 만들 듯이 이런 갈등과 비극은 우리 삶을 끙끙 앓게 만드는 거여."

장두석은 우리의 민족분단 상황을 이렇게 중증 질병에 비유했다. 일명 '분단병'이다. 그래서 민족과 사회 내부에 깔려 있는 수많은 문제와 갈등은 통일이라는 치유법이 필요하다. 장두석은 분단병의 근원적 치유를 위한 평화통일운동에 헌신적으로 활동했다.

1992년 11월 3일 '민주주의민족통일전국연합 광주전남연합'이 발족됐다. 여기에 광주에 있는 모든 민주시민사회단체가 가입했다. 광주전남연합의 주요목표는 우리 민족 최대 과제인 조국통일이다. 어느 날 장두석이 광주전남연합 사무실 문을 열고 들어갔다.

"선생님!"

부르는 소리에 장두석은 고개를 돌렸다. 고향 선배 아들인 오병윤이다. 몇 년 전 국민운동본부 활동 당시 서로 몇 번 보기도 했고, 범민련 활동 때는 오병윤이 통일운동과 관련된 문제를 상의해 와 만나기도 했다. 시골에서부터 아는 사이라 살뜰하게 잘 챙겨줬다. 그러다가 오병윤이 국가보안법으로 감옥에 가게 된 후 못 만나다가 이날 보게 된 것이다. 다시 만나니 반가웠다. 오병윤은 이 단체에서 실무를 맡아 일하고 있었다.

"몸은 어떠냐."

오병윤이 운동하면서 단식할 때마다 장두석은 죽염과 마그밀을 챙겨주며 제대로 단식하는 법을 알려줬다. 오병윤은 체질적으로 단식이 몸에 맞았다. 그래서 평상시에도 정기적으로 단식을 했다.

"선생님 덕분에 좋습니다. 그 후에도 단식을 꼬박꼬박 하고 있습니다."

"그래, 나중에 시간 되믄 교육 제대로 받아봐. 건강한 몸이 건강한 운동을 하는 것이여."

장두석이 워낙 거친 성격이라 가까이 하려 하지 않는 사람들도 있지만 오병윤은 장두석을 좋아했다.

매년 설 명절이 되면 오병윤은 지산동 선생님 댁으로 세배하러 갔다. 그때 보면 교수들도 많이 오고 유명한 사람들도 왔다. 장두석이 그들과 대화하는 걸 들어보면 덜 배워서 기죽거나 말에 밀리는 법이 없다. 카리스마에서는 따라올 사람이 없었다.

또 장두석은 지산동 보리밥집인 '감나무집'에 자주 갔다. 거기에 오병윤이 환자들하고 함께 따라간 적이 있다.

"사람은 말이여. 제철 음식을 먹어야 하는 거여. 쌀이 나올 때는 쌀밥을 먹고 보리가 나올 때는 보리밥을 먹어야 하는 것이제."

장두석의 말에 모두들 수긍하며 보리밥을 주문했다. 그때 멀리서 온 사람이 난감한 표정을 지으며 자기는 보리밥을 못 먹는다고 했다. 그러자 장두석이 버럭 화를 냈다.

"오지 마! 가!"

당황하는 그 사람을 보며 오병윤은 선생님이 좀 심하다는 생각을 했다. 그러면서도 자기가 옳다고 생각한 것에 대한 확신이 참 강하다는 것을 다시 한번 느꼈다.

장두석은 어떤 자리에서도 한번 굳힌 자기 생각은 끝까지 밀고 나갔다. 싸우고 떠나보내더라도 그렇게 갔다. 지치지도 않나? 한 번쯤 물러설 법도 한데…. 보는 사람들이 답답하고 안타까울 때가 많다. 오병윤은 가까이서 그런 모습들을 보며 여느 사람들하고는 다르게 생각했다. 그래, 좀 거칠어도 우직하게 가야 할 길이면 굽히지 않고 가는 것이 세상을 바꾸는 희망이지. 물론 거칠지 않게 가면 더 좋겠지만. 실은 거친 것 자체가 문제가 아니라 옳으냐 옳지 않느냐가 문제잖아.

오병윤은 단체에서 실무 총괄을 맡다보니 일처리에 있어서 자문과 의견을 많이 들어야 했다. 워낙 다양한 조직들이 결합된 단체다 보니 그랬다. 특히 통일문제에 대해선 더 그랬다. 내부에서 의견이 분분했다. 원칙대로 가야 한다는 쪽과 좀 유연하게 가야 한다는 주장이 수시로 대립했다. 그래서 그런 부분에 대한 자문을 장두석에게 구하면 언제나 원칙대로 가야 한다고 말했다. 장두석은 타협이 없었다. 그러면 오병윤은 그대로 따랐다.

1998년 비전향 장기수 백여 명의 석방이 드디어 결정됐다. 분단으로 인해 삼사십여 년 동안 구속되어 있던 양심수들이다.

"송환되거나 제대로 정착하기 전까지 있을 곳이 필요하겠는데요."

'민주화실천가족운동협의회' 회원들은 석방되어 나오면 당장 거처할 곳이 없는 양심수들이 걱정되었다. '민주화실천가족운동협의회'는

1985년 12월 12일 민주화운동 관련 구속자 및 양심수 가족들이 만든 민간단체다.

"우리 후원회에서 지역별로 어떻게 해서든지 마련해 봅시다."

"그럽시다. 십시일반 힘을 보태봅시다."

회원들은 서로 협력하여 거처할 곳을 마련하기로 했다. 석방되어 나온 양심수들 대부분을 서울 민주화실천가족운동협의회 후원회에서 기거할 집을 마련해 주었다. 그밖에 광주, 대전, 부산 등의 후원회에서도 그들이 살 집을 준비했다.

광주에서는 무슨 일이든 앞장서고 조금이라도 하기 힘든 일은 본인이 알아서 해버리는 장두석이 나섰다. 장두석은 신협에서 자신의 이름으로 오천오백만 원을 대출받았다. 광주 교도소에서 출소한 비전향 장기수 김동기, 이경찬, 이공순, 김인서, 이재룡 다섯 분의 살 집을 마련하기 위해서다.

"집에서는 알고 있는가?"

장두석 또한 세를 얻어 어렵게 살고 있는 터라 걱정이 된 지인이 물었다.

"알아서 뭐 하겠는가. 잔소리 들을 일밖에 더 있겠는가? 다른 사람이 구했다고 혔제."

"그러다 나중에라도 알믄 어쩔라고."

"알믄 아는 거제. 내가 나 좋자고 한 것도 아니고."

"그러니까 문제제. 자네 좋자고 하는 일이 아니어서 집에서 불만이지 않겠는가. 부인이 속상해하는 것도 좀 신경 쓰소. 내가 다 불안하이."

"허허허, 걱정 말게. 세상이 좋아지면 다 괜찮아질 거니께."

장두석은 신협에서 얻은 돈과 회원들이 십시일반 걷은 돈으로 두암동 무등산 아래에 양심수들의 집을 마련했다. 골목길로 들어서서 왼쪽 빨간 벽돌집이다. 단독주택이었는데 1층은 주인이 살고 2층만 사용했다. 방 두 개에 부엌이 하나였다. 옥호를 '통일의 집'이라고 지었다. 개관할 때 모두들 감격해 마지않았다.

"빛고을 무등산 자락 통일의 집은 민족자주와 조국통일을 일구기 위한 평양-광주 간 연락 사무실로 활용될 것입니다."

장두석의 환영 인사말에 모두들 박수를 치며 서로의 얼굴을 바라봤다. 마주한 눈빛들이 설렘과 기쁨으로 빛났다.

"왠지 벌써 통일이 된 것 같은 기분이 드는데요?"

"서로 왕래 하믄서 이라고 만나믄 참말로 좋겄는디…."

사람들은 들뜬 표정으로 말을 주고받았다. 양심수들은 함께 기뻐해 주는 회원들에게 고마워하며 집 여기저기를 구경했다.

'통일의 집'은 그렇게 비전향 장기수들에게 따뜻한 보금자리가 되었다. 그들은 발붙일 곳 하나 없는 곳에서 '통일의 집'을 운영하는 이들의 따뜻한 보살핌과 격려로 일 년 넘게 살 수 있었다. 회원들은 시간 나는 대로 드나들며 음식을 나누었고 마음을 나누었다. 장두석은 수시로 찾아가 어디 아픈 데는 없는지 진료해 주었다. 또 이야기를 나누다 흥이 나면 막걸리를 마시고 노래를 부르며 덩실덩실 춤을 췄다.

"이라고 함께 노는 것이 치료법이제. 딴 것이 없제. 이러다 보믄 통일도 되는 것이고."

목소리가 큰 장두석의 말이 '통일의 집' 창문 밖으로 울려 퍼졌다.

2000년 8월 비전향 장기수들을 북으로 송환한다는 발표가 났다. 그러자 장기수들은 서로 부둥켜안고 기쁨의 눈물을 흘렸다. 회원들도 함께 축하해 주었다. 하지만 고향을 향한 그리움을 대신 채워준 회원들과의 이별은 아쉬움이 컸다.

'통일의 집'에서는 이들이 돌아가기 전 석별의 정을 나누기 위해 만찬을 준비했다. 비전향 장기수들을 물심양면으로 후원해준 회원들이 적극적으로 나섰다.

9월 2일 송환을 앞두고, 8월 21일 오후 후원회장인 장두석의 주최로 이별 만찬이 열렸다. 비전향 장기수들은 자신들을 보살펴준 지인들과 석별의 정을 나눴다. 장두석은 장기수들과 일일이 손을 잡으며 다시 만날 날을 기약했다.

"섭섭하지만 이 자리는 통일이 되든 다시 만나기를 약속하는 자리이기 때문에 기쁩니다. 여러분들이 떠나더라도 여기 통일의 집은 그대로 보존하겠습니다. 여러분들이 돌아오는 것을 기다리고 있겠습니다."

장두석은 많이 섭섭해 하며 말했다. 그때 옆에 있던 문병란 교수도 말했다.

"장기수 어르신들이 꿈에도 그리던 고향으로 돌아가게 됐다는 기쁨에 비하면 우리들과의 헤어짐은 오히려 작은 슬픔입니다."

그러자 장기수들도 정을 듬뿍 담아 한마디씩 했다.

"오늘 이 만찬이 통일의 기쁨을 나누는 자리였으면 즐거움이 더했을 겝네다. 반드시 통일된 조국에서 건강한 모습으로 다시 만나자요."

"이곳에서 따뜻하게 보살펴줬던 여러분들의 마음이 통일의 밑거름이 되리라 생각합네다."

"내래 북에 가서 그쪽 사람들에게 광주에서 지냈던 이야기 하믄서 서로 같은 동포라는 것을 느끼게 해주갔시오."

"통일로 가는 징검다리가 되갔시오."

"죽을 때까지 남북이 서로 이해하고 도울 수 있도록 노력하는 게 보은의 길이라고 생각합네다."

"그동안 미운 정 고운 정 다 들었는디 막상 헤어진다고 생각하니 눈물이 앞섭네다. 과거처럼 이데올로기에 치우쳐 살기보단 민족이라는 큰 틀 속에 남북한의 화해를 위해 살아야 하겠습네다."

아쉬워하며 통일의 전령사가 되겠다는 장기수들의 말에 모두들 눈시울을 붉혔다. 장기수들의 마음속엔 기쁨과 아쉬움이 교차했다. 혈육이 살고 있는 북한의 고향 산천을 볼 수 있다는 것은 가슴 벅찬 일이었다. 하지만 제2의 고향이나 다름없는 광주를 떠나는 발걸음은 그리 가볍지 않다.

살아 있으면 언젠가는 그리운 광주 땅을 다시 밟을 수 있을 것이라고, 우리 민족이 그토록 갈망하고 염원하던 통일이 이뤄지면 환한 모습으로 다시 찾아올 거라고, 장기수들은 끌어안으며 약속했다.

그렇게 되는 날엔, 여기 '통일의 집'은 분단의 상징이 아닌 통일의 기념관이 될 것이다.

    우리의 소원은 통일 꿈에도 소원은 통~일

    이 정성 다해서 통일 통일을 이루자~

    이 나라 살리는 통일~ 이 겨레 살리는 통일~

    통일이여 어~서 오~라 통일이여 오라~

사람들은 함께 '우리의 소원은 통일'을 불렀다.

통일에 대한 열망이 컸던 장두석은 그 간절한 마음을 담아 고희 기념 때 모인 돈을 전부 '통일의 집'에 기부했다.

나라의 중심을 세우며

장두석은 서력의 기원인 '서기' 쓰는 걸 좋아하지 않는다. 단군조선 개국 해인 서기전 2333년을 원년으로 하는 '단기'를 주로 쓴다. 그래서 개천절을 그 어느 날보다도 중요시 여긴다. 장두석은 개천절 행사 참여는 물론 행사를 직접 준비하고 진행했다.

"단군은 우리의 시조인디도 오랜 세월 등한시되어 왔어. 일본 놈들의 민족말살정책이 그렇게 만들어부렀제. 잊지 말아야 혀. 우리한테는 단군의 피가 흐르고 있고 그 정신이 살아있다는 걸 말이여."

2014년 개천절은 평양에서 맞이한다. 이번 개천절 행사는 특별히 단군릉 개건 공사 준공 20주년을 맞이하여 민족공동행사로 열린다. 행사에는 남측 대표단과 북측 대표단 그리고 해외동포 대표단들이 참여한다.

남북공동 개천절 행사는 6·15공동선언이 발표된 이후 2002년 평양 단군릉 앞에서 처음 개최되었다. 그러다가 2005년에 중단되었고, 우여곡절 끝에 9년 만인 이번에 다시 여는 것이다. 그 어느 때보다도 뜻깊은 날이라 역사적인 현장에 함께 할 남측 대표단은 가슴이 설렜다.

남측 대표단에는 김상용 단장, 김기한 명예단장을 비롯, 김구 선생 전 수행비서이자 광복회 고문 김우전 선생, 장두석, 윤승길 사무총장, 이정희 사무국장 등 26명과 천도교측 인사 10명을 포함 총 36명이 참가했다.

　이들은 첫날 북경으로 가서 거기서 다시 고려항공을 타고 두 시간 걸려 평양공항에 도착했다. 사람들은 비행기에서 내린 순간 감회에 젖은 듯 잠시 서 있었다. 입경 수속을 마친 후 한 시간 가량 버스로 이동해 평양 시내에 도착했다.

　"아따, 너무 좋은께 눈물이 다 날라 하네."

　옆에 선 임재택에게 장두석이 말했다. 그러자 임재택도 웃으며 말했다.

　"장 선생님, 그렇게 기다리시더니 엄청 좋으신가 봅니다. 참말로 보기 좋네요. 이리 남북이 함께 행사한 지 얼마만입니까."

　"그러게 말일세. 함께 하니 세상이 훨씬 건강해 보이잖는가? 공기도 나무도 여기 있는 사람들도 다 건강함이 생생하게 넘쳐나네 그려. 허허."

　북에 도착했을 때 장두석에게 북녘동포는 낯선 사람들이 아니었다. 모두가 다 동생이고 형이고 아들딸이었다. 장두석은 만나는 북녘동포들마다 손을 잡으며 반갑게 인사했다. 가지고 간 죽염도 나눠주며 꼭 챙겨먹길 당부했다. 그리고 같이 간 일행들이 개별 행동하지 않고 다함께 움직일 수 있도록 이끌었다. 장두석은 어디서든 그 상황에 맞게 진두지휘를 잘했다.

　"다른 일행들이 왔을 때는 각자 다니고 해서 우리가 관리하기 어려운 점이 많았습네다. 헌데 여기는 단체심이 아주 좋습네다."

북측 행사 관리인이 웃으면서 말했다.

저녁에는 호텔 만찬장에서 연회가 열렸다. 음식을 먹고 이야기를 나누며 흥겨운 시간을 가졌다. 모두가 다 통일의 마음을 담아 노래를 부르고 한데 어울려 춤을 추었다. 서로에게 스며들어 하나가 되는 시간이었다.

"자, 자, 이런 자리에 노래와 춤이 빠지믄 안 되겠제?"

장두석이 말하면서 앞으로 나오자 일행 몇이 따라 나왔다. 술이 몇 잔 들어가 불그스레한 얼굴들로 민요를 부르고 장구와 북을 쳤다. 그러자 다른 사람들도 나와 덩실덩실 춤을 추며 즐거워했다.

"남측에서 많은 분들이 다녀갔지만 이런 연회는 처음입네다. 정말 흥겹습네다. 통일의 열정이 넘치는 잔치입네다."

호텔 지배인은 남측 일행들이 노는 모습을 보며 놀라워하면서 말했다. 언제 또 맛볼지 모르는 값지고 감격스런 순간이었다.

그날 저녁 내내 소나기가 쏟아졌다.

"선생님, 내일도 비가 계속 오면 어쩌죠?"

다음 날 개천절 행사가 걱정이 된 이선재가 장두석에게 말했다.

"걱정 말어. 오더라도 행사 끝나면 올 테니께. 허허."

아침이 되자 다행히 비는 그쳤다. 남측 대표단을 실은 버스는 평양에서 동쪽 방향으로 달렸다. 산기슭을 지나 나무들이 울창한 숲속을 달렸다. 바람도 따라붙어 버스에 탄 사람들의 마음을 펄럭였다.

"언젠가는 편한 마음으로 이 숲속을 거닐 날이 오겠지라."

누군가 혼잣말처럼 말하자 장두석이 바로 받아 말했다.

"거닐기만 하간, 춤도 추고 노래도 부르제. 통일 되믄 나는 가족들 데리고 젤 먼저 여그로 와야쓰겄네."

장두석의 말에 사람들은 웃으면서 저마다 한마디씩 덧붙였다.

"단체버스 빌려서 다 같이 옵시다."

"오고 싶으믄 오고, 보고 싶으믄 보고 그럴 날이 곧 올 것이여."

"죽기 전에 그런 날을 봤으믄 좋겄네."

버스는 한 시간 정도 달린 후 단군릉으로 통하는 주차장에 도착했다. 버스에서 내려 오솔길을 5분 정도 걸어가니 백색 화강암으로 축조된 피라미드 모양의 거대한 단군릉이 나왔다. 단군릉은 단아하면서도 위엄 있는 모습이었다. 대표단은 그 분위기에 압도당하면서 다들 감격스러운 표정이다.

"저 크고 많은 돌들을 어떻게 운반했을까요?"

거대한 단군릉을 올려다보던 누군가가 말했다. 장두석이 줄곧 시선을 능에 둔 채 말했다.

"지금의 문명으로도 이해가 안 되는 기술들이 옛날에도 있었제."

"이렇게 와서 보니 우리 시조에 대한 좀 더 구체적인 연구조사가 필요하다는 생각이 듭니다."

"맞어. 우린 너무 등한시해 왔어. 일단 국가의 정식 시조부터 돼야 혀."

무덤 앞 광장에는 평양 강동군 주민들이 형형색색의 한복과 양복을 차려입고 행사장을 가득 메우고 있었다. 단군릉이 강동군에 위치해 있기 때문에 단군릉을 관리해 오던 강동군 주민들이 대표단들을 환영하기 위해 기다리고 있었던 것이다.

"남북이 함께 개천절 기념행사를 치른다는 것은 굉장한 의미여. 통일로 가는 길목의 역할을 하는 것이제."

환영 나온 주민들을 보며 벌써 흥이 난 듯 장두석은 어깨를 들썩였다.

"아이고 형님, 이대로 앞으로 나가 춤이라도 추실 것 같네요."

"까짓것, 나가서 추어볼까? 허허."

같이 활동하는 후배의 말에 장두석은 금방이라도 중앙으로 나가 춤을 출 것처럼 몸짓을 하며 웃었다. 그러자 옆에 있던 대표단 사람들도 함께 웃었다.

단군릉 앞 화강암 광장과 광장 계단 아래까지 어른들은 물론 청년 학생들로 꽉 차 있었다. 잠시 후 개천절 공식행사가 시작되었다. 대표단들이 입장했다. 장두석은 긴 수염에 흰 두루마기를 입고 있어 유독 눈에 띄었다.

위풍당당하고 여유 있는 모습이던 장두석도 막상 식이 거행되려고 하니 긴장된 표정이다. 거국적으로 다시 시작하는 행사인지라 떨리는 마음을 숨길 수가 없다.

남과 북 대표들의 축하연설과 해외 동포들에게 보내는 호소문 발표가 끝나자 행사의 클라이맥스인 천제 의식이 거행됐다. 의식 진행은 남과 북, 해외 3자로 구성된 천제 봉행단들이 했다.

뿌우우우~~~~

먼저 고구려 갑옷을 입은 여덟 명의 병사들이 제단 오른쪽에서 특이한 모양의 거대한 금속성 뿔나팔을 불며 제례가 시작됨을 알렸다.

거의 10년 만에 만난 사람들은 다소 어색한 분위기다. 하지만 순서에 맞춰 제례가 거행되는 동안 표정들이 점점 풀리면서 서로의 마음속으로 섞여 들어갔다.

공식행사가 끝나고 축하공연이 시작됐다. 축하공연은 단군릉 중간 계단에 조성된 대리석 광장에서 있었다. 구름 한 점 없는 하늘에 강렬한 태양이 이글거리는 한낮이었지만 모여든 사람들의 기대에 찬 표정은 녹아들지 않았다.

여성 아나운서의 개막 인사를 시작으로 여성 브라스밴드의 취주악 공연, 남녀 태권도단의 시범공연과 피바다 예술극단 단원들의 다양한 공연들이 펼쳐졌다. 전통농악놀이패들의 사물놀이 공연은 이채로우면서 흥겨웠다. 특히 탈춤극은 해학적인 남한의 탈춤과는 사뭇 다른 맛이어서 보는 이들의 흥을 더욱 돋우었다.

"얼쑤, 좋다!"

여기저기서 추임새와 웃음소리 그리고 박수갈채가 터져 나왔다.

이때 이색 풍경이 연출됐다. 형형색색의 화려한 한복을 입은 여가수들이 나와서 독창과 중창으로 민요들을 부를 때였다. 흰 두루마기를 입고 자리에 앉아 있던 장두석이 흥에 겨워 일어났다. 그리고는 뚜벅뚜벅 무대를 향해 걸어 나왔다.

"우리 나가서 함께 춤춥시다."

나오면서 장두석은 북측 대표자들의 손을 잡아끌었다. 북측 대표자들은 당황하며 나가지 않으려고 손을 빼려고 했다. 하지만 장두석의 팔 힘을 당해낼 재간이 없다. 힘 좋은 젊은이들도 한번 붙들리면 힘을 쓰지 못했다. 아직까지 팔씨름해서 장두석을 이긴 사람이 있다는 말을 들어본 적이 없으니 그의 팔뚝 힘이 어떨지는 가히 짐작이 간다.

얼떨결에 무대로 나온 북측 대표자들은 처음에는 엉거주춤 서 있기만 했다. 장두석은 민요를 따라 부르며 그들의 손을 잡아끌며 덩실덩실 춤을 추었다. 차츰차츰 흥에 젖은 사람들은 모두들 함께 춤을 추기 시작했다. 어설펐던 춤동작은 어느덧 민요가락을 타기 시작했다.

날좀보소 날좀보소 날~좀보소~
동지섣달 꽃본듯이 날~좀~보소~
아리아리랑 스리스리랑 아라리가 났네~
아리랑 고~개로 날 넘겨주소~

장단에 맞춰 장두석의 흰 두루마기 자락이 나풀나풀 펄럭였다. 그걸 보고 있던 같이 간 임재택, 서금성, 이애주 등 여러 명이 무대로 나와 함께 춤을 추었다. 무대 위 공연 분위기는 더욱 화기애애해졌다.

이에 뒤질세라 북측의 청중석과 해외동포 청중석에서도 끼와 흥이 있는 이들이 줄줄이 무대로 달려 나와 서로 어우러져 춤을 췄다. 어느새 한바탕 큰 잔치판이 벌어졌다. 객석에 있는 나머지 청중들도 손바닥으로 박자를 맞추며 흥겨워했다.

장두석은 무대로 나와 춤을 추는 세 여인을 보더니 눈물을 글썽였다.

세 여인은 북측의 춤꾼과 일본의 한 무용가 그리고 남측의 민중 무용가 이애주였다. 이 세 여인의 즉흥 춤은 그야말로 환상적이다. 꽃인 듯 나비인 듯 추는 춤은 남, 북, 해외가 합일되는 모습이었다. 우리 민족의 원초적인 한과 서러움 그리고 분단의 비극들을 온 몸으로 토해내는 느낌을 주었다.

청중석 여기저기서도 눈물을 훔치고 있었다.

장두석은 생각했다. 오늘의 이 모습이야말로 바로 우리들이 진정으로 소원하는 자주통일 그날의 모습이라고. 민족의 중심을 세워가는 모습이라고.

모든 공연 순서가 다 끝나고 석별의 정을 나누는 시간이 되자 모두들 아쉬운 듯 서로 인사를 나눴다. 취주악단의 구성지면서도 우렁찬 '이별의 노래'가 연주되기 시작했다. 이 노래는 남한에도 어느 정도 알려진 곡이다.

> 백두에서 한라로 우린 하나의 겨레, 헤어져서 얼마냐, 눈물 또한 얼마였던가
> 부모 형제 애타게, 서로 찾고 부르며, 통일아 오너라, 불러 또한 몇 해였던가
> 잘 있으라 다시 만나요, 잘 가시라 다시 만나요, 목메어 소리칩니다
> 안녕히 다시 만나요…

이별의 가락이 단군릉 전역에 메아리쳐 울려 퍼지니 떠나가는 대표단들도 배웅하는 북측 대표단과 주민들도 아쉬운 듯 눈물을 글썽였다.

몸, 마음, 영혼

"자네는 할 수 있는 날까장 오래 오래 하소."

장두석은 개천절 행사를 끝내고 돌아오는 길에 옆에 있는 임재택에게 불쑥 말했다.

"네? 무슨?"

"아이들 생태교육말이야."

"아, 그러려고 합니다. 근데 갑자기 왜 그런 말씀을…."

"계속 눈에 밟히는구먼. 북한 아이들도 그런 교육을 받고 건강하게 자연에서 뛰어 놀고 그래야 하는디."

"그럴 기회 갖기가 쉽지 않겠죠?"

"그러니 빨리 통일이 돼야제."

"그러니까요. 교실에 가두고 공부만 가르치면 아이들 몸과 마음은 금방 망가질 텐데. 북한도 주입식 교육이 만만치 않겠죠."

"건강한 교육이 건강한 통일도 만들 건데, 한쪽만 그런 교육을 받으믄 뭐하겠는가."

임재택은 부산대 유아교육과 교수로 오래 일하면서 아이들 교육에 대한 연구를 많이 했다. 아이들은 자연의 순리대로 키우는 게 옳은 교육이라고 생각했다. 그런데 그런 교육이 제대로 이루어지려면 제일 중요한 게 먹거리다.

임재택은 아이들에게 친환경유기농산물을 먹게 해야 한다는 생각에 이것저것 자료를 찾았고, 그러다가 2003년쯤 장두석을 알게 됐다. 민족생활의학자로 잉태, 태교, 출산, 수유, 육아에 대한 글과 강연을 많이 한 분이란 걸 알고 너무 반가웠다.

특히 아이들은 모든 것을 자연의 순리대로, 사람의 도리대로, 조상들 생활의 지혜대로 키워야 한다고 말하고 있는데 자신의 생각과 너무도 일치했다. 만나서 이야기를 자세히 나누고 싶었다. 그래서 일단 전화를 해서 자신이 무슨 일을 하고 있고 왜 연락을 했는지에 대해 말했다.

장두석은 임재택의 전화를 받고 무척 반가웠다. 아이들 교육에 대한 진정성을 가지고 있고, 그와 관련한 많은 고민을 하다가 자신에게 연락까지 한 사람이라 믿음이 갔다. 그렇게 둘은 첫 인사를 했고 그 후 전화로 자주 연락을 주고받았다. 직접 만나서 얘기를 나누고 싶었지만 학교 일과 다른 여러 가지 일을 하다 보니 임재택은 얼른 시간 내기가 힘들었다. 차일피일 미루던 차에 장두석이 임재택에게 전화를 했다.

"말만 가지고 아이들 키운다고 한 거여? 똑바로 하려면 나한테 와서 배워가야 할 거 아녀! 내가 사람을 잘못 봤구만!"

장두석은 불같이 화를 냈다. 그렇게 절실히 필요하고 도움을 청하려면 진작 한번 와서 직접 체험도 하고 배워가야 하는데 그러질 않은 것이다.

임재택은 기분은 안 좋았지만 구구절절 옳은 말이라 생각했다. 제대로 생태교육을 하려면 자신이 직접 교육을 받아보고 체험을 해봐야 한다는 생각이 들었다. 그래서 바로 장두석의 지산동 집으로 찾아갔다. 장두석은 찾아온 임재택을 반겨주었다.

10박11일의 수련과정은 너무 힘들었다. 잠깐 꾀를 내서 대충 하려 하면 장두석은 봐주지 않았다. 제대로 하지 않으려면 나가라고 호통을 쳤다.

"애들 교육도 그렇게 대충 가르치나!"

자존심 팍팍 긁어대는 소리에 포기하고 갈까, 하는 마음도 몇 번 들었다. 하지만 끝까지 버텼다. 다 받고 나니 정말 몸이 가벼워지고 좋아졌다는 게 느껴졌다. 그러면서 지금 연구하는 교육 과정에서 뭐가 부족하고 어떻게 채워야 하는지도 파악이 됐다.

그 후 임재택은 장두석과 꾸준히 연락을 주고받으며 교류했다. 장두석은 임재택이 하는 일들에 도울 수 있는 부분들을 도와주며 적극 격려했다. 유아생태교육은 몇 사람만의 연구나 시도로 끝나서는 안 된다고 생각했다.

"자네가 전국적으로 퍼져나갈 수 있게 많이 노력하소. 아이들을 위한 이런 교육은 나라의 미래와도 연결된 일이니. 지금은 먹는 거 입는 거 모두 다 너무 서양화돼 있어 큰일이여."

"네, 그러겠습니다. 우리 아이들, 자연산으로 키워야죠."

"그람. 아이들에겐 자연이 가장 큰 스승이여."

장두석은 임재택을 아껴주고 챙겨줬다. 임재택도 생태유아교육학회 학술대회에 장두석을 초청하기도 하면서 기대를 저버리지 않기 위해 열심히 노력했다.

그러던 어느 날, 큰 행사를 앞두고 '와사풍'이 왔다. 너무 무리를 한 탓이다. 입이 돌아가 물이 샐 정도니 임재택은 충격으로 어찌할 바를 몰랐다. 너무 두려워 장두석에게 전화를 했다.

"지금 바로 관장부터 하소. 그러고 나서 단식에 들어가야 해."

임재택은 장두석이 시키는 대로 했다. 관장을 하고 21일 단식을 했다. 직접 교육 받은 게 큰 도움이 됐다. 낫고 싶다는 일념으로 조금이라도 대충 하지 않고 철저히 지키며 했다. 그렇게 해서 다행히 병이 나왔고 임재택은 단식 프로그램이 중요하다는 걸 몸소 앓으며 다시 한번 깨달았다.

"여기 교육은 몸과 마음과 영혼을 깨끗하게 하제. 게으름 피우지 말고 정기적으로 받어."

임재택은 민족생활관에서 받은 교육 내용을 그대로 아이들 교육에 적용시켰다. 자연에서 뛰어놀게 하고 입는 것 먹는 것도 그대로 실천했다. 그렇게 해서 아토피로 고생하는 많은 아이들을 낫게 했다.

"선생님의 철학을 아이들의 교육현장에 그대로 적용했습니다. 많은 효과를 봤고, 그래서 교육계에서도 점점 관심을 갖고 있습니다."

임재택의 말에 장두석은 소년처럼 웃기만 했다.

"바람이 참 시원하네. 역시 바람도 자연바람이 최고제."

장두석은 차창 밖으로 손을 내밀어 바람을 어루만지며 말했다.

"네, 뭐든 자연적인 게 최고로 좋은 거 같습니다."

임재택도 차창 밖으로 손을 내밀며 말했다.

말이 껍질이른 행동은 알맹이여

"민족의 단결만이 통일을 앞당기는 지름길이여. 한민족 모두가 통일의 주역이 돼야 혀."

이렇게 늘 강조하는 장두석은 범민련 남측본부 고문과 민족문제연구소 이사, 통일연대 공동대표를 맡아 남북이 하나 되기 위한 물꼬를 트는 데 열정적으로 나섰다.

"우리가 하나 되어 다시 일어서려면 아픔을 나눠야지. 아픔을 나누면 같은 민족의 정을 나누게 되는 것이니."

경제적으로 힘든 상황인 북한 소식을 들을 때마다 장두석은 늘 가슴 아파하며 말했다. 그러면서 주위 사람들을 독려해 북녘돕기에 앞장섰다.

'한민족생활문화연구회'는 1995년부터 북녘돕기운동을 해왔다. '못자리용 비닐 보내기', '북녘어린이 빵공장 지어 매달 밀가루 보내기', '용천역 폭발 사건 이후 소학교 교실 한 칸 마련' 지원 등 지속적인 지원활동을 펼쳐왔다.

"우리가 이렇게 한다고 뭐가 달라질까요?"

"이 정도 가지고 얼마나 도움이 될까요? 또 고마워 할랑가도 모르겠네요."

회원들이 함께 참여하면서도 이렇게 한마디씩 할 때면 장두석은 몹시 못마땅해 하며 말했다.

"내가 말했잖여. 십시일반이라고. 뭐든 한 걸음부터라고, 서로 조금씩 힘을 보태면 그 어느 것보다 큰 힘이 된다고. 글고 고마워 안 하믄 워때. 배곯는 이들 배 채워지면 그것으로 됐제."

장두석이 나무라듯 말하자 회원들은 무안한 얼굴로 아무 대꾸도 못했다.

장두석은 2007년 북한의 수해소식을 접했다. 40년 만의 기록적 폭우로 6만3천여 세대의 집이 파괴된 엄청난 피해였다. 그로 인해 수백 명이 사망하고 실종됐다. 장두석은 한민족생활문화연구회 교육생들과 같이 수해복구지원 모금운동에 들어갔다.

"팔을 잡지 않고서는 일으켜 세울 수가 없제. 말로만 하지 말고 돕는 일을 해보자고. 우리 조상들은 배곯던 시절에도 콩 한쪽도 나누어 먹었고 십시일반의 정신을 오롯이 지켜왔은께."

그렇게 해서 모아진 성금을 북녘 큰물피해 돕기운동 '북녘동포에게 희망을'에 보냈다. 힘들 때 옆에 있어주고 도와주는 것이 같은 민족의 끈을 이어가는 것이라고 장두석은 생각했다.

"누구든 슬프다고 말해줄 수는 있제. 허나 그 슬픔을 행동으로 나눠 갖는 것은 아무나 할 수 없어."

장두석은 강연할 때마다 늘 강조했다.

"말보단 행동이란 말씀이죠?"

"그러제. 말이 껍질이면 행동은 알맹이여. 눈물은 같이 흘려줘도 내 돈 꺼내주는 건 힘든 거여. 허지만 그게 진짜여. 그게 함께 나가는 길이제."

장두석은 모금운동을 계속해서 정기적으로 성금을 보내야겠다고 생각했다. 그래서 사람들에게 동참해주기를 호소했다.

"우리 민족은 대대로 서로가 서로에게 가족이 되고 이웃사촌이 되어 반만년을 이어왔습니다. 오천 원짜리 한 장이면 북녘 동포 한 사람이 한 달 먹고 살 수 있는 식량이 됩니다. 어려움에 처한 북녘동포들에게 우리의 작은 손길을 보냅시다."

장두석의 말에 넉넉지 못한 형편의 환우들도 함께 동참했다. 장두석은 고마웠다.

"본인들도 몸이 아프고 경제상황이 안 좋을 텐데도 십시일반 한 것이니 더욱 의미가 크네. 이 정성이 가 닿을 것이여."

 장두석은 생각했다. 남과 북이 작은 일로 꼬이고 막혀 갈등이 심화되면 강대국의 전쟁놀이터가 될 뿐이라고. 그러니 서로 소통하여 부모형제처럼 어려울 때 서로 도와주고 사랑한다면 통일의 길은 저절로 열릴 것이라고.

8장

두루마기 자락 휘날리며

나를 알아야 남을 알고 세상을 알제

장두석의 호는 해관(海觀)이다. 품고 또 품는 넓은 바다를 볼 줄 아는 마음의 눈, 이렇게 해석한다면 '해관'이라는 호는 장두석에게 딱 어울린다.

'바다'는 모든 것들을 다 '받아'낸다. 격정과 평온과 생명과 죽음, 그리고 깊이와 품까지 다 아우르고 있다. 그런 바다는 늘 자기 자신을 먼저 보게 한다.

장두석은 사람들을 만날 때마다 자주 말했다.

"관아생 관기생(觀我生 觀其生)이여. 나를 알아야 남을 알고 세상을 알제."

내 삶의 주인공인 나를 알고 나야 남도 알게 되고 또 그런 자만이 나와 우리가 함께 하는 이 세상에 대해 알 수 있다. 장두석은 공동체 문화를 가지고 있는 우리 민족은 특히나 이런 마음의 자세를 가지고 있어야 한다고 말했다.

넓은 바다처럼 모든 걸 품은 듯 사람들을 대하다가도 장두석은 여차하면 격하게 파도치는 바다가 된다. 하지만 어느 바다든 그 안에 품은 내용들은 다 똑같다. 그걸 아는 사람도 있고 모르는 사람도 있지만.

"선생님, 좀 더 쉽게 얘기해 주시면 안 되나요? 나를 안다는 건 뭘까요?"

듣고 있던 교육생이 물었다.

"나 자신을 알면 내가 앞으로 나아가야 할지 뒤로 물러서야 할지 아는 거고, 내가 어떤 사람인지 깨달으면 무엇을 해야 하고 어디로 가야 하고 어떻게 해야 하는지를 알게 되는 것이제."

"근데 그게 어려운 것 같아요."

"자기를 사랑해봐. 사랑하는 마음 없이 알 수 있는 건 없는 것께."

장두석의 이런 말들 밑바탕에는 뿌리의 마음이 깔려 있다. '나'의 뿌리는 내 자신이고 '우리'의 뿌리는 민족이고 '민족'의 뿌리는 전통문화다. 그래서 장두석은 전통문화에 대한 애착이 강하다.

"전통문화는 좀 고리타분하지 않나요?"

"우리 문화도 시대에 맞게 좀 바뀌져야 할 것 같아요."

젊은 교육생들이 웃으며 말하면 장두석은 바로 호통을 쳤다.

"이놈들아, 전통을 고리타분한 걸로 생각하믄 안 되제."

교육생들이 웃음을 멈추고 눈치를 보자 장두석이 헛기침을 몇 번 하고는 좀 누그러진 투로 다시 말했다.

"전통문화는 어느 날 뚝딱 생겨난 게 아니여. 시대에 따라 무조건 바꾸는 것도 아니고. 바꾸더라도 우리 전통을 기반에 두고 하는 것이어야제."

장두석은 문화의 뿌리를 찾아가면서 깨달았다. 우리 생활 자체가 문화고 그 문화는 긴 역사의 줄기로 이어져 왔다는 걸. 문화는 하늘의 뜻과 땅의 이치를 존중하고 조상을 숭배하고 인간을 사랑하는 것이다. 즉 천·지·인을 아우르는 것이 우리 문화의 특징이다. 식·의·주 및 모든 생활구조는 인간중심이고 건강중심이어야 한다. 그러니 우리 민족에게 맞는 식·의·주를 해야 건강하게 살 수 있다.

"우리 문화의 특징으로는 뭐가 있을까요?"

한 교육생이 불쑥 질문을 던졌다. 그때 옆에 있던 다른 교육생이 끼어들며 말했다.

"우리 민족은 옛날부터 빌기를 잘 하는 거 같아. 정화수 떠놓고 달에 빌고 하늘에 빌고 산신령한테 빌고…."

그러자 장두석이 고개를 끄덕이며 말했다.

"맞어. 우리 민족은 기원하는 문화가 강한 민족이었제. 명절, 제사, 천제 이런 것이 다 비는 것이제. 이런 것들이 다 문화제."

장두석이 갑자기 자리에서 일어나 덩실덩실 춤을 추며 노래를 불렀다.

도라지 도라지 도오오라아지
시임심 산천에 도라아지

한두 뿌리만 캐어어도~~
대바구니로 반실만 되누우나

에헤요 에헤요 에헤야~
어여라 난다 지화자아 조오호타
저기 저 산 밑에 도라지가 한들한들

"느그들 이 노래가 뭔지 아냐?"

한바탕 노래를 부르고 난 장두석이 교육생들에게 물었다.

"그거 민요잖아요. 도라지타령."

"맞다. 우리 민요다. 우리 음악!"

"근데 그게 왜요?"

"우리 음악은 말이여, 민중들의 생활의 지혜여. 힘든 노동을 하믄서 애환을 달래기 위해 불렀던 노래제. 한마디로 말해서 힘을 낼 수 있는 약이었다, 이 말이제."

장두석의 말에 교육생들은 고개를 끄덕였다.

"사람이 말이여, 괴로울 때나 즐거울 때 저절로 하는 신체적인 표현이 뭔지 알어?"

교육생들은 눈만 말똥말똥 굴렸다.

"고거이 바로 춤과 노래여. 그랑께 우리 삶 자체가 춤이고 노래인 거제. 아낙들이 말이여, 김을 매면서 끊어질 듯한 허리를 부여잡고 밭고랑을 헤쳐 나갈 때 민요가락으로 그 고비 고비를 넘어가는 것이여. 그러니께 춤과 노래는 단순한 놀이가 아니라 노동하는 인간의 생명의 소리라고 할 수 있제."

장두석은 말하면서 회상에 찬 눈빛이 되었다.

논에서 만드리를 할 때 사물놀이가 한바탕 벌어졌다. 북, 징, 장구, 꽹과리 가락이 울려 퍼지면 사람들이 모두 모여들었다. 아이 어른 할 것 없이 어깨가 저절로 들썩들썩거린다. 그 가운데 장두석이 있다.

망향의 한, 그 절절함을 누가 알겠어?

사회운동의 전력으로 항상 정부의 감시를 받아온 장두석은 1991년 즈음에야 감시망에서 풀려났다. 그러자 고향 발전과 실향민을 위한 일에 적극적으로 참여하기 시작했다.

"고향은 내 조상을 묻은 곳이고 조상의 숨결이 어린 곳이니 그 은덕에 보답해야 안 쓰겄어? 고향은 내 생명의 텃밭이기도 허고 말여."

장두석은 고향 친구인 이규형을 만나 술을 마시며 말했다.

"어떻게 하려고 그러나?"

"고향에 필요한 일들을 하나씩 해 나가야제."

"뜻 모으는 것도 일이지만 돈이 있어야 할 거인디 그게 참 쉬운 일이 아닐 걸세."

"그러니 자네가 많이 도와주게."

"내가 서예 하는 거 말고 뭐 할 줄 아는 게 있나. 자네가 하믄 뒤에서 도와는 줌세."

장두석은 팔을 걷어붙이고 사심 없이 고향사업을 하나하나 해나갔다. 적벽 사업과 향교 사업 그리고 크고 작은 기념비 사업과 장학사업 등을 했다. 고향을 위한 일이라면 고무신에 두루마기 차림으로 여기저기 돌아다니며 열정을 쏟았다.

뜻이 같더라도 여러 사람들과 함께 하는 일은 군데군데 늘 잡음이 있게 마련이다. 그럴 때마다 장두석은 가로막힌 벽을 망치로 두드려 깨듯 밀어붙였다. 해야 될 일이라면 어떻게 해서든 돌파구를 찾아냈다. 그러다 보면 사람들과 마찰이 생기기도 했다. 좋은 사람들과 어굿날 때마다 마음이 아프고 속상했지만 장두석은 결코 자신의 고집을 꺾지 않았다.

여러 일 중에서도 장두석이 가장 마음을 쓰고 한 치의 양보 없이 밀고 나간 일이 적벽 사업이다.

고향인 화순 이서면은 서쪽으로는 명산인 서석산이, 동쪽으로는 옹성산과 그 아래 영신천, 창랑천, 적벽강이 있다. 산과 강이 어우러져 태극형을 이루고 있는 그야말로 산고수려(山高水麗)한 고장이다. 그런데 이 아름다운 곳이 동복상수원 댐공사로 수몰되어 살아온 흔적을 송두리째 빼앗겨버렸다.

1984년도 동복상수원 댐공사로 인한 보상이 제대로 이뤄지지 않자 마을 사람들은 시위를 했다. 그러던 차에 어느 날 장대비가 쏟아졌고, 관에서는 큰비가 오는 틈을 타 불식간에 마을을 수몰시켜버렸.

침수된 15개 마을의 주민들은 통한의 눈물을 흘리며 이곳저곳으로 뿔뿔이 흩어져 살게 되었다. 가진 것 없어도 오가며 정담을 나누고 서로 음식 나눠 먹으며 오손도손 살아가던 사람들이다. 옛 모습이 흔적 없이 사라져버린 고향을 생각할 때마다 가슴을 쓸어내려야 했다. 실향민의 한은 걷잡을 수 없었다.

"아이고, 고향이라고는 하나 산이 막고 물이 막아 성묘도 지대로 할 수 읎네."

"마룻바닥에 누워 달도 보고 별도 보고 또 아궁이에 밥도 해묵던 우리 집이 저 물속에 그대로 있다고 생각하믄 억장이 무너진단께."

해마다 명절 때면 수원지 댐에 함께 모여 순시선을 타고 가서 벌초도 하고 성묘도 했다. 또 귀가할 때도 시간을 맞춰 같이 했다. 순시선을 타고 오가는 사람들은 외롭고 서러운 섬이 되어버렸다.

장두석 또한 이 아픔의 당사자이기에 그동안 억누르고 있던 울분을 토해냈다.

"미물도 죽을 때는 고향을 향해 머리를 두르고 생을 마친다는데 하물며 사람은 워쩌겄어. 다른 것이 힘들다 허믄 성묘라도 하게끔 해줘야제!"

더 이상 미뤄서는 안 되겠다고 생각한 장두석은 도로를 내어 편안한 성못길을 만들기 위해 앞장섰다.

"고향 뒷산에 도로를 내는 길밖에는 방법이 없을 것 같구만."

장두석의 말에 주위 사람들은 놀란 표정이 되었다.

"거기다 길을 내믄 땅 주인들이 가만히 있지 않을 것인디…."

"그 사람들 일일이 찾아댕기믄서 허락을 받는 일도 만만치 않을 것이어라."

그러자 장두석은 눈을 부릅뜨고는 말했다.

"그래서 하지 말자고? 해줄 때까징 찾아댕기믄서 받아내야제. 이 일은 꼭 해내야 하는 일이여."

북면 하다마을에서 고향 뒷산까지 약 5km의 험한 산길에 도로를 내야 했다. 장두석은 허락을 받아내기 위해 산주인들을 일일이 찾아다녔다. 가깝게는 이웃부터 멀리는 서울, 부산을 비롯해 각지에 흩어져 있는 사람들을 찾아다니며 설득했다. 예상했던 대로 쉬운 일은 아니었다. 이 일의 필요성에 대해 이해를 한 사람들은 쾌히 승낙을 해주었지만 그렇지 않은 사람들은 완강히 거절했다. 하지만 장두석은 포기하지 않고 매달렸다. 자기의 이익만 앞세우는 사람들을 볼 때는 속에서 분노가 끓어올랐지만 꾹 참고 설득했다. 그 성격에 참는 건 보통 힘든 일이 아니었다.

"우리 선조님들이 여기 저기 누워계시고 삼백 년 넘게 살아온 고향 땅이오. 탯자리가 물에 잠겨 한날한시에 실향민이 된 사람들이 조상 성묘라도 제대로 해야 되지 않겠소."

장두석은 끈질긴 설득 끝에 결국 도로 개설 승낙을 받아냈다. 하지만 일은 거기서 끝나지 않았다. 수몰지역이 상수원보호구역이기에 도로 개설이 쉽지 않았다. 장두석은 화순군과 광주시, 중앙정부에 이르기까지 백방으로 뛰어다니며 교섭했다. 이때 고향친구 이규형과 정채호가 함께 다녔다.

"자네, 지금 우리는 사정하러 가는 거니 제발 성질 좀 죽이고 좋게 좋게 얘기하세."

장두석의 불 같은 성질을 알기에 정채호가 미리 조심을 시켰다.

"나도 알어. 그렇게 함세."

이런 약속을 했다고 성질을 죽일 장두석이 아니었다. 설명하며 사정하다 말이 안 먹히면 대번에 큰소리로 윽박질렀다. 그러다가 아기가 투정부리듯 매달리기도 했다.

하지만 가장 큰 난관은 도로를 낸 뒤 그쪽 언덕에 지으려고 하는 정자였다. 다른 수몰지역은 수몰 지역민들에게 많은 혜택을 주었다. 그런데 이 마을은 아무런 혜택이 없어 수몰지역을 기리는 정자라도 짓고 싶었다. 거기 와서 잃어버린 마을을 추억이라도 할 수 있게 해주고 싶었다. 이름도 '망향정'이라고 미리 지어놨다.

하지만 건축허가가 안 됐다. 거기에는 수돗물로 끌어다 쓰는 수원지가 있기 때문이다. 물을 지키기 위해서는 사람들 출입도 통제할 판인데 건물을 지어 사람을 드나들게 할 수는 없었다.

"절대로 안 됩니다."

직원이 못 박아 얘기하니 같이 갔던 이규형과 정채호는 안 되겠구나, 하며 거의 포기했다. 듣고 보니 도저히 허가를 낼 수 없겠다는 생각이 들었던 것이다. 장두석은 가만히 앉아 있더니 한번 더 생각해 보시라며 그대로 나왔다. 그 후로 장두석은 하루에 한두 번 계속 찾아가서 허가해 달라고, 지어 달라고 사정했다. 실향민들의 마음을 얘기하며 화도 내고 달래기도 했다.

장두석의 끈질긴 노력 끝에 결국 허가가 떨어졌다. 대신 건축 허가를 망향정으로 하지 않고 상수원보호감시초소로 냈다. 그렇지 않으면 낼 수가 없었다.

"정말 자네는 대단하네. 나 같으면 진즉 포기했을 건디 자네여서 이렇게 해냈네."

이규형은 믿을 수 없다는 듯이 고개를 흔들며 말했다.

다음 차례는 설계였다. 장두석은 지인에게 소개 받아 건축사 정광민을 찾아갔다. 적벽에 정자를 짓게 된 경위를 얘기하고 설계를 부탁했다.

"일단 현장을 봐야 하니 함께 가보시죠."

망향정을 짓겠다고 한 자리는 전망이 좋았다. 그런데 장두석은 언덕 제일 꼭대기를 가리키며 거기에 짓겠다고 했다.

"그건 안 됩니다. 어떤 정점을 누르게 되는 것은 좋지 않습니다. 기를 누르는 것이 되니까요. 꼭대기 바로 아래쪽에 지읍시다."

장두석은 정광민의 그 말에는 순순히 수긍했다. 기를 누른다는 게 장두석도 걸렸던 것이다.

화순군은 망향정의 평수를 12평으로 허가했다. 다른 사람들은 정자를 짓게 된 것만으로도 다행이다 싶어 더 이상 고집 부리지 말고 그대로 짓자 했다. 하지만 장두석은 도저히 성에 안 찼다.

"15개 마을 고향사람들이 모이는 정자를 고것밖에 안 주믄 안 되제. 그람 우리 보고 서서 얘기하란 말이여?"

장두석은 담당직원을 찾아가 다시 사정했다. 이번엔 화도 내지 않고 조곤조곤 설명하며 계속 찾아가 설득했다. 결국은 35평의 넓이로 짓게 됐다.

장두석은 설계를 하는 동안 처음부터 끝까지 참견했다. 머릿속에 이미 설계도면을 짜놓고 이렇게 저렇게 하면 어떻겠는가 아침저녁으로 물어봤다.

정광민은 처음엔 어느 정도 받아주었는데 한도 끝도 없다. 전문가로서 보는 눈도 있고 자존심도 있어 나중에는 화가 났다.

"그럼 선생님이 알아서 지으세요."

정광민은 더 이상 못 참고 그대로 가버렸다.

"내 다신 안 그럴 테니 어서 오소. 자네 말대로 함세."

장두석은 정광민을 살살 달랬다. 정광민은 고집 센 양반이 그렇게 나오니 한편으론 고마웠다. 오죽 잘 짓고 싶은 마음이 크면 그럴까, 하는 생각도 들어 다시 하기 시작했다.

망향정만 짓는 게 아니라 그 주변에 만들어야 할 것들이 많아 예산 문제에 부딪혔다. 지원금엔 한계가 있었던 것이다.

함께 했던 많은 사람들이 근심에 찬 얼굴로 앉아 있었다. 그때 장두석이 벌떡 일어서며 말했다.

"이제껏 우리가 해온 거 있잖여! 십시일반 하믄 되제. 고향 없이 잘 될 수 있었간? 있음 있는 대로 없음 없는 대로 다 같이 내야제."

한시라도 급한 장두석은 바로 각지에 있는 향우회를 찾아다니며 모금운동을 했다. 대부분 그 취지에 동조하며 조금씩이라도 기꺼이 참여했다. 장두석의 설득력도 있었겠지만 고향의 실향민들에 대한 안타까움을 모두들 갖고 있었다.

그렇게 해서 장두석은 여러 사람들과 함께 '망향정 추진위원회'를 결성해 적벽 사업을 본격적으로 시작했다. 1995년부터 도로를 내기 시작했고, 수몰된 마을을 기리기 위한 망향정은 1999년에 착공해 2001년에 준공했다.

그리고 적벽 아래쪽으로 네 곳, 위쪽으로 열한 곳, 총 열다섯 수몰 마을에 대한 비를 세웠다. 물에 잠긴 마을의 유래를 알게 하기 위해서였다. 그 외 망향탑과 망배단 그리고 천제단까지 이 모든 일을 해내는 데 무려 13년이나 걸렸다.

설계는 정광민, 건축은 윤정우, 글씨와 현판은 송파 이규형, 서각은 나갑, 석공은 이영식이 함께 했다.

모두가 한 마음 한 뜻으로 힘을 모았다. 때론 지치고 사소한 충돌로 지연되기도 했지만 그럴 때마다 같이 밥을 먹고 술을 마시며 툭툭 털어내곤 했다.

"모두들 다 애썼죠. 돈이 있는 사람들은 돈으로 내고 없는 사람들은 여그 와서 잔일이라도 함께 거들고 저 같이 식당 하는 사람들은 밥 대접으로 하고. 장 선생님 말씀대로 십시일반 안 했으믄 이 일은 못 했을 거구만요."

적벽 근처에서 식당을 하고 있는 분이 얘기하자 옆에 있던 분이 한 마디 거들었다.

"아고, 장 선생님이 워낙 고집이 쎄갖고 그것 땜새 많이 싸우기도 혔는디 생각해보믄 그 고집 아니었으믄 참말로 이 공사 제대로 못 끝 났을랑가도 몰라라."

오랜 세월을 거쳐 세워진 망향정 앞마당에 음식과 술을 차리고 사물놀이를 준비했다. 음식은 각자 집에서 정성껏 만들어온 것들이 많았다. 술도 직접 빚은 막걸리였다. 전국 각지에서 온 향우들과 마을 사람들이 모두 한자리에 모였다.

제를 올리고 나서 술을 마시며 춤을 추는 사람들의 얼굴엔 만감이 교차했다. 함께 울고 웃고 싸우고 화해하고 부대낀 그 시간들이 파노라마처럼 지나갔다.

춤을 추는 사람, 아무 말 없이 술만 마시는 사람, 그간의 일들을 이야기하며 담소를 나누는 사람, 수몰마을 기념비를 어루만지며 하염없이 우는 사람 그리고 망향정에 올라서서 수몰되기 전 지난 시절을 회상하는 사람들…. 눈으로 물이 차오르는 걸 뻔히 지켜보며 몸만 빠져나와야 했던 그 순간이 떠오르는지 금세 눈시울이 붉어졌다.

그때였다. 장두석이 막걸리를 마시며 외쳤다.

"막걸리 한 잔에 실향민의 한을!"

다시 한 잔을 마시며 외쳤다.

"막걸리 한 잔에 우리의 정신을!"

또 다시 한 잔을 마시며 외쳤다.

"막걸리 한 잔에 평화통일을!"

그러자 모두들 들고 있는 잔을 높이 들며 각자 외치고 싶은 말들을 외쳤다. 춤을 추며 아리랑을 부르며 어깨춤을 췄다. 웃고 떠드는 소리가 적벽강으로 흘러들어가 저 아래 수몰된 마을 골목 사이사이로 스며들었다.

장두석은 망향정에 올라 감회에 젖어 바라보다 시를 지었다.

    望鄕亭 原韻

累載侳偬築榭臺 여러 해 고생하여 이 정자 지어낼 제
心心只爲失鄕開 심중에는 실향민을 위한 생각뿐이었네
堪嘆世事明還滅 세상일은 명멸이 있음을 한탄하나
最愛騷人往復回 나그네들 왕래하며 찾아듦이 좋아라
赤壁直垂千仞立 붉은 벽은 곧 바로 천 길이나 드리웠고
碧江舒抱萬峯來 푸른 강은 느릿느릿 만 봉우리를 감싸오네
東漂西散無桑梓 동서로 흩어져 고향도 없으니
到此難禁敬且盃 이곳에 올 때마다 경건히 잔 올리네

못 말리는 풍류객 장두석

에헤에이이에~
양덕명산 흐르느은 무우르으은
밤돌아 든다~고 무병루우우하로다
삼산은 반락에 모란봉이여허
이수중분에 능라도오오로오다

지인과 교육생들이 함께 한 술자리가 펼쳐졌다. 장두석은 장구 치며 경기민요 '양산도'를 구성지게 불렀다. 장두석이 낀 술자리에는 항상 춤과 노래가 빠지지 않았다. 장소에 상관없이 유쾌한 판이 벌어졌다. 천·지·인 합일에서 나오는 신명을 장두석은 춤으로 보여줬다.

"사람은 신명이 있어야 혀."

장두석이 춤을 추며 말하자 옆에 있던 김준태 시인이 말했다.

"장 선생님은 우리 시대의 마지막 샤먼일 겁니다."

장두석은 신명을 끌어내어 삶의 활력소로 만든다. 그래서 장두석은 낮에 조금 힘이 들고 피곤한 일이 있으면 오후에라도 풍물을 하며 신명을 냈다. 신명이 나면 긍정적인 생각이 들고 즐거운 마음이 절로 나기 때문이다.

장두석이 함께 한 자리는 늘 술이 빠지지 않는다. 말술에 거침없는 애주가다. 오는 손님 맞으며 한 잔, 가는 손님 보내며 한 잔, 고생하는 가족들 위로하며 한 잔, 술친구가 없다며 한 잔 그렇게 술을 마시는 이유가 끊임없이 나온다.

백아산 계곡물로 빚은 '백아산 동동주'가 그의 단골 술이다. 이렇게 음주가무를 좋아하니 시를 좋아하고 때때로 감성적인 면들이 나오는 게 당연하다 싶다.

"어이, 지금 내 이 마음을 시로 한 수 지어주게나."

장두석은 술 마실 때 좌중에 시인이 있으면 자기 마음을 읊어주며 시로 지어주길 원했다.

한 잔 두 잔 술이 오가고 말끔했던 옷에 얼룩이 질 때쯤이면 식당 주인하고도 술친구가 되어 있다.

"고향은 어디신가."

"아, 나 거기 아는 사람 있는디."

장두석은 어디서 누굴 만나도 이야기를 잘 했다. 모르는 지역이 없고 모르는 성씨가 없다. 다 친구고 선후배다. 팔도 어디를 가든 그 지역 문화와 사람들 그리고 자연환경을 꿰뚫고 있다. 그래서 구수한 입담이 끊이질 않는다. 듣는 사람은 지루하지 않다. 그런데 그 시간이 너무 길어 결국 힘들다. 그 자리에서 도망갈 구실을 찾기도 한다.

"어딜 도망 가는겨. 내 야그는 우리들의 삶이여. 들어서 손해 볼 거 없당께."

술에 취해 있다가도 누군가 자리를 뜨려하면 어느새 알아차리고 말했다.

하루도 빠지지 않고 술을 마시는 장두석에게 누군가 물었다.

"뭔 술을 그리 좋아하십니까?"

"세상을 알고 보니 전부 정신병동이더라. 그러니 하루 세 차례 술을 마시지 않고는 견딜 수가 없는 것이제."

장두석은 허허 웃으며 말했다.

어지러운 세상뿐만 아니라 수많은 환우와 부대끼며 쌓이는 힘듦을 장두석은 술로 이겨냈다. 병원에서 버림받고 온 환우들과 부대끼다 보면 술, 담배를 안 할 수가 없다. 하루에 상담 전화도 50통 이상 받는다. 2개월밖에 못 산대요. 살려주세요, 하는 소리를 들을 때는 견딜 수가 없다. 남북이 분단되어 서로의 상처를 쑤시고 인륜도덕이 무너져가고 불치병 왕국의 현실 속에서 술과 담배로 마음의 고통을 달랬다.

그래도 환우가 목숨부지하고 지금껏 사는 거 선생님 덕분이다, 아이 못 낳을 줄 알았는데 제가 아기를 낳았어요 이름 좀 지어주세요, 할 때면 힘든 거 다 잊고 마냥 기쁘다.

장두석은 무엇에 얽매이는 걸 싫어하고 자유인이길 바라는 만큼 자신이 원하는 건 어찌 됐건 하고야 만다.

서울 효창공원 백범 묘소에 갔을 때다. 막걸리 한 병에 김치 한 그릇, 포 한 마리 차려 놓고 묘소에 절을 올린 후 음복을 하려고 하자 관리원이 다가왔다.

"여기는 음주가 금지된 곳입니다."

그러자 장두석이 관리원의 팔을 잡아끌며 말했다.

"아이고, 수고가 많으십니다. 같이 음복하시죠."

"아니, 이 양반이 술 마시면 안 된다니까 지금 뭐라시는 겁니까."

당황한 관리원이 팔을 빼며 말했다. 같이 간 지인도 그냥 가자며 장두석을 말렸다. 그러자 장두석이 크게 웃으며 말했다.

"백범 선생님 외롭게 계셨는데 혼자 드시게 할 순 없지요. 안 그렇습니까? 자, 그러지 말고 함께 합시다."

하얀 도포에 체구가 큰 사람이 쩌렁한 목소리로 말하니 관리원은 그 기세에 어쩌지 못했다. 그런다고 합석은 못하고 그냥 눈감아 주었다.

"술 마시고 나물 먹고 팔을 베고 누우니 대장부 살림이 이만하믄 족하제."

장두석은 음복을 하고 나서 아지랑이 피어오르고 꽃이 만발한 동산에 벌러덩 누우며 말했다.

또 지인 박한용, 민주연합노조 회원들과 함께 중국에 갔을 때다. 안중근 의사가 갇혔던 뤼순감옥 앞에서 제를 지냈다. 그곳 상황이 여의치 않아 약식으로 제를 올렸다. 아무리 그렇더라도 할 건 해야 하는 장두석이다. 눈치 보지 않고 우리 민요 한 가락을 기어이 불렀다.

"여그에 갇혀 계실 때 얼마나 듣고자펐을 것인가."

노래를 마치고 음복을 하며 장두석이 말했다.

시대의 아픔과 삶은 동떨어진 게 아니다. 그 아픔 속에서 뒹굴며 쓰라림을 견뎌내는 과정에서 다시 피어날 꽃을 밀어 올려야 하는 거다. 장두석은 그걸 술과 민중들과의 어울림 속에서 했다.

뚝심 하나는 병마도 어쩌지 못해

장두석은 2015년 1월 16일에 서울명동 YMCA회관 강당에서 생명살림 대강연회를 가졌다. 이날 장두석은 여느 강연회 때와는 뭔가 다른 표정이다. 아니나 다를까 그 징후는 바로 나타났다.

먼저 장두석은 민족자주통일에 대한, 고통 받지 않는 민중들의 삶에 대한 염원을 담은 그동안의 여정을 이야기했다. 그리고는 잠시 목을 가다듬은 다음에 말을 이었다.

"저는 장애를 갖고 태어나 살아오믄서 많은 분들께 도움을 받았습니다. 그러면서도 제 아집으로 죄송한 일들을 많이 만들기도 했다는 거 다 알고 있습니다. 그 죄가 하도 많아 빌 곳이 없을 지경이라는 것도 이 자리에서 용서를 빕니다."

갑작스럽고 진정어린 고백에 청중들은 의아한 표정을 지었다. 평소하고는 다른 분위기에 다들 긴장된 표정으로 그 다음 말을 기다렸다.

"15년 전에 의사로부터 들었습니다. 간암이니, 술과 담배를 절제하고 몸을 너무 부리지 말고 쉬라구요."

장두석의 느닷없는 말에 모두들 아무 말도 못하고 멍하니 쳐다보기만 했다. 장두석은 그동안 담아둔 속내를 차근차근 풀어내듯 담담하게 말했다.

"전 10여 년 전부터 제 몸의 병세를 지켜보면서 그에 맞게 식, 의, 주를 실천해왔습니다. 그러면서 환우들 앞에서 내 병고를 숨겨올 수 있었지요. 그런데 이제 때가 된 것 같습니다. 대장까지 전이된 거 같으니…. 이제 죽어도 여한도 없고 두려움도 없습니다."

장두석은 이렇게 아무도 전혀 예상치 못한 방법으로 자신의 병에 대해 털어놨다. 그간의 삶의 여정에서 보여준 독보적인 성격처럼 강인한 목소리로 토해냈다. 좌중은 웅성거리기 시작했다. 지인들도 제자들도 이래저래 알고 지내던 사람들도 그리고 강연을 들으러 온 모든 이들도 한 대 얻어맞은 표정이다.

장두석은 민족생활의학자로서 올바른 건강법을 실천하며 난치병을 가진 수많은 환우들과 동고동락했다. 그러면서 민족정신 계승과 통일운동 등 왕성한 활동을 해왔다. 그러기에 가족들과 장두석을 아는 모든 이들은 장두석의 죽음 선고를 쉽게 받아들이지 못했다.

가족들도 얼마 전에야 안 사실이다. 2014년 방북해 평양 단군릉 행사에 다녀온 뒤로 급격하게 병세가 악화돼 알게 된 것이다. 청천병력 같은 소리에 가족들 모두 충격에 빠졌다. 치유할 수 없는 병세보다도 그 긴 시간 동안 몰랐다는 사실이 더 큰 충격을 주었다.

"어떻게 그동안 그렇게 숨길 수가 있었소? 나한테라도 얘기를 했어야제라."

"알믄 월매나 귀찮게 할라구. 내가 다 알아서 할 거인디, 허허."

장두석은 화가 나 다그치는 아내에게 말했다. 말은 그렇게 해도 미안한 마음이 있는 것이다. 그때 옆에 있던 아들 영철은 아버지가 술 한잔만 드시면 사람들 앞에서 했던 말들이 떠올랐다.

"병이 나면 스스로 고칠 수 있어야 혀. 글고 병을 가지고 있어야 남의 병을 치유할 수 있는 것이여."

"사람이라 함은 죽을 때가 되든 자기 몸을 깨끗하게 비워서 땅에 주고 떠나야 하는 것이여."

장두석은 이렇게 서서히 떠날 준비를 하고 있었던 것이다. 이번 대강연회도 오래 전부터 준비를 해왔다. 장소도 유신독재 타도와 긴급조치 해제를 위해 위장결혼식을 했던 서울명동 YWCA회관으로 정했다. 장두석은 세상을 뜨기 전 의미 있는 장소에서 많은 사람들에게 얘기를 나누고 싶었다. 죽어서 그리울 얼굴들과 지금까지 민족생활요법을 함께 실천하며 살아온 과정을 되돌아보고 싶었다.

영철은 가슴이 먹먹해지면서 눈물이 핑 돌았다. 몇 개월 전에 아버지가 자신에게 부탁했었다.

"영철아, 12월 말까지 직장 정리하고 이 애비 곁에 있어주믄 좋겠다."

당시에는 왜 그런 말씀을 하는지 이해가 되지 않았는데 지금 와서 헤아려보니 아들에게 보살핌을 받고 싶은 심정이었던 것이다. 그걸 왜 헤아리지 못했을까, 영철은 많이 속상했고 죄송했고 화가 났다.

제자들도 장두석의 행보를 돌이켜보면서 오래전부터 죽음을 철저하게 준비해왔다는 생각이 들었다.

"생각해 보니 당신이 돌아가시기 전에 해야 될 일들을 확고하게 정립해 놓으려고 했던 것 같아요. 한민족생활문화연구회와 향토문화유적보존회 그리고 국조숭모회와 배달문화선양회 법인 설립 등 많은 일들을 정신없이 추진하셨잖아요."

"기분 내키는 대로 행동하셨던 것 같은데 그렇게 세심하게 준비를 하신 것 보면 대단하시네."

"그건 자신과의 약속을 지키기 위함이 아닌가 생각하네. 당신이 한 일들만큼은 책임을 지고 완수해야 하는…. 우리들한테도 그러지 않았는가. 어떤 약속도 끝까지 지키라고. 술 먹고 하신 말도 다음 날이면 다 기억하고는 얘기하셔서 놀랐다니까."

"또 우리들 보면 늘 그랬잖아. 당신이 죽거든 제주 값이라도 남겨놓고 갈 테니 술 생각나면 양현당으로 찾아와 술 한잔씩 하라고."

장두석이 누워 있는 방에서 한민연 이사회가 열렸다. 농민운동을 할 때 만나 인연을 맺은 정현찬 이사가 대표로 진행했다. 돌아가시기

전에 회의를 해서 정리할 부분들을 의견 나누고 결정해야 했다.

"선생님께서 큰 뜻을 품고 이 양현당을 짓고 후학들을 키우기도 하셨습니다. 이 공간은 앞으로도 공적 공간으로 두고 그런 취지의 방향대로 이끌어가겠습니다."

정현찬의 말에 장두석은 가만히 듣고 있더니 대답을 얼른 하지 못했다. 그런 장두석을 보며 정현찬은 남겨질 가족들을 생각하는 거라 생각했다. 마음은 안타깝지만 장두석 선생님을 위해서라도 이대로 밀고 나가야 한다고 굳혔다. 지금까지 이끌어온 민족생활의학이 돌아가신 이후에도 활발히 퍼져가려면 이 공간은 그렇게 해야 하는 거였다.

"술 한잔만 가져오게."

인간이기에 드는 욕심과 아쉬움을 툭 떨쳐버리자는 마음으로 읽었다. 정현찬은 술상을 봐오라 했다. 다른 사람들은 걱정을 했지만 지금은 드시고 싶은 대로 드려도 된다고 생각했다.

장두석은 술 한 잔을 마시고는 그렇게 하라고 했다.

정현찬은 장두석을 좋아했다. 함께 농민운동을 하면서 그의 면모를 보았다. 늘 농민들을 걱정하며 챙겨줬다.

"농민들이 잘 살아야 우리도 건강하게 잘 살 것이 아니여."

"우리 운동하는 사람들도 건강을 챙겨야 해. 내가 교육을 시켜줄 것인게 다들 받아봐. 건강해야 운동도 하지."

정현찬이 후두암 진단을 받았을 때는 수술을 반대하며 청주 연수원에서 교육을 받게 했다. 그 후 몇 번 더 받은 뒤 병이 나았고 지금까지 이어져 왔다. 같이 술 마실 땐 꼭 문을 열어놓고 마셨다.

"갇힌 공간에서 마시면 산소가 부족해 술에 빨리 취해. 그럼 몸에도 안 좋고."

 언제나 사람을 위하는 마음이 기본적으로 배어 있다. 하지만 자기 주장이 강해 상처 입은 사람들이 많았고 떠나기도 했다. 같이 술 마시면서 그런 모습들을 보면서 정현찬은 거리를 좀 둬야겠다는 고민을 했다. 여차하면 자신도 그럴 수 있기 때문이다. 틀어진 관계가 되고 싶지 않았다. 오래도록 관계하며 만나려면 좀 거리를 둬야 한다고 생각한 것이다.

 "저하고 선생님하고는 적절한 거리를 두고 지내시게요. 그래야 오래갈 것 같습니다."

 "그렇게 해."

 장두석은 서운할 텐데도 화내지 않고 말했다. 그때 정현찬은 기분이 좋았다. 그러자는 건 그렇게 거리를 두고 만나더라도 오래도록 보고 싶다는 마음으로 읽은 것이다.

 이사회를 마치고 나니 정현찬은 큰 짐을 조금 내려놓은 듯한 느낌을 받았다.

 "선생님, 걱정하시지 마세요. 다들 잘할 겁니다."

 "응, 알았네. 혹여 나로 인해 사람들 모이는 일이 있거들랑 절대로 돈은 걷지 말게. 술 한잔 마시고 음식들 해서 먹고 가."

 정현찬은 순간 눈물이 핑 돌았다. 성격은 괴팍하고 몸집은 크고 늘 쩌렁쩌렁한 분이 죽은 후에 찾아올 사람들 챙기는 거 보니 마음이 아렸다.

 장두석은 지병으로 누워 있으면서도 자신의 변 색깔과 배설량 그리고 소변 색깔과 양을 살피면서 물과 죽염 그리고 산야초로 연명했다.

그러면서 몇 번 종합병원으로 실려 갔지만 항암치료, 약물치료 등을 단호하게 거부하고 집으로 돌아왔다.

"선생님, 왜 그러셨어요."

부산 보훈병원에서 일하는 박숙정이 카페지기 솔방울과 함께 찾아왔다. 통증이 심해 보훈병원에 병실 하나를 마련해 드렸는데 그냥 집으로 와버린 걸 안 것이다. 교육을 받고 몸이 나은 박숙정은 생활의학에 대한 관심을 갖고 부산에 강의 프로그램를 만들어 장두석을 초청하기도 했다.

마음이 속상하고 아팠다. 집에서 다니다가 보면 아, 이건 선생님이 하지 말랬지, 아, 이건 이렇게 하라 했는데, 하는 가르침이 늘 생활 속에서 튀어나왔었다.

박숙정은 선생님의 손을 잡고선 무슨 말을 하려다가 장두석이 평소 즐겨 부르던 노래 진도아리랑, 노들강변을 불렀다. 언젠가 그랬다. 아플 때 노래를 부르면 통증을 잊게 된다고. 노래는 아무 말 없이도 마음을 전달했고 아무 말 없이도 추억을 소환했다.

어느 날 장두석은 영철을 불렀다.

"그동안 인연을 맺고 만났던 사람들이 보고자퍼. 거 있잖여, 지산동에 살 때 '뿐 선생.' 거기는 지금 뭐하고 사나 모르겠네."

"행사 때마다 와서 첼로 연주해주셨던 분 말씀하시죠?"

장두석은 고개를 끄덕이며 회상으로 눈빛이 아련해졌다.

"그 분 음악도 내가 하는 치료에 많은 힘을 줬제."

'뿐 선생'이란 사람은 서울에서 만난 인연으로 알게 된 음악가이다. 첼로를 연주하는데 장두석이 사는 지산동에 자주 놀러 왔다. 장두석이 지산동 집에서나 구례 등 여러 곳을 다니며 교육 할 때 함께 다니며 첼로 연주를 해줬다. 한 일 년 정도를 꾸준히 해줬는데 늘 자신을 '뿐 선생'이라 소개했다. 세상사는 게 이럴 뿐, 저럴 뿐으로 해석하면 이해 못 할 게 없고 감당 못 할 게 없다. 그래서 자기를 그렇게 부르는 걸 좋아했던 사람이다.

그의 연주는 아픈 환자들에게 많은 위로와 힘을 주었다. 장두석에 겐 참으로 고마운 사람이다.

"근데 누구보다도 나를 떠났던 사람들은 꼭 보고 잡다. 괴팍한 나 때문에 힘들었는데 화해하고 싶기도 허고, 또 못 푼 오해도 얘기하고 잡고…."

장두석에겐 자기를 위해 많은 일들을 기꺼이 해준 고마운 사람들이 많다. 그런 사람들이 떠났을 땐 많이 아쉬웠다. 서운함까지 느꼈다. 어떤 불만이 있어도 참고 견뎌줘야 한다고 생각했다. 지금 생각하면 아집이다. 좀 더 배려해줄 걸, 차분하게 얘기를 나눠볼 걸, 하고 생각할 땐 이미 시기를 놓쳤다. 그렇게 떠나보낸 사람들이 지금 몹시 보고 싶다. 사람들을 좋아하면서 사람들을 지키지 못했던 자신이 안타깝다.

영철은 시간이 많지 않으니 소식 전할 수 있는 분들을 최대한 찾아서 연락드렸다. 안 좋게 떠나셨던 분들에 대해 내색은 안 했지만 내내 아파했다는 걸 알고 있다. 특히 굵직한 일들을 많이 한 최민희를 떠나게 한 건 두고두고 후회했다. 최민희는 떠나면서도 만들고 있던 사단법인 일을 마무리 지었다. 장두석은 다시 꼭 돌아오리라 생각하며 기다렸다. 그래서 미리 못한 말들도 있는데 결국 그 이후로 볼 수 없었다.

연락 받으신 분들은 한달음에 달려왔다. 사정이 여의치 않은 분들은 며칠 후에라도 찾아왔다. 장두석은 찾아와준 이들을 반갑게 맞이하며 구운 소금, 죽염, 죽염수, 식초 등을 손에 쥐어주며 술과 밥을 대접했다.

멀리서 안부 전화가 와도 무조건 오라고 했다. 거리가 너무 멀고 오가는 데 시간이 걸려도 보고 싶은 마음이 앞서 그런 건 안중에도 없다.

"한끼 먹고 가라."

딱 이 한마디다. 보고 싶은 마음이 밥 한끼에 고슬고슬 지어져 김이 모락모락 난다.

"보고 싶기도 하지만 마음에 걸리는 분들이 많았나 보네."

옆에서 보고 있던 장영래는 동생 장영철에게 말했다.

"그렇게 잘 지내다가 떠나보냈으니 말은 안 하셨어도 아쉬움이 컸을 겁니다."

장영철의 말에 장영래는 고개를 끄덕이며 한숨을 내쉬었다.

"조금만 더 다독이고 조금만 더 품어주셨으면 그렇게 사람들이 떠나지는 않았을 건데, 당신 고집으로 상처 받은 사람들이 많았제."

장영래는 자신의 말은 무조건 무찔러버려 속상했던 날들이 떠올랐다. 처음 함께 일하게 될 때부터 그랬다. 서울에서 직장 생활을 하고 있었다. 명절 때 집에 내려와 인사를 드렸는데 다짜고짜 같이 일하자 했다. 그러더니 대답을 듣기도 전에 계림 신협에 가서 통장 만들고 돈을 넣어주며 앞으로 여기에 적금을 넣으라 했다. 다니던 직장도 있고 아직 마음의 결정도 안 내린 상황이라 많이 당황스러웠다.

그렇게 해서 일을 시작했는데 어떤 의견을 내놓아도 무시당했다. 아무리 좋은 뜻이라 해도 일단 쳐냈다. 시키는 대로만 해라, 네가 뭘

아느냐, 이러니 더 이상 어떤 생각도 표현할 수 없었다. 누구에게 풀 사람도 없고 내내 그 속상함이 쌓여 있었다.

집안사람인 자신도 이런 마음인데 길게 있었든 짧게 있었든 상처 받았던 사람들이 무척 힘들었을 것이다. 자신의 그런 면들을 알기에 지금 이리 서둘러 보고 싶어 하는 거라 장영래는 생각했다.

싸우고 떠났던 분이 찾아오면 장두석은 더욱 반가워하며 눈시울을 붉혔다.

"다 용서하시게. 안 좋았던 일들 다 풀고 이해해 주게나."

다른 말이 더 이상 필요 없다. 그저 손을 맞잡고 서로의 얼굴을 바라보면서 쌓였던 감정을 녹였다.

"연락 받고도 안 오시는 분들 원망은 말거라. 다 나 때문인께."

장두석은 영철에게 오지 않는 이들에 대한 탓을 금하면서도 아쉬운 마음을 내비쳤다. 그들을 탓할 수가 없다. 연락을 받고도 오지 않는 대부분이 자신을 힘껏 도와준 사람들이다. 좀 더 자신이 너그럽고 배려했으면 문제가 없을 수도 있었다. 몰라서 못한 부분도 있지만 알면서도 성격을 못 이긴 부분들도 많다. 그래서 서운함은 컸을 것이고 그렇게 떠나버린 것이다.

어쩔 수 없다는 생각을 하지만 장두석은 그들이 보고 싶다. 정말 어려울 때 함께 했던 그 시절이 지금의 장두석을 있게 했다.

"차라리 와서 따져불제. 그렇게라도 하믄 속상했던 게 좀 털어질 수도 있을 거인디. 아니면 나 죽은 후에라도 누군가에게 실컷 욕이라도 하든가. 그런 후에 내 묘에 한번 찾아와 주믄 더 좋고 말여."

장두석은 죽음을 앞에 두고 만나는 지인들과 제자들을 보면서 지나온 길들을 아련히 떠올렸다. 그 길목 길목들에서 만났던 수많은 사건들과 사람들 그리고 기쁨과 슬픔을 함께 했던 인연들. 회상에 잠겨 있던 장두석의 목울대가 쿨렁거렸다.

"요만큼 해놨으믄 인자는 자네들이 해야제. 내가 먼저 가 있을 텐께 나중에들 오시믄 같이 막걸리 한잔 하세들."

처진 분위기를 싫어하는 장두석은 얼른 표정을 바꾸며 말했다. 병마 앞에서도 장두석의 뚝심은 펄펄 살아 있었다.

한판 걸판지게 놀아보자

"영래야."

방에 누워 있던 장두석은 장영래를 불렀다. 장두석의 목소리는 병상에 누워서도 쩌렁했다.

"살살 말혀도 다 들릴 것인디, 아픈 양반이 뭔 목소리가 저리 크다냐. 목소리만 들어서는 누가 아픈 양반이라 하겄어."

옆에 있던 아내 김동례가 말했다.

장영래가 들어오자 장두석은 일어나 앉으며 말했다.

"내가 죽으믄 4일장으로 차분하게 조문객을 맞이해라. 그라고 오신 분들 잘 대접해 드리고. 너무 슬퍼하지 말고 막걸리와 홍어안주로 푸짐하게 잔치를 벌여라."

장두석은 이어서 한 명 한 명 장례위원으로 일할 사람 이름을 말했다. 총 137명이었다.

"이 분들이 도와주실 거다. 함께 준비하고 찾아온 조문객들과 결판지게 잘 놀아봐. 북적북적 축제 분위기 속에서 가고 싶으니께. 글고 장례위원장은 정현찬 선생으로 하고"

장영래는 굳이 더 이상 덧붙이지 않아도 작은아버지의 마음을 읽었다. 사람과 술과 춤을 좋아한 작은아버지는 그 속에서 있다가 가고 싶다. 또 눈이 불편한 아들이 혼자 장례를 도맡아 하기에는 힘들 거란 걸 알고 이를 덜어주고 싶다.

"네, 그렇게 하겠습니다."

"한 가지 더, 내가 묻힐 자리를 이미 다 알아놨다. 국립5·18묘역으로 가면 된다."

장두석은 미리 자신이 묻힐 곳까지 정해놓았다. 국립5·18민주묘지에 묘지 위치와 묘지 번호까지 다 해놓았다.

'작은아버지, 미련 없이 저 세상으로 떠나고 싶으셨던 겁니까?'

장영래의 가슴 한복판에서 바다의 소용돌이가 일었다. 당신의 죽음의 때와 그리고 묻힐 곳까지 미리 알아보고 철저하게 정리하고 있었다. 그런 작은아버지를 생각하니 헐거워진 마음의 벽에 회오리치는 감정으로 가슴이 쓰라리고 아파왔다.

"할아버지."

그때 큰손자 장대근이 급하게 도착한 듯 숨을 몰아쉬며 들어왔다.

"어떻게 바쁜데 왔냐."

할아버지의 말에 대근은 눈물이 핑 돌았다. 이제까지 들은 목소리 중 가장 작은 목소리다. 대근은 눈물을 얼른 훔쳐내고 큰절을 올렸다.

어렸을 때부터 할아버지를 뵈면 언제나 큰절로 인사를 올렸다.

장손 대근은 다섯 살까지 지산동에서 할아버지와 함께 살았다. 1층에는 할아버지 할머니가 살고 2층에서 엄마랑 아버지랑 동생 남주랑 살았다. 장두석은 손자들을 엄하게 교육시켰다. 공부보다는 예의범절 위주로 가르쳤다.

밥 먹을 때 소리 내지 말고 먹어라. 밥알 한 톨이라도 남기지 마라, 농사짓는 분들 힘들게 하는 거다. 어른을 뵈면 인사해라. 깨어 있는 사람이 되어라. 민족의식 역사의식을 가져라.

그래서 학교 다닐 때 친구들한테 늘 꼰대라는 말을 들었다. 자신도 모르게 친구들에게 할아버지한테 들었던 잔소리를 하고 있었다.

시제가 있을 땐 학교도 못 가게 했다. 한글보다 한문을 더 먼저 배웠다. 인스턴트 음식은 절대로 못 먹게 했다. 어렸을 적에 할머니를 졸라 아이스크림 먹다가 들켜서 할머니만 된통 혼나게 했다.

따뜻한 말 한마디 듣지 못하고 자란 대근은 할아버지가 자기를 싫어하는 걸로 생각했다. 착하고 활발한 동생 남주를 더 좋아한다고 여겼다.

그런데 경희대학교를 합격하자 서울로 올라오셨다. 대근은 할아버지가 하숙집에 들러 주인에게 신신당부하는 걸 봤다.

"우리 손주, 몸에 좋은 음식으로 챙겨주시오."

그때 대근은 울컥했다. 그동안 서운했던 마음이 사르르 녹아들었다.

"할아버지, 주체적으로 살라면서요. 그렇게 살게요. 보시고 가셔야죠. 이렇게 갑자기 가시면 어떡해요."

장두석은 아무 말 없이 손을 잡아주며 대근을 바라봤다. 그런 마음이면 됐다는 표정이다.

장두석의 죽음이 임박해오자 전국 생활관 관장들이 양현당으로 모였다.

"영래야! 재열아! 대근이 할머니! 순덕아!"

장두석은 입에 붙는 대로 조카와 처가 손자 그리고 아내와 여동생의 이름을 불러댔다. 놀란 가족들이 서둘러 오니 장두석은 몸을 일으켜 앉더니 말했다.

"나와 평생을 함께 지내온 이분들과 한판 놀고 싶다. 술상 좀 봐와라. 북하고 장구도 가져오고."

장두석의 말에 가족들은 물론 찾아온 관장들도 모두 놀란 표정이다. 하지만 한번 떨어진 말에 불응할 수 없다는 걸 아는 가족들은 서둘러 술상을 봐왔다.

"자, 한잔 따라보시게. 우리가 언제 다시 만날 수 있겠는가. 오늘 같은 좋은 날에 한판 즐겁게 놀아보세."

장두석은 그렇게 말하고는 따라준 막걸리 한 잔을 마시고는 홍어 한 점을 먹었다. 그러고는 담배 한 개비를 달라 해서 피웠다. 하지만 한 모금 빨다가 더 이상은 피우지 못하고 부축을 받아 다시 자리에 눕고 말았다.

"재밌게들 놀다 가시게…."

장두석의 말에 모두들 아쉽고 슬픈 마음을 억누르고 흔연스럽게 술을 마시고 이야기꽃을 피웠다. 그렇게 해야만 될 것 같은 분위기를 모두 함께 느낀 것이다. 그때 영철이 자리에서 일어나 평소 아버지가 즐겨 불렀던 민요를 장구가락에 맞춰 불렀다. 노래를 부르는 그의 눈은 자꾸만 허방을 짚었다. 한 많고 외로운 삶속에서 지금까지 역경을 딛고 살아오신 아버지를 생각하니 죄송한 마음뿐이다. 다가갈 수 없었던 아버지와의 거리, 하지만 결코 달아날 수 없었던 그 시간들이 눈물이 되어 하염없이 흘러내렸다.

"우리 영철이랑 잘 지내주시게들….'

장두석은 아들의 노랫소리를 들으며 모인 사람들에게 나지막이 말했다. 그러고는 힘없는 손으로 장영래의 손을 잡았다. 곁에서 좋은 소리 못 들으면서도 늘 함께 해준 고마운 마음을 손끝으로 전했다.

"마무리 인사 잘 하고 오겠습니다."

2015년 3월 24일 아들 영철은 아버지께 인사하고 시각장애인연합회에 업무처리와 직원들과의 마무리 인사를 하러 나갔다. 꼭 나가야 되겠냐. 안 가도 되지 않아?, 자신을 붙잡던 아버지의 말이 일을 보는 내내 귀에 쟁쟁했다. 마지막으로 조선대학병원 장례식장 예약 확인을 하고 서둘러 양현당에 돌아오니 아버지 장두석은 미동상태로 누워 있었다.

"아버님이 쓰신 《가정생활보감》 책 일부를 친구가 곧 가져온답니다. 만져보고 가셔야지요."

영철은 아버지 귀에다 대고 말했다. 《가정생활보감》은 장두석이 마지막으로 지은 책이다. 장두석은 아들의 말에 힘없이 고개만 끄덕끄덕 했다.

깊은 밤 더 이상 아무런 표현도 못하고 편안하게 누워 있는 아버지를 보고 영철은 서둘러 목욕을 하고 옷을 갈아입었다. 몇 시간 못 버티실 것 같다. 영철은 어머니와 함께 있던 사람들을 불렀다.

"아버지, 아버지 정신 좀 차려보세요. 어머니랑 며느리 손자 그리고 영래형도 오고 있어요. 천천히 놀다 가시게요. 보고 가셔야죠."

영철은 아버지를 흔들며 말했다. 다급하게 건너온 김동례는 남편의 손을 붙잡고 울며 말했다.

"대근이 할아버지, 아들 손자에게 하고 싶은 말 있음 해보쇼. 그라고… 나한테 밥 같이 먹자는 말 한번 더 해보고 가셔야제. 일평생 한 번만 하고 가는 사람이 어딨다요."

며칠 전 아내가 밥상을 차려오자 장두석이 말했다.

"어이, 밥 가져오소. 나랑 같이 밥 묵세."

김동례는 그 말을 듣는 순간 가슴이 쿡 아려왔다. 그동안 미안했네, 나 원망 많이는 하지 마소, 그 말로 들렸기 때문이다. 생전 들어본 적이 없는 말이다.

"나는 할 일이 있응께 얼른 드쇼이."

당황스럽기도 하고 어색하기도 해 그냥 방을 나와 버렸다.

김동례는 그때 같이 밥을 안 먹은 게 내내 걸린다.

"얼른… 한번 더 말해보란께… 요."

김동례는 제대로 말을 하지 못하고 흐느꼈다. 하지만 장두석은 더 이상 아무 말 못하고 한 숨 한 숨 겨우 넘기고 있다.

"아버지, 막걸리 한잔 하시고 두루마기자락 휘날리며 어깨춤도 덩실덩실 추세요. 그라고 활보하셨던 금남로 길과 무등산자락 굽이굽이 고개 넘어 고향 학당마을도 둘러보시고, 돌다리 건너 적벽강 산천까지 두루두루 살피면서 천천히 가세요."

영철은 아버지 귀에다 대고 말씀드리고 볼에 입맞춤을 해드렸다.

그 뒤 5분을 채 못 채우고 3월 25일 새벽 3시30분에 파란만장한 삶을 뒤안길로 두고 장두석은 눈을 감았다. 3월 22일 민족생활학교를 200회까지 기어이 마치고 눈을 감은 것이다.

평온하고 차분한 모습이었다.

영철은 아버지 귀를 만지며 천천히 노래를 부르기 시작했다.

아~리 아리랑~~ 스~리 스리랑~~ 아라리~가 났~네~~
아~리랑 응응응 아라리가~ 났~네
서산에~ 지는 해~는~ 지고 시퍼서어 지느냐
날 두~고오 가는 니임으은 가고 싶어서~ 가느냐~
아~리 아리랑~~ 스~리 스리랑~~ 아라리~가 났~네~~
아~리랑 응응응 아라리가~ 났~네

양현당의 방안 벽에 걸린 장두석의 자화상, 거기서 햇살 한 줌 받으며 들판을 걸어가는 장두석이 말한다.

"나는 잘 놀고 잘 쉬었다 간다~"

우리 앞에 거룩으로 남다

2015년 3월 25일 수요일, 여명이 밝아오는 새벽에 해관 장두석은 조용히 눈을 감았다. 가족들과 가까운 지인들은 차분하게 장례 준비를 했다. 자신의 장례 준비를 워낙 꼼꼼하게 해놓은 장두석, 그의 완벽주의는 죽음의 길을 가면서도 여지없었다.

장례는 범사회장인 4일장으로 했다.

꽃은 무덤에서 가장 먼저 핀다 했다. 그래서 그런지 해관 영면의 날, 초봄의 화창함이 유난히 싱그럽다.

조선대학교병원 장례식장 1층 특실에 분향실을 마련했다. 장례위원들은 조문객들을 맞이하며 준비한 음식을 푸짐하고 정갈하게 차려냈다.

"오신 분들 섭섭지 않게 잘 대접해 드려라. 마지막으로 한판 걸지게 놀아보자. 그러고 갈란다."

영정 속 해관은 웃으면서 쩌렁한 목소리로 말했다.

장례식장에는 그동안 해관과 인연을 맺었던 많은 사람들이 모여들었다. 함께 자란 친구들, 사회에서 만난 지인들, 교육생들, 같이 사회운동하며 생사를 넘나들었던 동지들이었다.

해관과 다투고 떠났던 분들이 왔을 땐 장례위원들은 그 누구보다도 반기며 맞이했다. 해관이 늘 보고 싶어 하고 기다리던 분들이란 걸 알고 있는 것이다. 그들을 떠나보내고 나서 많이 아파했던 해관이다. 죽음을 사이에 두고 풀지 못할 마음이 어디 있으랴.

"아이고, 그 많은 일들 벌여놓고 안심이 안 돼서 어찌 가셨을까."

"맞어. 해결 안 된 일들은 죽어서라도 꼭 해야쓰겠다고 말했었는디…."

해관은 살아온 동안 많은 일들을 했다. 화순 적벽 복원건립사업, 민족생활학교 운영, 통일의 집 마련, 하백원 선생 재조명 복원사업, 북한동포돕기, 남북통일을 위한 남측본부 범민련 활동, 김삿갓 시인 공원 조성사업, 개천제, 사직제 복원 등등 수많은 일들을 끊임없이 했다. 그 왕성한 활동들의 흔적이 곳곳에 남아있어 해관을 기억하고 추억하는 일은 끊이지 않을 것 같다.

해관은 죽기 직전에도 다 해결하지 못하고 가는 일들에 대한 안타까운 심정과 걱정을 토로했다.

"남북통일을 보고 가야쓴디 그것을 못 보고 가는 게 제일 한스럽네."

"내가 없어도 개천제나 사직제는 지대로 잘 갖춰서 계속 해야쓰네."

"단군성전은 꼭 짓도록 혀."

해관은 병상에 있으면서도 종종 마음에 걸리는 일들을 얘기했고 할 일들에 대한 당부를 했다. 그리고 특별한 애정을 가지고 있는 양현당에 대해서는 몇 번이고 강조했다.

"이 양현당은 그 누구 것도 아니여. 이곳은 어느 누구나 찾아오는 곳이고 또 민족생활요법, 민족자주평화통일운동을 실천할 교육의 전당으로 활용할 수 있도록 혀야써."

고향에 민족생활학교 교육관을 세우는 일은 해관의 평생 숙원이었다. 난치병으로 고통 받는 환우들과 함께 살아오며 제대로 된 교육관을 짓는 게 소망이었다. 결국 그들의 십시일반으로 마련한 곳이기에 해관에게 이곳은 햇살 같은 곳이다.

슬픔과 아쉬움으로 해관을 보내는 장례식장은 어느덧 만남의 광장이 되었다. 오랜만에 만난 사람들, 먼 거리라 쉬이 만나지 못했던 사람들 그리고 하는 일들이 달라 시간 맞추기 어려웠던 사람들을 해관이 한데 불러들인 것이다. 서로 안부를 물으며 해관과 함께 했던 회고

담을 나누며 시간 가는 줄을 몰랐다.

"메모장이 필요없었단께. 워낙 암기력이 뛰어나니."

"한번 뭐에 꽂히면 시간이고 장소고 생각 안 허고 열정적으로 얘기하셨제."

"밤낮으로 전화해서 술 한잔 하자고 하믄 딱 돌겄드란께. 마누라랑 이혼할 뻔 혔은께. 허허."

"해결사이기도 했제. 리더십이 강해서 뭔 분란이 있으믄 나서서 다 평정했응께. 한번 말씀을 하시믄 그 힘에 모두들 압도됐제."

사람들은 이런 저런 이야기들을 나누며 밤을 지새웠다.

"자기주장이 워낙 강해서 따돌림을 당하기도 했어. 근데 그런 건 별로 신경 안 쓰신 분이었제."

누군가 불쑥 말하자 해관의 오랜 지기인 문병란 시인이 말했다.

"사람을 평할 때 장점만 내세우거나 아님 단점만 내세우거나 하는데 실은 장점이 단점이 되기도 하고 단점이 장점이 되기도 허지. 나는 나의 단점을 시로 승화시켰어. 그것이 내 개성이고 자존심이여. 해관도 마찬가지제. 사람들이 칭찬하는 그의 장점은 실은 그의 단점이 받쳐주는 역할을 했어. 그러니 사람을 볼 땐 아울러서 봐야 해. 그래야 오해도 없고. 해관과 내가 서로 절장보단 하면서 우정을 교류한 지가 벌써 40년이네…."

절장보단(絶長補短)은 장점이나 넉넉한 것으로 단점이나 부족한 것을 보충한다는 뜻이다. 문병란 시인의 말에 수긍한 듯 사람들은 고개를 끄덕이며 술잔을 기울였다.

4일장 내내 장례식장을 떠나지 않고 지키는 사람들이 많았다. 일이 있는 사람은 갔다가 다시 와서 자리를 지키기도 했다.

"느그 아부지가 잘 사셨다 가셨는갑다."

장례를 치르는 동안 자리를 끝까지 지켜주는 사람들을 보며 김동례가 아들을 보며 말했다. 그러자 영철이 웃으면서 말했다.

"아따 아부지가 보내주겠어요? 당신 가실 때까지 술 같이 하자고 붙잡은갑제라."

웃으며 말하면서도 영철의 눈시울이 붉어졌다.

발인 날인 3월 28일 오전 10시에 국립5·18민주묘지에서 민족통일장으로 장례식이 열렸다. 전 남구청장 황일봉의 고인 약력 보고, 한민연 교육원장 이선재의 조사, 5·18기념재단 후원회장 정구선과 통일문제연구소장 백기완의 추도사, 문병란 시인과 김준태 시인의 추도시에 이어 연정국악원장 선영숙, 전남도문화재위원 신상철, 서울대 명예교수 이애주, 목포대 교수 이윤선의 추모공연이 이어졌다.

장례식이 이뤄지는 동안 하늘은 맑고 푸르렀다. 바람은 해관의 휘날리는 도포자락처럼 행사장 여기저기에 바람길을 내며 다녔다. 주변에는 해관을 추모하는 만장이 펄럭였다.

    장두목
    뚝심
    민중의 어른
    무등산이 낳은 의인 장두령이 돌아가셔서 누가 호통 치나
    어디서나 누구에게나 어이, 우리 막걸리 하세
    민요가락에 덩실덩실 흰 두루마기 자락 휘날리시며

민족자주통일운동 선봉에 나설 어른이 가셨으니

장례를 치르고 3월 30일 삼우제까지 올리고 나자 기다렸다는 듯이 하늘에서 비가 내렸다. 장례를 치르는 사람들, 조문 오는 사람들 불편함 없게 하려고 이 날씨마저 해관이 준비하지 않았을까. 세상을 떠나기 전 죽음을 준비한 것처럼 말이다.

함께 한 모든 이들이 마음속으로 말했다.

'해관 장두석은 세상을 떠났지만 조국과 민족을 사랑하는 그의 정신은 늘 우리 곁에 있을 것이다.'

사람들은 거기 산이 있어 오르는 것이 아니다 거기 산이 솟아 있고
산 위에 하늘 그리고 흰 구름이 부르고 있어서 오르는 것이 아니다
거기 산이 있고 메아리가 울려 퍼져서 사람들은 가는 것이 아니다
한 발자국 한 발자국 오를 때마다 푸른 혈맥의 가지를 내밀어주는
때로는 그 여윈 허리라도 붙잡고 오르도록 그냥 온몸을 내맡겨주는
나무가 있어서 사람들은 산, 산, 산, 저 산봉우리를 오르는 것이다.

'나무 혹은 산, 산, 산에 대한 낮은 소리의 음악'
- 김준태 시인의 해관 장두석 고희 기념시

김준태 시인의 말대로 해관은 정상에서 맛볼 하늘, 구름, 메아리 때문에 산을 오르는 게 아니다. 그가 가는 길목 길목에서 함께 잡아주고 밀어주고 내어주는 나무 같은 사람들이 있어, 그들과 걸어가는 세상

이 있어 오르는 것이다. 뚜벅뚜벅 그렇게 한 걸음 한 걸음 가야 할 곳을 향하는 것이다.

"선생의 얼굴에는 늘 젊은 느티나무 한 그루 겹칩니다. 온 세상이 아무리 흔들린다 해도, 조금도 흔들림 없이 깊게 뿌리내린 느티나무."

시인 박몽구의 말에 한겨레신문 대기자 곽병찬은 말했다. "시대의 당산목이다. 그 나무는 멀리 화순군 이서면 인계리 무등산 자락(양현당)에 있지만, 그늘은 남북 삼천리에 걸쳤다"고.

하늘이 푸르다. 바람이 맑다. 그를 기억하는 모든 이들의 마음이 풍요하다.

늘 예고 없이 불쑥 찾아오는 해관의 목소리가 들려온다.

"어이, 머한가. 술 한잔 하세, 허허."

잎이 나고
꽃이 피고
열매가 맺기를 수없이 되풀이하며
어둠으로 뻗어간 뿌리와
빛으로 뻗어간 가지는
서로를 키우며 둥치를 넓혀갔다.

꽃과 열매를 밖으로 드러내고 안으로 품어내며
뚜벅뚜벅 걸어가다 우뚝, 거목으로 섰다.

장두석의
건강 명언

"세상이 바로 서야 나도 건강할 수 있어!"

- 정치가 바로 서야 민중들이 건강해! 제대로 된 정치는 백성을 하늘처럼 받드는 것이여!
- 밥을 한 숟가락 뜨더라도 농민의 아픔을 알아야 하고, 실오라기 하나 걸치더라도 노동자의 고통을 생각해야 혀!
- 같이 노력해 생산하고 균형 있게 나누는 것이 최고의 경제이며 건강하게 사는 지름길이여!
- 문화가 없고 역사가 꺾이면 민족이 없고, 나라도 없어! 개인도 건강할 수가 없어!
- 생각의 차이와 지역을 넘어 통일을 이루고 강토를 보존하는 것이 자손만대가 건강할 길이여!
- 하늘을 받들고 땅을 섬기며 열심히 땀 흘리는 농부의 마음으로 살아가야 해!
- 우리의 병은 반(反)자연병, 제국주의병, 분단병, 서양생활습관병이여!
- 분단병을 고쳐야 진정으로 이 땅에서 병이 사라져!
- 제국주의 문화에서 벗어나지 않고선 건강은 없어!
- 몸과 마음이 건강하면 사회폭력, 학교폭력도 사라져!

"천·지·인이 하나로 어울리는 것이 삶이여!"

· 조상들의 생활 지혜가 곧 '몸 살림'이며 의학이여!
· 단군민족으로서 경천애인(敬天愛人)하며 서로 보듬고 살아가는 것이 건강한 삶의 방법이여!
· 천지신명의 조화로 지음받은 것이 생명인데 어찌 함부로 할 수 있겠어!
· 생활은 살림살이여! 남을 살리고 내가 산다는 큰 뜻을 담고 있어!
· 자기 땅의 이치에 맞게 살지 않으면 건강하게 살 수가 없어!
· 풀 한 포기도 살릴 수 없는 인간이 자연의 섭리와 조상의 지혜를 무시하고 잘났다고 해 봐야 뻔한 것이야!
· 강토가 스승이며 사는 이치를 깨우쳐주는데 강과 산을 버리고서 건강할 수가 없는 거여! 지구환경과 금수강산을 내 몸처럼 아껴야 해.
· 하늘을 거스르고, 자연을 거역하면 안돼!
· 집은 통풍이 잘 되게 하고, 자연 소재로 짓고, 높지 않은 곳에서 땅의 기운을 받고 살아야 해!
· 하늘의 기운이 모여서 된 것이 사람이여! 인간은 우주의 한 세포일 따름이여!
· 조화와 질서, 자유와 평등, 나눔과 어울림이 살림살이의 바탕이여!
· 우주자연을 따르면 만사형통이여!
· 약물, 가공식품, 대기·수질 오염이 사람을 죽이는 3대 요인이여!
· 자기를 찾고 자연과 더불어 사는 것이 치유의 핵심이여!
· 풍토합일하여 자연과 친하게 살면 천·지·인 삼위일체가 되어 건강할 수 있어!
· 자연은 균형이고 생명력도 균형이여!

· 질소와 단백질 구성이 지나치면 암의 원인이 되어!
· 눈에 보이는 음식 절반, 안 보이는 음식 절반을 먹고 사는 것이여!
· 우주 대자연의 이치, 사계절, 열두 달, 24절후가 어떻게 생기는지를 알아야 써!
· 생명은 지수화풍(地水火風)으로 되어 있으니 자연에 내 몸을 만드는 요소가 다 있는 거여!
· 농사가 최고의 예술이며 문화여! 농사를 지어야 자연의 이치를 터득할 수 있어!
· 몸은 존재와 우주가 교차하는 지점이며, 생명의 바다에서 수많은 관계망을 짓고 있어!
· 풍한서습(風寒暑濕)이 병이여! 태양은 염도(鹽度)를 주고 소독을 하며 밝은 기운으로 사람을 살려!

"병이란 없어! 막히고 꼬이고 뒤틀린 것이제!"
· 병은 몸의 부조화를 바로잡는 자연치유력의 발로이므로 결코 미워할 것이 아니여!
· 위대한 자연치유력 앞에서 치유되지 못할 어떤 병도 없어!
· 창조신이 준 햇빛, 산소, 물, 그리고 소금, 곡식과 채소 외에는 약이 따로 없어! 의사에 기대고 화공약품으로 병을 고칠 수는 없어!
· 병은 없는 것인데 생활습관이 만든 것이여!
· 병을 완전히 없앨 수는 없어. 없애려 하지 말고 보듬고 살아야써!
· 의료의 핵심은 아픈 사람을 고치는 것이 아니라 병나지 않게 사는 데 있어!

- 약과 가공식품을 끊으면 치유의 기적이 일어나!
- 병은 밑에서부터 위로 올라가! 발이 주춧돌이여!

"마음을 바꾸지 않으면 그 무엇도 안돼!"
- 병은 잘못 살아온 나를 바로 세워 주는 고마운 선생이여! 병을 계기로 지난 삶을 돌아보고 새롭게 살아갈 수 있다면 병은 아무것도 아니여!
- 누가 누구를 낫게 해 주었어! 자기 몸은 자기밖에 못 낫는 거여!.
- 뛰고, 놀고, 춤추고, 노래하는 것이 다 치료여! 영가무도(詠歌舞蹈) 하며 즐겁게 살아.
- 춤은 생명이여! 삶 자체가 춤이고 노래거든, 별도로 하는 것이 아니야! 나무이파리 하나도 바람에 몸을 맡기고 계속 춤추며 생명의 끈을 이어가잖아!
- 풍물 치고, 춤추고 뛰면서 집단적 정화(淨化)를 느껴야 모두 하나가 되는 거여!
- 음악은 민중들의 생활의 지혜야! 노동의 고통과 삶의 애환을 달래주는 약이지.
- 모든 것이 마음먹기에 달렸는데 다 비워버리니 마음이 편해지고 얽매임에서 해방되어 너그러워져서 정신의 혁명이 오는 거여!

"똥·오줌 잘 누면 병이 없어!"
- 잘 먹고, 잘 자고, 잘 누는 것이 최고의 건강법이여!
- 똥을 못 누면 그 독이 머리로 가는 거여! 갓난아이는 반드시 3일간 굶겨서 배냇똥을 빼내야 되아!

- 죽음의 고통은 똥을 누고 가기 위한 몸부림이여! 마음을 비우고 몸을 비우면 고통없이 가는 거여!
- 먹으면 싸야 돼, 안 싸면 죽어!
- 잘못된 식·의·주생활이 병의 원인이며, 밥상이 약상이여!
- 똥·오줌독이 암이여! 독소를 내보내려고 발에 땀이 나는 것이여! 차면 암이고 빈혈이여!
- 트림, 방구, 구토, 재채기가 다 보약이여!
- 해독하고 배설에 도움을 주는 것을 약이라 하는 것이여!

"촛불 같은 생명력만 있어도 반드시 회복할 수 있어!"
- 물병과 죽염은 반드시 갖고 다녀써!(물을 하루 2.5L 이상 마시고 투명한 소변을 보면 건강한 것이여.)
- 병이 들어오는 길이 있으면 반드시 나가는 길도 있어!
- 산소가 들어가야 병이 낫제! 풍욕을 하고, 헐렁한 옷을 입어!
- 누우면 죽고, 걸으면 살아!
- 버들은 버들버들하니 살고, 꽃은 꼿꼿하니 죽는 거여! 몸이 부드러우면 살고 뻣뻣하면 죽어!
- 우리 몸은 상상을 초월하는 회복능력이 있어!
- 입만 가지고는 안 돼! 생명에 대한 깊은 애착심이 있어야 써!

"피가 깨끗하고 잘 돌면 건강해!"
- 단식으로 피를 맑게 해서 체질을 바꾸지 않고서는 심신이 건강할 수 없어!

- 막히면 병이고 트이면 낫제!
- 혈관이 60% 막히면 병이 되는 것이여, 피가 돌면 병이 없어!
- 기가 막히면 통증이 오고 혈이 막히면 염증이 와!
- 손발이 차면 100% 병이여!
- 막힐 때 몸이 차지고 병이 되아!

"좋은 소금으로 짜고, 맵게 먹어야 써!"
- 생명체가 존재하는 가장 기본은 물과 소금이여!
- 하늘의 기는 햇빛과 산소인데 그 조화로 소금이 태어나!
- 소금 없이는 오미(五味)의 조화를 이룰 수가 없어!
- 소금이 있어야 단맛도 살고 염증을 잡어!
- 일월성신의 조화로 생명체가 만들어지는 것처럼 소금이 만들어져!
- 체액이 산이나 알칼리로 기우는 것을 막고 균형을 잡아주는 것이 소금이여!
- 소금이 아니면 음식이 없고, 발효가 없어!
- 저항력과 생명력 강화는 소금이 아니면 안돼!
- 소금이 아니면 소염과 해독이 안 돼. 핏속의 소금 때문에 살균이 되고 상처가 낫제!
- 비타민C도 소금이 아니면 제 역할을 해내지 못해!
- 싱겁게 먹으면 소화가 안 되어 장에서 발효가 될 수 없으니 포도당을 못 만드는 거여!
- 싱겁게 먹으니 무력증이 오는 거여!
- 소금, 물, 채소만 있으면 건강 걱정이 없어!

"암, 그렇고말고, 암, 낫고말고!"

· 암을 무서워하지 말고 당당히 맞서!
· 암하고 같이 놀고, 이제까지 생활과 반대로만 해!
· 암, 건들면 성나불어!
· 암약이 따로 있겄어! 산소, 물, 소금, 곡·채소, 밀이 암약이여!
· 암을 없애려 해서는 결코 치유할 수 없어! 어루만지고, 달래고, 보듬고가야 할 동반자로 여겨야 해!
· 자기가 부른 병, 자기가 나아야제!

"단식은 몸과 마음이 조화되는 자기발견의 수련과정이여!"

· 굶으면 안 될 것이 없어!
· 창자를 비우지 않고 마음을 비울 수 없어!
· 백혈구도 굶어야 정신을 차려!
· 밥상이 가난해야 사람이 건강해. 춥고, 배고프고, 아파봐야 알제!
· 100일이 지나야 몸이 청소가 돼, 그래야 피가 맑아지고 세포가 다시 만들어져!
· 굶으면 자기를 알아, 사람이 되아!
· 천명을 받드는 것이 단식이여!
· 단식이 아니면 새로 태어날 수 없제!
· 백혈구도 굶어야 정신을 차려!
· 밥상이 가난해야 사람이 건강해. 춥고, 배고프고, 아파봐야 알제!
· 천명을 받드는 것이 단식이여!
· 창자를 비우고 마음을 비워!

"편하면 죽응께!"
- 춥고 배고프고 고통 받을 때만이 길을 찾게 돼!
- 몸은 쓰면 쓸수록 강인한 정신력이 나와!
- 음식을 탐내는 쎗바닥이 몸과 마음을 죽여!
- 늙어 죽도록 고통받고 사는 것이 인생이여! 따숩고 배불러서는 병을 부를 뿐 절대로 나을 수가 없어!
- 생명의 자각을 깨우려면 자극이 가야만 하는 거여!
- 죽음의 문턱에 왔다갔다 해야만 자신을 바꾸는 미련한 존재가 인간이여!
- 편리만을 좇는 생활은 병을 부를 수밖에 없어!
- 뚜벅뚜벅 걸어가야 되아, 빨리 가면 죽어!
- 등 따시고 배부르면 사람 못돼! 편하면 죽응께!
- 내 고통이 없이는 이웃에게 줄 것이 없어!

"모든 고뇌와 병은 고정관념과 사로잡힘에서 오는 것이여!"
- 습관대로 살면 되풀이될 뿐이여! 망설임을 떨치면 새 인생이 열려!
- 몸의 병은 마음에서 오고 마음의 병은 돈에서 와!
- 소박하게 일하며 살아! 잘 묵고 대접받으면 다 죽어부러!
- 의술이 따로 없어. 생활문화일 뿐이여!
- 탁 털어부러야 써!! 가슴을 풀어헤치고 떨쳐내!

"성찰(省察)하고 마음을 바꿔야 개벽(開闢)이 와!"
- 몰입하면 살아!

- 세상을 바꾸는 사람이 큰 의사여! 예수, 석가, 공자가 진짜 의사인 것이여!
- 모든 병은 주춧돌인 발에서 시작되는 거야!
- 몸의 약은 음식이고 정신의 약은 사랑이여!
- 생활이 변해야 몸과 마음, 영혼의 변화가 오는 거여!
- 적은 내 안에 있어, 사심과 탐욕이 문제여!
- 애기가 태어나는 것이 춤추는 것이고 운동이여!
- 욕심을 버리지 않으면 병을 떨칠 수가 없어!

"병 주고 약 주는 것이 오늘의 병원이여!"
- 병원의 실험 대상이 되어서는 안 돼, 돈 잃고 목숨 잃는 이중의 고통을 겪게 돼!
- 투망(投網)식 검사, 중복 검사가 사람 다 죽이는 거여!
- 생활, 그냥 살아가는 것이지 의학이 따로 없어! 자연의 이치를 깨달은 뒤에 비로소 의학을 말할 수 있는 것이여!

"올곧게 사는 철학을 밥상에서 찾을 수 있어!"
- 청적황백흑 오색오미가 사람을 살리는 것이여! 오색·오미를 갖춘 밥상은 생명을 살리는 최고의 약이여!
- 뭇국에 고춧가루 듬뿍 풀어 먹고, 뜨신 방에 무명이불 덮고 누우면 체온을 40도 이상 올릴 수 있어! 그러면 세균들이 다 죽어 몸이 살아나는 거여!
- 나물 먹고, 소금 먹고, 물 마시고 팔 베고 누우니 이만하면 넉넉하다!

- 양파, 마늘, 생강, 무처럼 열을 내주는 뿌리음식과 발효음식으로 짜고 맵게 먹어야 체온을 정상으로 유지할 수가 있어! 신김치, 마늘, 양파, 생강, 고추장, 된장이 최고의 보약이여!
- 뿌리, 줄기, 잎채소를 골고루 먹어야 써!
- 집집마다(학교마다) 장독대를 갖추고 김치축제, 메주축제, 간장축제를 열어서 스스로 건강지킴이가 되게 해야 써!

"내 몸이 아파봐야만 진짜로 깨닫게 되는 거여!"

- 조금씩 아파야 오래 살아! 부족해야 채울 수 있는 거여! 그래야 겸손해!
- 100% 낫는 것은 없고 병을 보듬고 살아야 써!
- 건강하다고 천방지축 날뛰면 금방 쓰러져!
- 우리네 인생이란 결국 고통 앞에서만 진실해지는 것이여!
- 깨달은 만큼만 치유에 가까워지는 거여!
- 생각을 바꾸고 생활을 바로 하면 치유는 당연히 따라오는 거여!

장두석 연보

1938 음력 11월 8일 자시(새벽 1시)에 전남 화순군 이서면 장학리 학당마을에서 아버지 장기옥씨, 어머니 김순례씨의 3남3녀 중 넷째로 태어나다. 아들 3형제 중에서는 막내아들이다.

1945 초등 2학년 때 일제의 강제공출을 반대한 교내 웅변사건으로 중퇴하다.

1947 경풍으로 시신경 파손돼 시력 저하. 춘담 최병채 선생 약방에 들어가 8개월간 치료받으며 약초 써는 일 등을 통해 한방의학에 눈뜬다.

1948 화순 초대 군수 배병대씨가 초동(樵童) 장두석의 암기력과 머리 씀씀이에 놀란 나머지 '신동'이라고 칭송하면서 명주베 한 필을 주다.

1950 6·25전쟁 발발. 고향 학당마을에서 여덟 명의 마을사람들이 살해되는 것을 목격하고 백아산에 입산한다. 이 무렵 동복 출신인 오지호 화백과 훗날 경제학자로서 《민족경제론》이란 저서로 이름을 날린 박현채씨를 만난다.

1952 지리산 달궁에 숨어 있다가 2월, 국군에게 체포된다. 화순 백아산→북면 검덕굴재→곡성 목사동→압록강→구례→지리산 피아골 남산마을→토지면 심원마을 등지를 거치면서 소년유격대 활동을 전개한 끝에 함양 마천에서 체포, 광주로 이송되자마자 포로수용소에 갇힌 몸이 된다.

3월에 석방되었지만 전쟁기간중 기아생활과 난민생활에서 촉발된 폐수종과 간장질환으로 건강이 악화돼, 고향 적벽 옹성산으로 들어가 토굴생활을 시작한다. 이때 한글판《다산 선생 민간요법》과 의약서《약성가》를 숙독하며《한선문신옥편》을 종이가 닳아지도록 읽는다.

1956 조봉암의 진보당에 들어가 광주도당위원회에서 청년당원으로 활동한다.
부친 장기옥씨 별세하다.

1958 울산 김씨 후손 김인식씨와 진주 정씨 집안 사이에서 1남2녀 중 막내로 태어난 화순 북면 강례마을 김동례와 중매결혼을 한다.

1959 외아들 영철 태어나다.

1960 이승만 정권 독재타도와 '3·15부정선거' 저지투쟁을 벌인 끝에 체포, 동명동에 소재한 광주교도소에 구속되었으나 4월 21일 석방. 4·19혁명 이후 설립된 민자통(민족자주평화통일중앙협의회)에 들어가 활동한다.

1961 5·16군사쿠데타 세력에 의해 대대적인 체포령이 내려지자 담양 소쇄원 제월당으로 피신해 있다가 5개월여 잠행한다. 이때 잡혀간 사람은 모두 3000~4000여 명. 장두석은 경상도 등지로 숨어 다니며 독학에 전념한다. 문경, 안동 등지를 옮겨 다니면서 강원도 원주에서는 무위당 장일순 선생 등을 만나 세상에 눈을 뜬다. 이 무렵 고향 화순에 남은 부인 김동례 여사는 논 700평, 밭 450평으로 가계를 지킨다.

1965 춘담 최병채 선생님과 화순 이서 전도마을에 신농중학교를 세우는 데 앞장선다. 춘담 최병채 선생은 훗날 광주에 춘태학원을 설립한 교육자다. 신농중학교는 동복댐이 들어서자 1983년 동면중학교로 학생들이 편입, 흡수된다. 춘담은 장두석의 백부 장기홍의 제자이기도 하다.

1966 화순 북면 송단리 백아산 자락에 위치한 동초등학교에 '야간민족학교'를 설립, 운영한다. 교사로 활동한 이는 박형구(수학·국어), 장재석(영어·국사), 장두석(한문·예절·민간요법) 등이다.

1968   광주로 이사한다. 화순 이서면 장학리 농협이동조합장으로 선출된 뒤 농협이동조합을 '농협중앙조합'으로 갱신, 승격시키는 데 앞장선다. 한약 처방과 민간요법 공부를 접고 '자연의학'에 몰입한다.

1972   전남신협법이 정부 심의를 거쳐 통과, '신용협동조합평의회' 구성임원이 되어 1990년대까지 활동을 벌인다. 광주에서는 밀알신협, YWCA신협과 YMCA신협이 맨 먼저 만들어진다.

이서초등학교 육성회장이 되어 학교정비사업에 심혈을 기울인다.

1974   삼애신협(금남로 우성빌딩)을 만들어 초대 이사장에 취임하고 신협전남지구 평의회운영위원으로 활동하던 중 박정희 대통령의 소위 '긴급조치 1호'가 발동, 전국민주청년학생총연맹회(민청학련)사건이 터진다. 이와 같은 정국에서 11월 결성된 '민주회복국민회의'에 관여한다.

1975   민족생활학교 전신인 '자연건강대학'을 설립, 연락처를 광주시 북동천주교회 안에 두고 1988년까지 전국을 돌며 건강교육을 전개한다. 총 교육 횟수는 260회, 연인원 2만5000여 명이 참가. 기수당 교육은 2~5일간 집중지도 형태이며 북동성당이 맨 먼저 시작한 곳이다. 당시 '민족'이라는 말도 못 붙이게 할 만큼 이데올로기 핍박이 심각하여 강좌 이름을 민족건강대학이 아니라 자연건강대학이라 붙임. 강사로는 이명복 박사, 한준명 목사, 김흥국·한학륜·이영규씨 등이 참여한다.

1976   계림신협 부이사장이 되어 조합원 교육에 앞장선다.

가톨릭농민회(가농)에 입문한다. 전남 지역 가농은 나주 노안면에 자리잡은 '양천리성당'이 맨 처음 출발한 곳이며 김성용·장홍빈·박희동 등이 지도신부로 활동한다.

1978   전일빌딩 뒤 YWCA 2층에 광주양서협동조합(1만5000여 권으로 출발)을 설

립, 총책임자로 활동한다. 전남대 안진오 교수(이사장), 함평의 이일행 선생(부이사장), 황일봉(실무), 김현주(사무)씨 등 광주 지역 민주인사들과 사업을 함께 한다. 당시 YWCA 건물은 광주엠네스티(국제사면위원회)와 광주기독교인권위원회(KNCC) 사무실도 들어선 곳이다. 양서조합에서 책자발간과 각종 지하유인물 등을 만들어 배포한 장두석은 광주엠네스티 회원으로 남조선민족해방전선(남민전) 수감자들 구명운동 등을 벌인다.

1979 조비오 신부의 영세로 가톨릭신자가 된다. 세례명은 스테파노.

서울 '명동YWCA위장결혼사건'의 연장선상에서 광주YWCA사건으로 505보안대로 잡혀 들어간다. 이 사건에 연루된 민주인사는 명노근 교수, 조아라 장로, 안철 목사, 소설가 황석영, 양서조합 장두석 등으로 1개월간의 구류를 산다. 이 사건이 모의된 곳은 계림동성당으로 김성용·조비오·정기완 신부 등의 동의하에 이루어졌다.

1979 정보기관이 안동교구 목성동성당을 표적삼아 일으킨 '오원춘사건'의 조작을 항의하기 위해 1개월간의 현지투쟁을 벌인다. 가톨릭신자이며 농민운동가인 오원춘을 잡아다가 약물투여를 하여 허위자백을 받아낸 사건으로 죄목은 '가톨릭신부들의 비리'와 '정부전복기도' 등이었다. 정보기관이 가톨릭농민회를 없애고 반정부투쟁을 차단하기 위해 조작한 사건으로 농민운동만이 아니라 신앙세계까지 들쑤셔 억압한 사건이다.

계림신협에 '노인대학'을 개설하여 교장으로 일하며 7년 동안 저소득층 할머니들을 대상으로 교육한다.

1980 5·18 광주시민군이 접수한 전남도청 안 '수습대책위'에 들어간다. 5월 26일 계엄군의 광주 무력진압을 항의·저지하고자 전남도청에서 화정동 군 바리케이드 앞까지 홍남순·이성학·이기홍·조아라·이애신·김천배·이영생·조봉환·김성용·조

비오·장사남·김갑제·위인백 씨 등과 함께 '죽음의 행진'을 단행한다. 양서협동조합도 계엄군의 표적이 된 5월 27일 새벽 1시, 계엄군의 예봉을 피해 도청을 빠져나와 몸을 숨긴다. 이후 계엄사가 발표한 200만원의 현상수배자가 되어 도피생활을 하다가 6월 26일 505보안대로 자진출두, 505보안대 지하실 36일→공군헌병대→상무대 영창(5소대)→상무대영창(7소대)→화정동 77군병원→광주교도소→31사단 영창을 거쳐 상무대 군사법정에서 12년형을 선고 받은 후 7년, 3년형으로 감형을 받은 끝에 1981년 4월 13일 사면 석방된다. 이후 오월영령 제사와 5·18항쟁기념비 건립사업 등 오월투쟁에 적극적으로 나선다.

1982 광주가톨릭농민회 회장 직을 맡으면서 가농전국본부 수석감사에 취임한다. 신협도지부 부회장으로 일하면서 가농운동을 계속 한다.

1985 5·18추모제를 사전에 차단하려는 광주경찰서로부터 4월 중순경 사전영장을 받아 구속된다. 광주지법에서 3개월을 선고 받고 광주교도소 3사 2층에서 수감생활을 하다가 선고유예로 풀려난다.

1988 민자통 중앙조직 및 광주조직 재건에 참여한다. 서울은 이종린씨 등이 향림교회에서 민자통 중앙위를 재건한다. 광주조직에는 김세원·김길·김양무·기세문 씨 등이 참여하고 장두석은 재정을 맡는다.

공해추방운동연합 지도위원에 위촉된다.

1989 광주환경공해연구소를 설립, 소장은 전홍준 교수가 맡는다.

제1회 정규 민족생활학교(교육과정 10박11일)를 개설, 무등산에 자리잡은 소화자매원에서부터 교육을 시작한다. 기수마다 통상 100여 명이 참여하여 2007년 11월까지(1989.6.26~2007.11.9) 131기의 수련생이 배출된다. 배출된 수련생을 합하면 모두 1만1000여 명이다. 대만농민회 초청강연도 못 나가다가 1990년부터 출국허가가 나와 해외여행 길이 풀린다.

1990　국군보안사 민간인 요시찰 450명 중에 포함된 사실이 윤석양 이병에 의해 알려진다.

1991　독일, 중국, 인도, 일본 등 세계 각국 초청으로 수십 차례 강연에 나선다. 독일 4회(프랑크푸르트·뒤셀도르프·에센·베를린), 중국 7회, 인도 3회 등 초청강연에 나서 '자연건강법'을 설파한다.

범민련(조국통일범민족연합) 남측본부에 참여하여 문익환·유혁·김윤식, 장기수들과 함께 하다 2001년 고문이 된다.

1992　신협 광주연합회 부회장이 된다.

모친 김순례 여사 별세(89세)하다.

1993　서울에 소재한 '4월혁명회' 이사로 취임한다.

흥성 장씨(興城 張氏) 광주전남종친회장이 되어 조상과 후손사업에 힘쓴다.

광주전남환경운동연합 의장을 맡아 4년간 의장으로 일한다.

1994　월간 《신동아》에서 '생활을 통한 국내 명의사 7인' 중 1인으로 선정된다. 민족생활학교와 이후 사단법인으로 설립된 한민족생활문화연구회 회원으로 활동하거나 병을 치료받은 인사는 지학순 주교·문익환 목사·이돈명 변호사·김대중 대통령 부인 이희호 여사·계훈제 선생·김양무 선생·김남주 시인·이강 선생·백기완 선생·리영희 교수·왕영안 선생·장기수 이인모 선생·민청학련사건 관련 학생들 등 헤아릴 수 없었다.

1995　《주간 조선》에서 '국내 건강전도사 22인' 중 1인으로 선정된다.

북녘돕기모금운동을 전개, 천주교 인성회를 통해 송금운동을 벌인다. '우리겨레하나되기운동본부' 공동대표로 통일운동도 함께 벌인다.

3월 적벽기념사업회(회장)를 설립, 망향정과 망향탑, 망배단에 이어 수몰된 15개 마을의 연혁기념비와 천제단을 세운다.

1996 캐나다 토론토에서 민족생활학교를 열어 7일간의 단식생식교육수련생 250여 명을 배출한다.

1997 화순 동복향교 장의를 맡아 4년 뒤인 2001년, 폐허가 된 '대성전'과 '명륜당'을 국비 4억원을 지원받아 중창한다.

북동신협에 '노인대학'을 개설하여 2년간 노인들을 대상으로 교육한다.

1998 '우리민족서로돕는 아침안먹기운동본부'를 발족해, 1700여 만원의 성금을 모아 불교운동본부와 한겨레신문사에 전달, 북녘동포돕기·IMF실직자대체기금·수재민위로금으로 쓰이게 한다.

1998 두암동에 '광주통일의 집'을 열어 비전향 장기수 김동기(33년 복역), 리공순(32년), 리경찬(34년), 이재룡(29년) 등 여섯 분의 거처를 마련한다. 장두석은 이를 위해 신협에서 자신의 이름으로 5500만원을 빌린 다음 다달이 이자를 갚고 이들의 생활비를 지원한다.

11월 21일 〈민족생활신문〉 발행인 겸 편집인이 되어 창간호를 낸다.

1999 '사단법인 한민족생활문화연구회' 결성, 이사장으로 일하면서 전국 곳곳에 지역민족생활관 20여 곳을 열어 민족생활교육을 실시한다.

2000 태평양전쟁광주유족회 후원회장을 맡아 첫 사업으로 3월 27일, 광주학생독립운동기념관에서 《내 생전에 한을》(예원) 출판기념회를 열었다.

6·15남북공동선언실천연대 상임대표, 민족문제연구소 이사, 우리겨레하나되기운동본부 공동대표로 활동한다.

2001 광주학생독립운동의 주동자 한 사람인 '최순덕 선생 명예회복추진위원회'를 만들어 김대중대통령에게 호소문을 보낸다.

2002 통일연대 공동대표로 북녘땅을 밟고, 10월 3일 분단 이후 처음으로 남북이 공동으로 개최하는 '개천절 민족공동행사'를 거행하는 데 앞장선다.

백두산 영봉에서 통일기원천제를 봉행한다. 이후에도 수차례 방북, 통일기원천제를 봉행하며 상고사를 통해 민족의 '잃어버린 역사'를 찾고 '나라의 중심을 세우는 일'에 열정을 쏟는다.

육경신 심신수련(수면마를 극복하는 극기훈련)을 위해 한라산, 무등산, 지리산, 마이산, 계룡산, 북한산, 강화도 마니산 등을 순회하며 후학들과 함께 통일기원제를 봉행한다.

2003 '적벽축제'를 화순군 행사로 이끌어내는 데 앞장선다.

우리겨레하나되기운동본부 공동대표로 활동하면서 광주에도 남북공동선언실천연대를 결성한다. 자신이 이사장인 한민족생활문화연구회를 통해 평양에 '빵공장'을 설립하는 데 주도적인 역할을 하고 평북 용천철로 폭파사건 때는 교실 1개동 건축비를 보낸다.

화순 이서면 출신 '실학자 규남 하백원 선생 기념사업회' 회장으로 활동한다. 규남 선생은 고산자 김정호보다 51년 앞서 지도를 만든 실학자다.

2004 조선 영조대왕이 '정려'를 내려준 '정효자 기념사업회' 회장을 맡아 정려를 복원하는 등 화순 일대 '孝지킴이'로서 고향사업에 앞장선다.

2005 화순 지역 이서면을 테마로 한 (사)향토문화유적보존회를 결성하여 회장으로 활동하며 적벽 주변 경관 조성과 소도(蘇塗)문화 복원에 힘쓴다.

2006 국조단군숭모회(총집행위원장)를 설립하고 2007년 사단법인으로 승격시켰다.

평양 능라도 농촌탁아소와 유치원에 '콩우유기계'를 설치, 후원한다.

광주 상무지구 여의산 단성전에서 국조대제와 개천절 행사를 연다.

2007 5월에 배달문화선양회를 창립하여 초대 회장을 맡는다. 적벽동천에서 천제를 올리고 창립대회를 연다.

북녘수재민돕기 모금운동을 벌인다.

12월 17일(음력 11월 8일) 고희를 맞아 칠순기념문집 《흰 두루마기 자락 휘날리며》(정신세계사)를 펴낸다. 통일 관련 사업의 종자돈으로 3억 원을 내놓는다.

2008 3월16일 대운하 저지를 위해 구미 동락공원에서 열린 '생명의 어머니이신 강을 모시기 위한 2008 문화예술인 축전'에서 강연한다.

5월 오랜 숙원이었던 민족생활교육원을 짓는다. 많은 이들이 함께 나서 2억(기부금)을 모아 장두석의 고향 무등산 자락에 대지 1천여 평을 사고 한옥목조 130여 평의 규모로 공사를 진행한다.

9월 27일 4일간의 일정으로 (사)한민족생활문화연구회, (사)우리겨레하나되기운동본부 공동주관으로 평양에 가서 '우리겨레푸른숲' 양묘장 기공식을 진행한다.

2009 10월 25일 KBS1 TV 집중인터뷰 '이 사람'에 출연한다.

2011 10월 22일 민족생활교육원을 개원한다. 많은 환우들과 관계자들이 참석하여 《민족생활의학》(개정판) 출판기념식과 민족생활교육원(양현당) 개원잔치를 벌인다.

2012 12월 11일 민족일보 조용수 사장 51주기 추모 학술회의를 집례한다.

12월 22일 《병은 없다!》를 출간한다.

2013 1월 13일 봉하마을에서 고 노무현 대통령 위령제를 올린 후 영호남 교류와 우의를 다지기 위한 토론회를 진행한다.

2014 7월 23일 세월호 특별법 제정을 위한 광화문·여의도 투쟁장에 회원들과 함께 방문해 위문품을 전달하고 투쟁에 함께 한다.

10월 2~6일 평양시 대박산 단군릉에서 남과 북의 동포들이 개천절 경축행사를 공동 개최하고 시조단군대제 봉행 및 좌담회를 갖는다. 북녘어린이 콩두유 돕기 후원금을 전달한다.

12월 5일 해관문화재단 발기 및 창립총회를 열고 이사장에 장영철을 추대한다.

12월 24일 장두석이 해관문화재단 기본재산 10억 원을 기부하고, 12월 27일 장영철 이사장이 해관문화재단 보통재산 1200만 원을 기부한다.

2015 《바른생활건강수첩》을 발간한다.

3월 15일 한민연 이사회의를 주관한다.

3월 17일 (사)단군국조숭모회, (사)배달문화선양회, (사)향토문화유적보존회 이사회의를 소집하여 이사장 직을 사임하고 후학들에게 물려준다.

3월 18일 천주교 신자(세례명 스테파노)로서 종부성사를 받는다.

3월 22일 민족생활학교 200기 수료하다.

3월 25일 서거. 장례위원회(137명) 구성하여 민족통일장 4일장으로 진행한다.

3월 28일 국립5·18민주묘지에 안장되다.

정리 | 김준태(시인)

해관 장두석 저서

사람을 살리는 단식(정신세계사·1993), 민족생활의학(정신세계사·1994), 사람을 살리는 생채식(정신세계사·1997), 민족생활의학 개정판(공저·아카데미아·2011), 병은 없다(아카데미아·2013), 바른생활건강수첩(한민연·2015), 가정생활보감(혜지원·2015)

사진으로 보는
장두석의 발자취

탯자리와 가족

뿌리 깊은 나무다. 장두석이 나고자란 화순 이서면 장학리 학당마을의 당산나무.

장두석의 생가.

철저한 민족주의 사상에 뿌리를 두고 살았던 장두석은 늘 한복 차림에 고무신을 신고 다녔다.

장두석의 어머니 김순례 여사와 아내 김동례.   아내 김동례와 함께 한 장두석.

화순 양현당에 한데 모인 장두석의 가족.

통일의 길로 뚜벅뚜벅

장엄하다. 민족의 영산 백두산 천지. 푸른 물에 통일 염원이 출렁인다.

"분단병부터 해결해야 합니다. 하루 빨리 통일이 이뤄져야 합니다"라고 늘 역설했던 장두석. 백두산 사적비 앞에서 웅혼한 기상을 토해내고 있다.

6·15공동선언 발표 6돌 기념 '민족통일대축전'에 남측대표단으로 참여했다.(2006)

'우리겨레하나되기운동본부 평양참관단'에 참여해 평양 곳곳을 둘러보았다.(2006)

평양 빵공장 방문. 장두석은 한민족생활문화연구회를 통해 평양에 '빵공장'을 설립하는 데 주도적인 역할을 했다.

'우리겨레하나되기운동본부'와 함께 우리겨레푸른숲 양묘장 건설현장을 방문했다.(2008)

'우리겨레하나되기운동본부'의 콩우유사업본부 대표단과 백두산에 올랐다.(2008)

북한을 방문했을 때 환영 만찬장에서.

북한의 평양 경상유치원을 방문했다.

평양 단군릉 앞에서.(2014)

2005년을 끝으로 중단되었던 남북공동 개천절 행사가 단기 4347년(2014년) 평양 단군릉에서 열렸다.

대동세상 향한 꿈

5·18광주민중항쟁의 현장인 옛 전남도청 앞에 섰다.

망월동 구묘역에서 오월정신 계승을 다짐하고 있다.

1961년 5·16군사쿠데타 세력에 의해 대대적인 체포령이 떨어지자 피신했던 담양 소쇄원의 제월당 마루에 앉은 장두석.

박정희 독재정권에 저항하며 민주화운동에 앞장 섰던 지학순 주교와 함께 한 모습.

서울민족생활관 개소식.

(사)한민족생활문화연구회와 (사)민족문제연구소 등이 함께 연 신채호, 안중근 의사 항일정신 계승 통일기원제.(2007)

장두석의 회갑연은 특별했다. 장기 복역하신 어르신들을 위한 경로잔치와 겸해서 열었다.

'광주 통일의 집'의 장기수 어르신들과 함께.

2006년 세계 가톨릭농민회 40주년 국제대회에서 참가자들과 함께 어울린 모습.

2011년 '농민인문학 - 농민과 나'에서 강연하는 장두석.

장두석은 우리 사회의 아픔과 투쟁이 있는 곳에 늘 함께 했다.

"말이 껍질이면 행동은 알맹이여"라고 장두석은 실천을 늘 강조했다.

'민족지도자 장준하 선생 겨레장'에서 백기완 선생과 함께 한 장두석. 유신독재에 저항하다 희생된 장준하 선생의 겨레장이 사후 38년 만인 2013년 3월 치러졌다.

3일장으로 치러진 '장준하 선생 겨레장'의 마지막 날에는 서울광장-광화문 사거리-경교장-서대문형무소역사관으로 이어지는 추모행진이 열렸다.

봉하마을에서 열린 고 노무현 대통령 추모제에 참석했을 때의 모습.

남북공동선언실천연대 정기총회에서 발언하는 장두석.

올바른 식의주, 민족생활의학

화순 이서면의 양현당에서 민족생활의학을 설파하는 장두석.

자연건강대학 강의중.(1989)

틀을 갖춘 건강교육인 '자연건강대학'을 처음으로 시작했던 광주 북동천주교회 앞에 선 장두석.

제1회 자연의학교육 및 단식·생채식 수련회.(1989)

장두석은 세계 각국에서 자연건강법을 전했다. 독일 프랑크푸르트에서의 모습.

인도에서 자연건강교육을 마치고.

장수에서 열린 한민족생활문화연구회의 여름수련회.(2009)

"흥이 없으믄 살아 있어도 산 목숨이 아니제." 장두석과 함께 하는 자리엔 늘 막걸리가 있었고 우리 소리의 흥이 있었다.

화순 양현당에서 열린 '민족생활교육원 개원과 민족생활의학 개정출판 기념잔치'.

장두석의 《병은 없다》 출판기념회.

양현당에서 강의하는 모습.

민족생활교육 및 단식·생식 수련회.(2010)

한민족생활문화연구회의 민족생활교육에는 함께 어우러지는 신명이 흘렀다.(2009)

"누가 누구를 낫게 해 주겠어! 자기 몸은 자기밖에 못 낫는 거여!" 양현당에서의 강의.

1998년 11월 창간되어 꾸준히 발행된 '민족생활신문'.

(사)한민족생활문화연구회가 주최한 '전통생활문화와 건강, 재교육 지도자 수련'.

민족생활 교육 및 단식 생식 수련회.(2007)

"양현당은 그 누구 것도 아니여. 이곳은 어느 누구나 찾아오는 곳이고 또 민족생활요법, 민족자주평화통일운동을 실천할 교육의 전당으로 활용할 수 있도록 혀야써."

십시일반 함께 만들고 함께 누리고 함께 책임지자는 뜻을 모아 이룬 양현당에서.

우리의 뿌리를 찾는 문화

단군 영정 아래 자리한 장두석. 우리의 뿌리를 살피고 우리 문화를 살리는 것이 곧 나라를 지키는 일이라고 장두석은 믿었다.

장두석은 단군대제, 개천절 행사 등에 온 정성을 쏟았다.

화순 적벽 천제.

화순 이서면 적벽동천 망향정에서 열린 배달문화선양회 창립총회 및 통일기원 천제.

광주 여의산 단성전에서.

화순 적벽동천 망향동산에서 열린 '적벽 천제단 낙성 통일기원 개천대제'.

적벽 천제단에서. 장두석은 적벽기념사업회를 설립해 망향정과 망향탑, 망배단에 이어 수몰마을들의 연혁기념비와 천제단을 세웠다.

화순 적벽. 장두석이 사랑했던 고향산천이다.

화순 이서 적벽 개방식 및 적벽문화제.

화순 동복향교.

화순 적벽축제.

장두석은 화순 출신의 실학자 규남 하백원을 기리는 사업에도 앞장섰다. 규남 하백원 선생 기념관 준공식.(2012)

규남재 앞에서.

그치지 않은 고향 사랑

화순 적벽.

화순 적벽 앞에서.

'적벽동천' 표지석 앞에서.

수몰된 고향마을을 향한 그리움
담은 망향탑 앞에서.

망향정에서.

화순 이서면 야사리 느티나무 아래서.

김삿갓 시비 앞에서.

적벽 물염정에서.

마지막 가시는 길

"나라의 진정한 민주화도 조국의 통일도 이루지 못하여 하늘에 죄를 지었으니 빌 곳이 없다"는 유언을 남기고 해관 장두석은 2015년 3월25일 우리 곁을 떠났다.

해관의 뜻을 기리고 추모하는 만장.

국립5·18민주묘지에서 민족통일장으로 장례식이 열렸다.

해관의 장례식에 강기갑, 백기완, 문병란 선생 등이 함께 했다.

민족생활의학과 조국통일을 위해 일생을 헌신했던 해관의 뜻과 열정이 담긴 양현당에서 노제가 열렸다.

장두석은 "눈물 흘리지 말고 장례는 축제를 벌여라. 4일장으로 치르고 사람이 오기 편한 곳으로 장례식장을 잡아라. 지지고 볶는 음식은 하지 말고 홍어, 나물 등으로 대접하라"며 마지막 장례까지 꼼꼼히 챙기고 갔다.

홍익인간 배달겨레 민족통일을 우러러 몸 바쳤던 장두석의 생애를 기리는 묘비명.

훠이훠이 흰 두루마기 자락 휘날리며 통일춤을 추고 민중 건강을 보살피던 장두석을 기리기 위해 해관문화재단이 가꾼 '해관 쉼터'. 화순 이서면 인계리 산자락에 있다.

장두석 평전
겨레의 몸과 마음 살리며 통일춤 덩실덩실

초판 1쇄 발행 2022년 5월 18일

지은이 안오일

발행처 해관문화재단
     전남 화순군 이서면 용강길 63
     hl4ctc@hanmail.net / 010-3638-8000

편집   남신희 임정희
디자인 에이온디자인랩

펴낸 곳 전라도닷컴
출판등록 2002.1.16 제2002-1호
주소   광주광역시 북구 삼정로 87번길 20(두암동 925-15)
대표전화 062-654-9085
홈페이지 www.jeonlado.com

출력   건우사
인쇄   대신인쇄

ISBN 979-11-85516-31-8

·이 책의 저작권은 해관문화재단에게 있습니다.
·이 책 내용의 전부 또는 일부를 재사용하려면 반드시 해관문화재단의 동의를 받아야 합니다.